講談社選書メチエ
620

都市の起源

古代の先進地域＝西アジアを掘る

小泉龍人

MÉTIER

はじめに

都市とはいったい何だろうか。そこには、快適な暮らし、耳寄りな情報、驚愕のモニュメント、よそでは体験できない世界が凝縮されている。ゆえに、人々は都市に魅せられ、集住する。

水まわりの整った街並みが広がり、遠くから訪れた人々が目抜き通りを往来し、ひときわ目立つ街の中心にはシンボル的な建物が屹立する。人が集うと、さまざまなモノや情報もついてくる。都市が一般的な集落と異なるのは、モノや情報が人とともに集まるだけでなく、増幅されて活かされていくのに十分な空間が整っているという点である。

都市とは、自然と対極に位置する人工的な英知の結集空間であり、都市にはモノや情報が溢れている。代価さえ払えば、欲しいときに欲しいモノを手に入れることができるし、知りたい情報も収集方法のコツさえつかめば容易に知りうる。都市では、見知らぬ人との新たな縁により、ひょっとしたら仕事や人間関係が飛躍するかもしれず、何よりも新しい出会いそのものが刺激的である。都市には快適さ、便利さ、刺激が詰まっていて、都市での暮らしは格別な魅力やうまみに満ちている。

同時に、こうした「陽」の対極となる「陰」の側面も都市には潜んでいる。都市はさまざまな格差、弊害、支配構造、希薄な人間関係など、陰惨で暗い部分も持ち合わせている。都市で生きる上で、快適さや便利さといった「陽」を享受することと引き換えに、さまざまな「陰」とも向き合わなければならない。出身や家柄による差別、賃金の格差、経済格差から派生する医療や教育などの格差、一握りの「勝ち組」による支配構造、人間関係の軋みなど、都市には深刻な問題が根深く潜んでいる。相反する面の混在する社会的な空間を人間はあえて創り出し、しかも、そこから離れがたくなってしまっている。

現代の都市の姿は、古代の都市にも通ずる。快適な暮らし、さまざまな情報、出会いにあふれた場であるだけでなく、さまざまな格差や支配も内包された都市空間のもっとも早く現れたのはどこか。それは、産業革命の起きたイギリスでも、ルネッサンスの興ったイタリアでも、民主政の発したギリシアでもなかった。最古の都市が誕生したのは、ヨーロッパから見て東方、すなわちオリエント世界の西アジア地方であった。

西アジアは、人類の拡散に始まり、定住生活の開始、農耕や牧畜の発明、冶金の開発など、つねに古代世界をリードしてきた。古代の先進地域であった西アジアのなかでも、その中心に位置するメソポタミア地域（大半は現在のイラクに収まる）で、約五三〇〇年前に世界でもっとも古い都市が誕生した。都市空間の創出は、火の恒常的な利用、芸術的な表現、言語の習得に始まった、動物とは異なる「ヒト」の在り方、「人間らしさ」の極まりといえる。

西アジアでは、七〇〇〇年ほど前から都市誕生に向けて助走が始まっている。都市的な要素の形成されていく過程において、特定の魅力ある集落で、出身の異なる者でも共存できる集住空間が構築されていった。同時に、都市的な性格をもつようになった集落では、膨大なモノや情報を有効に活用する場も提供されていった。こうしたさまざまな空間的な懐の深さが人々を惹きつける「陽」となり、古代西アジアでは世界に先駆けて都市が誕生したのである。以降の人類史において、社会の発展は都市の発達とともに歩んでいくことになる。

人類史上のさまざまな出来事を、時間軸に沿って探究していくことは考古学がもっとも得意としている。考古学の持ち味は、モノを時間軸上に並べて、そのつながりに意味を見出しながら、ヒトを追究することにある。ヒトの歩みにおける「人間らしさ」の獲得の極みとして、都市がどのようにして生まれたのかを探るには、考古学的な手法でたどるのが適している。

そして、古代都市の起源を考古学的に探ることで、現代都市のかかえる多様な側面を解きほぐす手掛かりを得られると思われる。都市は、快適さや便利さの詰まった魅力という「陽」の部分と、格差や支配といった暗い「陰」の部分をあわせもつ。考古学の目線に立つと、先史時代末の都市化、すなわち都市の相反する面がどのように形成されていったのかという「流れ」を捉えやすい。この「流れ」をつかむことこそが、「都市」「国家」「権力」といった手垢にまみれてきた言葉の実態に迫ることができ、こうした考古学的な探究を続けることが時代を超えた提言へつながるはずである。

本書の狙いは、なぜ西アジアで最古の都市が誕生したのかというテーマを、考古学的に解き明かしていくことにある。いかにして快適で魅力的な「陽」の空間が古代西アジアの地に形成されていったのか、同時に、格差や支配といった「陰」の部分がいかにして醸成されていったのか。そして、「陽」と「陰」の調和が保たれた空間がいかにして構築されていったのか。私自身が関わったシリア・トルコの遺跡（テル・カシュカショク、テル・コサック・シャマリ、サラット・テペ）の発掘やユーフラテス・ティグリス川流域の踏査のほか、世界各国の考古学者たちによる遺跡の発掘の成果を検証しながら、世界最古の都市の誕生プロセスを解き明かしていきたい。

本書の構成として、まず、西アジアに誕生した最古の都市として確認されている、「ウルク」として、該当する考古資料がどのように変化していったのかをつぶさにたどっていく。つぎに、都市の指標となりうる項目を設定「ハブーバ・カビーラ南」について紹介してみる（序章）。つぎに、都市の指標となりうる項目を設定流れを体系的に結びつけていきながら、都市の誕生過程の復元を試みる（第一章／第二章）。

一見、何のつながりもないような雑多な考古資料も、都市化という糸で丁寧につなぐと、意味のある線や形となる。その糸とは、集住空間における快適な暮らしへの飽くなき追求である。都市的な生活を目指す人々に共通するのは、いかに快適な空間を構築するのかという指向性であり、都市化とともに人と人のつながりも変質していく（第三章／第四章）。

また、都市の「陽」だけでなく、その背景にある「陰」も掘り下げていく（第五章）。西アジアの真ん中にあるメソポタミア地域で、都市誕生までに、格差を内包する街の調和を保つ秩序がどのように形成されていったのかを探る。つまり、いかにして権力や支配といった「陰」の部分が巧妙に醸成されて、いわゆる「勝ち組」が出現したのかをひも解いてみる。そして、国家的な機能をもつシュメール都市国家の段階になって、権力や支配といった「陰」がどのように顕在化していったのかを探っていく。

さらに、都市誕生プロセスをまとめて、シュメール都市国家における権力維持へのこだわりについて考察する（終章）。さいごに、隣接するエジプトやインダス、さらには日本とも比較して、西アジアの風土に根ざす都市の起源について論じてみる。

古代の先進地域であった西アジアは、つねに走り続けてきた。その発展の速さは他地域と比べて群を抜いていた。都市の誕生、都市国家の分立、領域国家（帝国）への統合。古代世界を先駆けてきた西アジアの特質は現代に連綿とつながっている。西アジアは、加速度的な社会発展を生み出してきた風土ゆえに、もともと内包されていた不安定さにも拍車がかかり、価値観の衝突や利益をめぐる戦争が増幅されて止まない。成長が著しい分だけ、その振り幅も大きく、負の連鎖が暴走しているのだ。現代の西アジアにおける諸問題は、決して過去と無縁ではない。

目次

序章　二つの「世界最古」の都市——神と銀の街

ウルク遺跡（写真提供　岡田保良）

都市の「陽」と「陰」

私の考える都市とは、快適な暮らしを追求した試行錯誤の結果である。そこでは、排水施設をはじめとしたインフラが整備され、心の拠り所となる空間が用意されて、出身の異なる人々でもかろうじて居場所が提供されている。都市には、一般の集落には望めない快適かつ至便な空間、多様な価値観の人間でも集住できる場が濃縮されている。暮らしにおけるさまざまな快適さや、物理的かつ精神的な奥行きの深さが、都市の魅力として人々を惹きつけてきた。

同時に、都市には、こうした「陽」とあわせて「陰」もある。魅力ある都市では、その分だけ多様な価値観がぶつかり合い、都市特有の問題も生じてきた。社会的あるいは経済的格差、生活排水、煙害、大量のゴミ、伝染病など、現代都市に深刻な影響を及ぼしている諸問題が、すでに古代都市に顕在化していた。こうした陽と陰の背中合わせは、古代であれ、現代であれ、都市であれば普遍的に通底している。とくに、格差や権力といった陰の部分は、都市には必ずついてまわる。都市は、陰があるからこそ、陽の部分が際立つ。

なぜ今、都市の起源を探るのか。われわれの暮らしは都市に集中し、都市なくして生活は成り立たないのが現実である。都市を中心として世の中が動いているといっても過言ではない。世界の在り方は都市の在り方に直結して、都市において数多《あまた》の基準が作り出されている。都市の執政室で地方も含めた国の方針が政治決定され、都市をハブとする物流ラインによって地方に活性化がもたらされ、都市の消費者の関心を集めるヒット商品が社運を左右する。つねに世の中の主役となっている都市では、逆らえない社会的格差が幅をきかせて、超えがたい権力の壁が立ちはだかっている。こうした都市の陰の部分は、人類史において緩やかに構築されていった。都市誕生の過程を解き明かすためには、快適さや便利さの裏側にある多様な格差までも洞察する必要がある。つまり、都市の起源を探るということは、われわれの享受している「陽」だけでなく、その「陰」にも向き合うことになる。

　都市の起源を探るにあたって、どの地域を扱うのがもっとも相応しいのか。世界最古の都市が産声をあげた西アジアを避けて、都市の起源を語ることはできない。とくに、その中心に位置するメソポタミアでは、古来よりユーフラテスとティグリスの両大河をはじめとした水に関わる暮らしが形成されていた。身近な素材の粘土で焼き上げた土器を最大限に活用しながら、水問題に対処した快適な暮らしを目指していった。そこに西アジア特有の都市の起源を探る手掛かりが埋もれている。

　現在の西アジアは、おおむね冬雨型の地中海性気候に属するが、地理的環境は海岸平野、山地、ステップ、半沙漠ステップ、亜沙漠、沙漠など多様である[1]（図0－1）。真ん中にあるメソポタミアは北と南で異なる。北メソポタミアは、近隣の北シリアや南東アナトリア（トルコ）の一部と同様に、ステップ平原が展開し、年間降水量が二五〇ミリメートル以上の天水農耕地帯である。他方、南メソポタミアは亜沙漠となり、年間降水量が一〇〇～二〇〇ミリメートルの灌漑《かんがい》農耕地帯である。

　とくに、南メソポタミアの南部（低地）に広がるシュメール地方には、砂と土から成る沖積土壌が分布して、湿地や沼地が多く、居住に適した微高地（水場に近くてかつ周囲より高くなっている土地）が限られている。南メソポタミアの沖積低地は、降雨が少なく乾燥して、居住適地がわずかしかない厳しい環境にあった。だが、過酷な地であっても、灌漑給水の工夫をすることにより、ムギ類が豊富に稔る肥沃な地に一変する。

一見すると、日本人にとって西アジアは縁のない地域と思われがちだが、日本と世界の考古学者が追究するテーマは意外と似ている。日本では、日本人のルーツ、縄文農耕や弥生稲作の始まり、邪馬台国の起源などへの関心が高いのに対して、西アジアなどでは、人類の起源と拡散、農耕・牧畜の開始、都市や国家の起源などが追究されている。それぞれの地域において、最古の人々はどこから来たのか、食糧生産はいつから始まったのか、都市や国家はどのようにして生まれたのか、といったテーマに注目が集まっている。本書で取り上げる都市の誕生は、まさに最後に挙げたテーマに関わっており、その研究フィールドとして格好の舞台が西アジアなのである。

世界の中でも、とくに欧米の研究者が西アジアにおいてこうしたテーマに取り組む背景には、彼らにとって教養の基礎の一つとなる『旧約聖書』に登場するエピソードへの好奇心がある。「創世記」の人類創造と考古学的な証拠がどのように関わっているのか。「カインとアベル」の差し出した穀物や動物はいつから栽培・家畜化されたのか。「ノアの箱船」にある大洪水が本当に都市を襲ったのか。「バベルの塔」は実在したのか等々。そこに、もう一つの教養の糧である「ギリシア神話」が絡むことにより、神々と英雄たちの物語を通して、人間や国家の在り方についての観念が構築されていった。一般的な欧米人の常識はこれらの古典的教養が起点となっているため、聖書の由来地であり、神

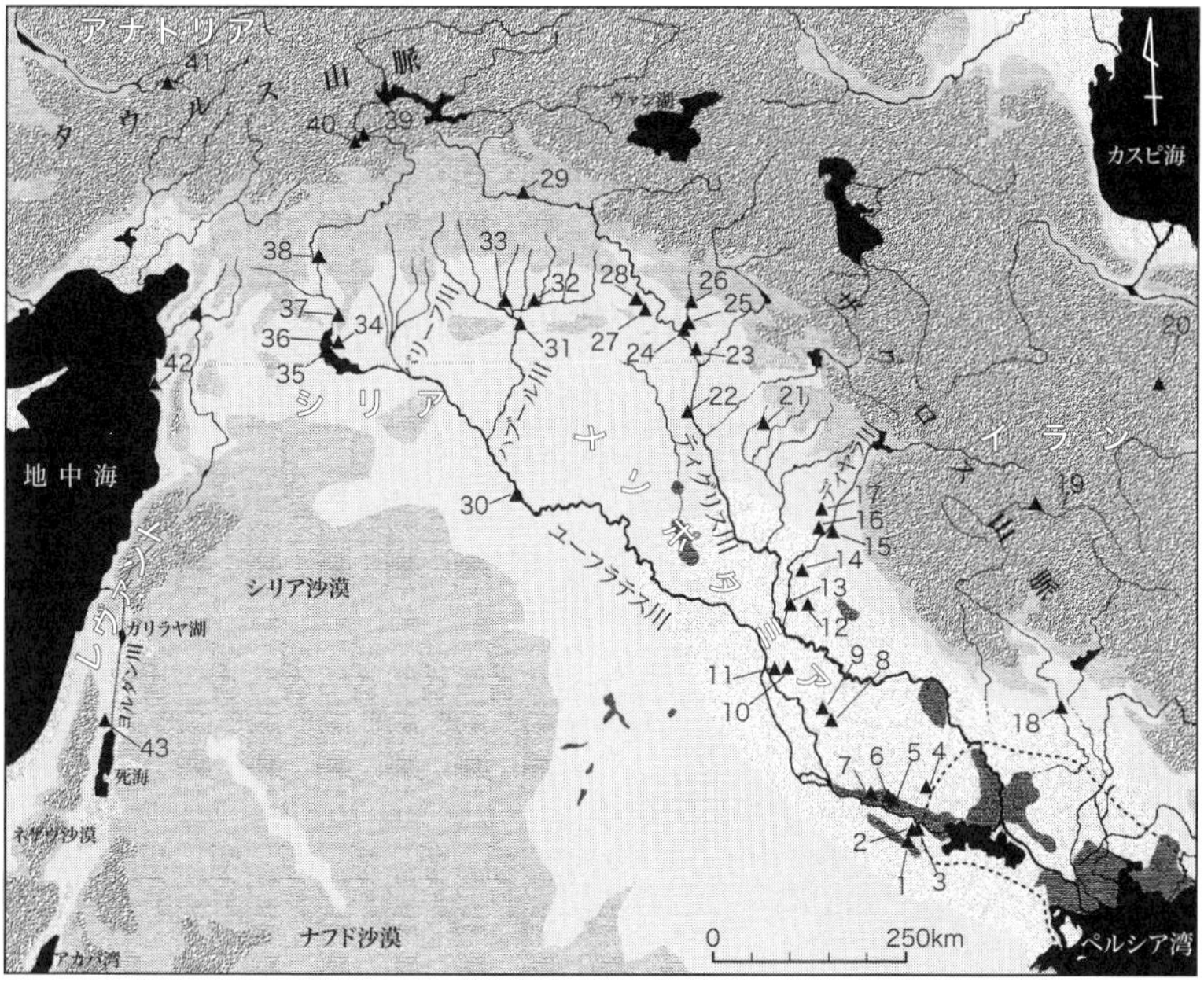

1 エリドゥ
2 テル・アル=ウバイド
3 ウル
4 ラガシュ
5 テル・エル=ウェイリ
6 ラルサ
7 ウルク
8 ニップル
9 アブ・サラビーフ
10 キシュ
11 バビロン
12 テル・アグラブ
13 ハファージェ
14 エシュヌンナ
15 テル・アバダ
16 テル・ソンゴル
17 テル・マドゥフル
18 スーサ
19 ゴディン・テペ
20 テペ・ガブリスターン
21 ヌジ
22 アッシュル
23 カルフ
24 ニネヴェ
25 テル・アルパチヤ
26 テペ・ガウラ
27 テル・サラサート
28 ヤリム・テペ
29 サラット・テペ
30 マリ
31 テル・マシュナカ
32 テル・ブラク
33 テル・カシュカショク
34 テル・エッ=スウェイハト
35 ハブーバ・カビーラ南
36 テル・シェイク・ハッサン
37 テル・コサック・シャマリ
38 ハジュネビ
39 ディルメンテペ
40 アルスランテペ
41 カニシュ
42 ウガリト
43 エリコ

1000m〜
500〜1000m
200〜500m
〜200m
海・川・湖
前4千年紀の推定海岸線
▲ おもな対象遺跡

図0-1　西アジアの主な遺跡分布

話につながりのある西アジアが長らく注目されてきたのである。

チャイルドの「都市革命」

こういった研究者の関心度の高さから、これまで欧米の学界が西アジアにおける都市の起源の研究について長らく先導してきた。一九五〇年代になると、一人の天才考古学者が画期的な都市論を提唱したことにより、その後の古代都市研究が本格的に始まることとなった。

ここで、都市の出現について、V・G・チャイルドの「都市革命」（Urban Revolution）論を紹介しておきたい。チャイルドはオーストラリア生まれで、一九二〇年代に再渡英した後、スコットランドを手はじめにヨーロッパの考古学の基礎を築いただけでなく、西アジア（西欧中心の地理区分としての近東）の考古学に多大な影響を与えた。日本でも昔から根強い人気のある考古学者の一人である。[2]

チャイルドは、現代の考古学の基礎となるさまざまな定義や方法論を確立しただけにとどまらず、農耕牧畜の始まりや都市の出現を革命的であると提唱した。ただし、彼のいう革命（Revolution）とは、ゆっくりとした累積過程の結果であり、決して劇的な変化を意味していたわけではない。チャイルドは、「都市革命」論（一九五〇年）で、最古級の都市を一〇項目の条件により定義している。[3]

（1）大規模集落と人口集住
（2）第一次産業以外の職能者（専業の工人・運送人・商人・役人・神官など）
（3）生産余剰の物納

（4）社会余剰の集中する神殿などのモニュメント
（5）知的労働に専従する支配階級
（6）文字記録システム
（7）暦や算術・幾何学・天文学
（8）芸術的表現
（9）奢侈品や原材料の長距離交易への依存
（10）支配階級に扶養された専業工人

チャイルドは、メソポタミアのウルク、インダスのモヘンジョダロといった旧大陸の事例を中心にして、新大陸のマヤも辛うじて見据えながら、古代都市を村落から区別しうる一〇項目の条件を素描している。都市革命論とは、灌漑農耕によりもたらされた食糧余剰が社会余剰へ昇華して、さまざまな都市的な特徴が累積していき、一〇項目で定義される都市が出現したというものである。これらの条件は考古学的資料にもとづいて提言されたものであり、以降の古代都市研究を方向づけることになった。

古代都市の定義は、これまで多くの研究者によって議論されてきた。[4] とりわけ、チャイルドの唱えた一〇項目は多くの研究者によって引用されてきている。チャイルド流の都市の定義そのものに批判もあるが、私は、都市誕生の議論の出発点において、都市の指標を設定することは必要であると考えている。そこで、古代西アジアの都市を一般集落や都市的集落（都市的な性格をもつ集落）から区別するための必要十分条件として「都市計画」「行政機構」「祭祀施設」の三つを提唱している。いずれも考古学的に検証できる指標である。これらすべての指標を満たせば都市、一部に欠けるものが都市的集落、ほとんどないものが一般集落となる。

都市計画は、城壁、目抜き通り、街路、水利施設など、遺跡の発掘において遺構として明瞭に捉えることのできるハード面から構成される。行政機構は、指導者の館、軍事施設、ドア封泥（部屋の扉を封印する粘土塊）、市場、絵文字的な記号など、遺構や遺物などに観察されるソフト面から成る。そして、祭祀施設は、街の守護神を祀る神殿など、精神面に結びつくものである。

一般的に見ても、都市の定義にもっとも有効な条件として、城壁が引き合いに出される。街を取り囲む壁は、実質的に外敵の侵入を防ぐだけでなく、心理的に攻撃意欲を萎えさせる抑止効果もある。人々の集住する空間が都市になりうるためには、まず何よりも街の安全が保障されなければならない。もちろん、城壁の存在だけで都市を定義することは難しいのだが、都市成立の第一歩として城壁は欠かせない条件である。

エリコは都市か

西アジアにおいて、城壁の歴史は先史時代にまで遡る。かつて、古代都市の代名詞的な遺跡として、パレスティナのエリコ（イェリコもしくはジェリコ）が知られてきた。エリコは城壁で囲まれた最古の都市として紹介されることが多かった。エリコは本当に世界最古の都市なのだろうか。

エリコと聞くと、多くの読者は『旧約聖書』「ヨシュア記」に登場するヨシュアの話を思い浮かべるであろう。預言者モーセの後継ヨシュアに導かれたイスラエルの民が、先住民族カナンの地にあるエリコの城を包囲した。ヨシュアの命令により、祭司たちが牡羊の角笛を吹きながら、契約の箱（アーク）を担いで六日間城を回った。七日目に角笛を吹いて城を七度回ってからイスラエルの民がときの声を上げると、エリコの城壁はまたたく間に崩れ落ちた。

　ヨシュアによる落城の話が印象的なせいもあり、エリコは聖書に因んだ鉄器時代の都市として受け止められる向きが強い。つまり、同じエリコ遺跡の下層に堆積しているもっと昔の居住層、要するに約一万年前の先土器新石器時代にすでに集落は城壁に囲まれていた、という思い込みがあり、先土器新石器時代の集落址に、鉄器時代の都市陥落物語に登場する都市景観がそのまま当てはめられてしまっていたようである。研究背景として、エリコ遺跡の発掘調査を主導してきたのがヨーロッパの研究者だったので、聖書のエピソードに引きずられた見解が出てきたのではないだろうか。

　近年、こうしたエリコ都市説が見直されてきている。エリコの先土器新石器時代における石積みの壁は、集落全体を囲っていたわけではなく、地盤の低い窪地などに限定されていたらしい。これは集落を護る防御的な性格に欠けている。当該地域に詳しい藤井純夫は、断続的な壁は季節的な洪水や鉄砲水といった自然災害に対する防災施設として構築されたと主張している。[6]

　エリコ遺跡は、海抜下約二五〇メートルもの低地に立地していて、水利関連の問題は相当深刻であったと想像できる。周囲の標高の高い場所から季節的な雨水や冠水が集落に一気に流れ込むと、住民にとっては脅威となる。一見すると、遺跡全体を囲むかのようにして検出された壁は「外敵進入対策」ではなく、地形において溢流《いつりゅう》が集落を襲う可能性の高い局所に砂防・水防用の防護壁、すなわち

「自然災害対策」として設けられた、という新しい見解はうなずける。

現状において、先土器新石器時代のエリコには、私の定義する都市に必要なすべての指標がそろっているわけではない。当時の集落内に、目抜き通りや街路、神殿や公共施設、水利施設などが整備されていたのかは不明であり、ドアに封のされた倉庫や絵文字的な記号に至ってはまったくその証拠は見つかっていない。おそらく、こういった後世の集住空間に充実してくる都市的な要素は、エリコではまだ現れていなかったと推定される。今のところ、新石器時代のエリコを都市と認定するには条件が不足していて、あくまで地域的な拠点集落と解釈する方向に落ち着きつつある。

世界最古の都市「ウルク」

エリコが最古の都市でないとなると、いったいどこで都市が誕生したのだろうか。その最有力候補が、イラクのウルク遺跡（現代名ワルカ）と、シリアのハブーバ・カビーラ南遺跡である。

約五三〇〇年前、西アジアのシュメール地方（南メソポタミアの南部）において、世界最古の都市ウルクが誕生したと多くの考古学者は考えている。都市化はさらに二〇〇〇年ほど前に始まる。私は、都市誕生を探るときに、都市そのものの完成段階と、都市的な要素の形成されていった過程段階を分けている。後者の段階が都市化であり、物質的かつ精神的に快適な暮らしの追求そのものである。より快適な暮らしを指向していく過程で、いくつかの集落で都市化が本格的に進行していき、さらに限定された集落で都市化がもっとも効果的に結実して都市が誕生した、というのが自説である。

ここで、古代西アジアにおけるほぼ二〇〇〇年間にわたる先史時代末の都市化について、私のシナリオを述べておく（二三頁の略年表を参照）。メソポタミアの平原地帯で、約七〇〇〇年前のウバイド期に展開していた一般集落の中から、都市的な性格をもちはじめた集落が現れる。約六〇〇〇年前のウルク期になると、都市的な性格の強まった集落が出てきて、約五三〇〇年前のウルク後期に都市が誕生する。都市化の進展により、さまざまな面でちがいが現れてくる。都市化の前半段階（ウバイド期：前五千年紀）では、メソポタミア平原で河川の氾濫などの被害を最小限に抑えながら、できるだけ水場に近い微高地が居住適地として選ばれた。生活の場をより快適に工夫するために利用されたのが土器である。土管などを配置することで、集落内の排水や耕作地の灌漑用水などがより容易になる。

都市化の前半段階では、物理的な面だけでなく精神的な面の快適さも追求されていく。ウバイド期の社会を特徴づけているのが祭祀儀礼である。都市的な性格をもちはじめた集落において、祈りの場として神殿が建立されていき、いろいろな祭具を用いた祭祀儀礼が執り行われた。神殿を軸とする祭祀儀礼的なつながりが広範に普及して、北シリア〜北メソポタミア地方では「目の文様」、南メソポタミア地方では「ヘビの文様」がそれぞれ祭祀儀礼のシンボル的な意匠として浸透していく。

ウバイド期の社会は、目やヘビのシンボルを媒介として、祭祀儀礼により人と人が緩くつながっていた。集落内の構成員同士にとどまらず、河川流域を軸とする地域内の集落同士、さらには広範な地域間も、こうした祭祀儀礼により結びついていた。構成員や集落間には格差のなかった様子が、墓制（埋葬儀礼）において観察されている。そこでは、被葬者間に顕著な社会的格差は認められず、平等主義的な社会が透けて見える。

都市化の後半段階（ウルク期：前四千年紀）になると、余剰食糧を豊富に抱える魅力的な集落に「よそ者」が現れることで、多様な変化が起きはじめる。ムギ類を主体とした余剰食糧を保管する倉庫のドアに封がされて、出入りが制限されてくる。倉庫のドアを封印する印章（判子）の所有者が集落の指導者となっていたとみられる。埋葬儀礼でも被葬者の社会的な立場のちがいが強調されるようになり、一部の墓に威信財（コミュニティにおける地位や職能を示唆する財物）が副葬されてくる。

同時に、「よそ者」の動きに刺激されながら、陸路や水路を伝った交易活動の要地が物流網の軸となる。余剰食糧の豊富な魅力ある集落では、人・モノ・情報の集積とともに都市的な性格が相乗的に集積していき、さらなる快適な暮らしが求められていく。「よそ者」の中には「ならず者」もいたようで、魅力ある集落は自衛のために城壁をつくるようになる。ウルク期の社会において、城壁の外では良からぬ者たちが脅威と化し、城壁の内では快適な暮らしと裏腹に格差や支配といった都市特有の「陰」が醸成されていった。

都市化の最終段階、すなわち都市誕生段階（ウルク後期：前四千年紀後半）になると、城壁で囲まれた街は目抜き通りを軸線として多様に空間分化されてくる。街中には排水設備が計画的に配置され、祈りの場としての神殿が徐々にパフォーマンス空間としての機能も付加されながら発展していく。唯一ウルクの街において、一連の快適さの追求がもっとも効果的に具現化された結果として、世界最古の都市が創出された。豊富な余剰食糧に支えられた魅力的な都市には、下水や煙害などの問題を解消するべく快適な暮らしが実現されていき、社会的格差や権力といった「陰」の部分を巧妙に隠すためのさまざまな装置も考案されていった。以上が私の描く都市化のシナリオである。

都市化以降の比較略年表

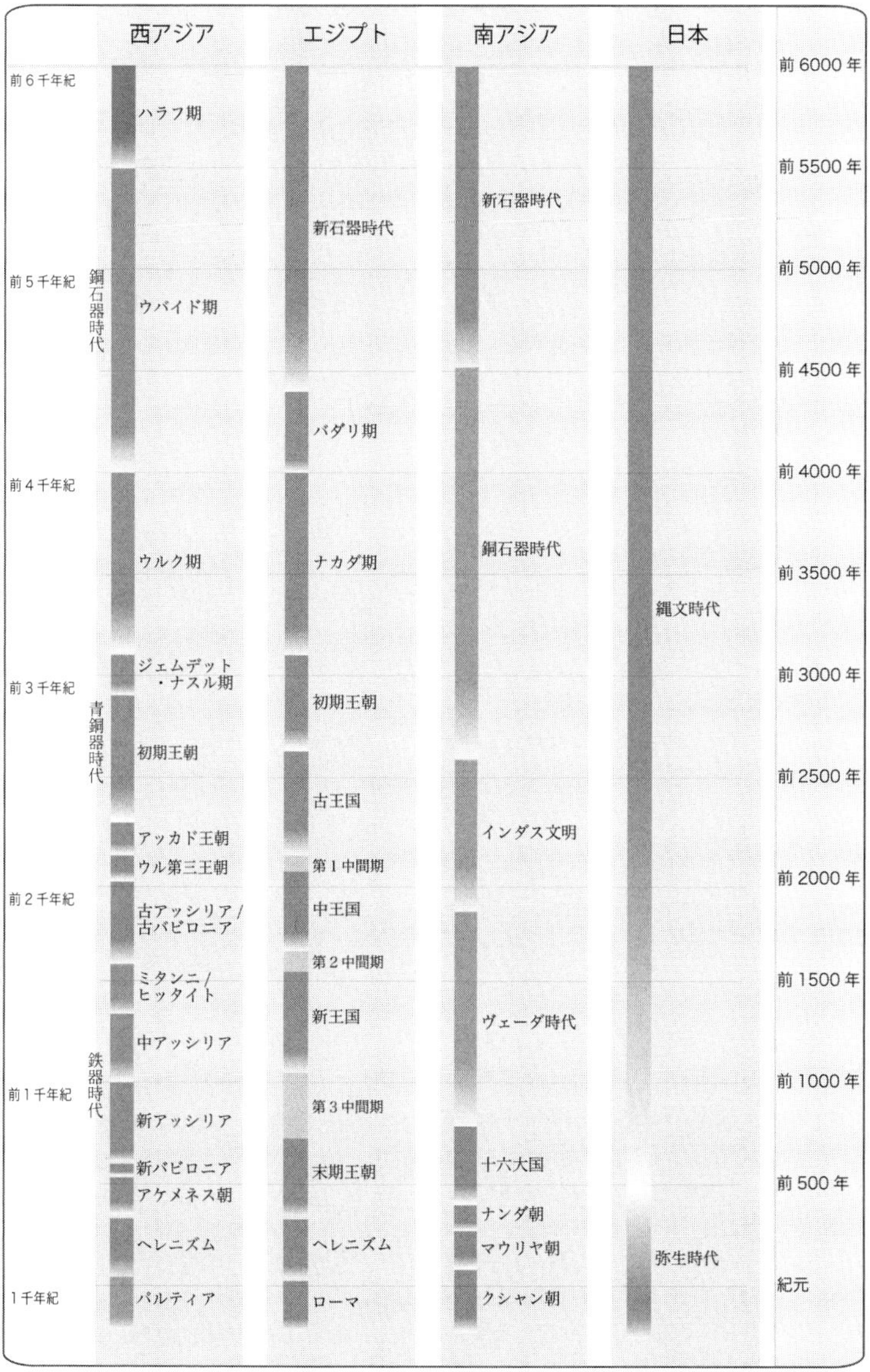

コピー都市「ハブーバ・カビーラ南」

シュメール地方のユーフラテス川下流域で、最古の都市ウルクが誕生した。直後に、北シリア地方でウルクの街を模倣したハブーバ・カビーラ南がつくられたと想定されている。街の中でもっとも重要な施設は、守護神を祀る神殿である。両者の神殿の建築様式は、長辺側に入口をもつ「平入り」の参拝口と、折れ曲がった「曲折動線」の進入路という点で共通する。ほかにも、絵文字（的な記号の）粘土板など行政機構の存在をうかがわせる資料がそれぞれの街で認められる。

ウルクから九〇〇キロメートルもユーフラテス水系を遡った上流にそのコピー都市が建設された理由は何か。そこには銀の開発が絡んでいると私は推理している。

ハブーバ・カビーラ南は、金属資源の開発に有利な地にあった。ユーフラテス上流域近くには、銀成分の含まれた方鉛鉱の産地がある。[7] ハブーバ・カビーラ南の工房では、方鉛鉱から生成された一酸化鉛（リサージ）塊が六点見つかり、銀を抽出する灰吹き法の確実な証拠として最古級とされる。[8]

灰吹き法とは、鉛を主成分とする鉱石から銀を抽出する方法である。具体的な手順としては、骨灰製あるいは多孔質土器の皿（キューペル）の上で、鉛鉱石を約八〇〇〜八五〇度の温度で酸化焼成する。生成された一酸化鉛（リサージ）が皿に吸収されて、銀塊が皿の上に残る。この作業を数回くり返して、純度の高い銀が抽出される。

西アジアでは、古くから楔形文字史料に「銀の山」と呼ばれる場所が記されているが、これは銀の産地として知られる南東アナトリアのタウルス山脈であったと推測されている（図0－1）。「銀の

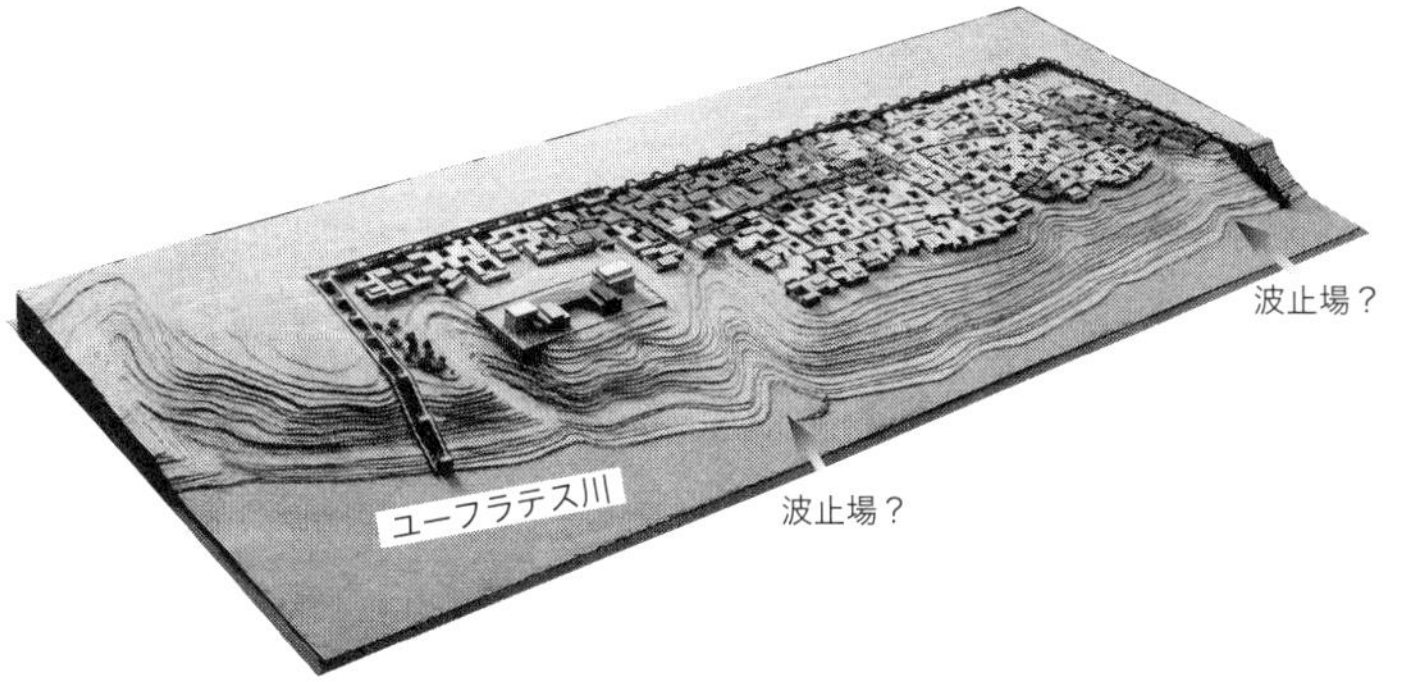

図0－2　ハブーバ・カビーラ南遺跡復元模型（Curt-Engelhorn-Stiftung et al. 2013より）

山」では、銀成分を含む方鉛鉱が多く産出される。ウルク後期の段階になって、こうした鉛鉱石から銀を抽出する灰吹き法が都市の冶金工房において開発されていったと推考される。

　ハブーバ・カビーラ南は、シュメール地方のウルクとユーフラテス川によってつながっているだけでなく、「銀の山」にもアクセスしやすい立地にある。街の北東部の区画に集中しているリサージ塊はすべて、鉛同位体の分析により、タウルス山脈中の特定の産地に同定されている。[9] 都市の誕生期に、早々とコピー都市が北シリアのユーフラテス川沿いに建設されたのは、銀の原料となる方鉛鉱の産地に近かったためと考えられる。

　同時に、出来上がった貴重な銀製品を南方の都市ウルクへ運ぶ経路としてユーフラテス川が最適であったため、ハブーバ・カビーラ南は銀の搬出においても要地であった。本遺跡はユーフラテス川西岸に立地していて、街の北東側や南東側に波止場のような痕跡が復元模型や地形図から推定されている（図0－2、3）。「銀の山」で採掘された鉛鉱石がハブーバ・カビーラ南に搬入されて、灰吹き法により製錬された銀がユーフラテス川を伝ってウルクの街へ水上輸送されたのであろう。

銀の重要性は、約五〇〇〇年前の青銅器時代になると際立ってくる。シュメール地方のウル遺跡（現代名ムカイヤル）で出土した粘土板文書には「銀の倉庫」という記述が残され、テル・アグラブ遺跡の神殿では未完成品も含めた銀製品が保管されている。[10] メソポタミア地方では、青銅器時代初頭までに都市的集落が続々と都市へ成長していき、都市と呼べる主要な政体が二〇前後に急増して互いに競合するようになる。実効支配領域を主張する都市国家の出現である。[11]

都市国家の分立段階である約五一〇〇～四三〇〇年前において、すでに銀の価値が認められて、物々交換の場面で銀の重さが基準となりはじめていたことがわかっている。約四三〇〇年前には、メソポタミアの都市国家群がアッカド王朝によって統一される。この領域国家の段階になると、銀の重さ「シェケル」が取り引きにおける基準として定着して、「銀のリング・インゴット」が最古級の貨幣として一部で使用されていく。[12]

私は、ウルク後期のハブーバ・カビーラ南は、銀の開発と輸送のために計画的につくられた都市であると考えている。従来の都市的集落や一般集落ではこなせなかった、原料入手、灰吹き法という特殊な冶金、製錬品の流通に至る一連の工程は、都市になってようやく実現可能になった。都市の誕生、都市国家の分立、領域国家への統一という古代西アジアの都市のあゆみは、銀との出会いによってその方向性が決まったといえる。古代西アジアにおいて銀と都市は不可分の関係にあり、銀の所有は権力の掌握に直結していたのである。

「都市的集落」とは

最古の都市ウルクでは、神殿の建てられた聖域がおもに調査されてきたため、街並みそのものはよくわかっていない。他方、コピー都市であるハブーバ・カビーラ南は、市域の多くの部分が発掘されたため、詳しい街並みが復元されている。街は城壁に囲まれ、目抜き通りにより軸線が設定され、計画的な排水施設が備わっていた。ほぼ同じ時期に、近隣の高台に立地して城壁をもたないジェベル・

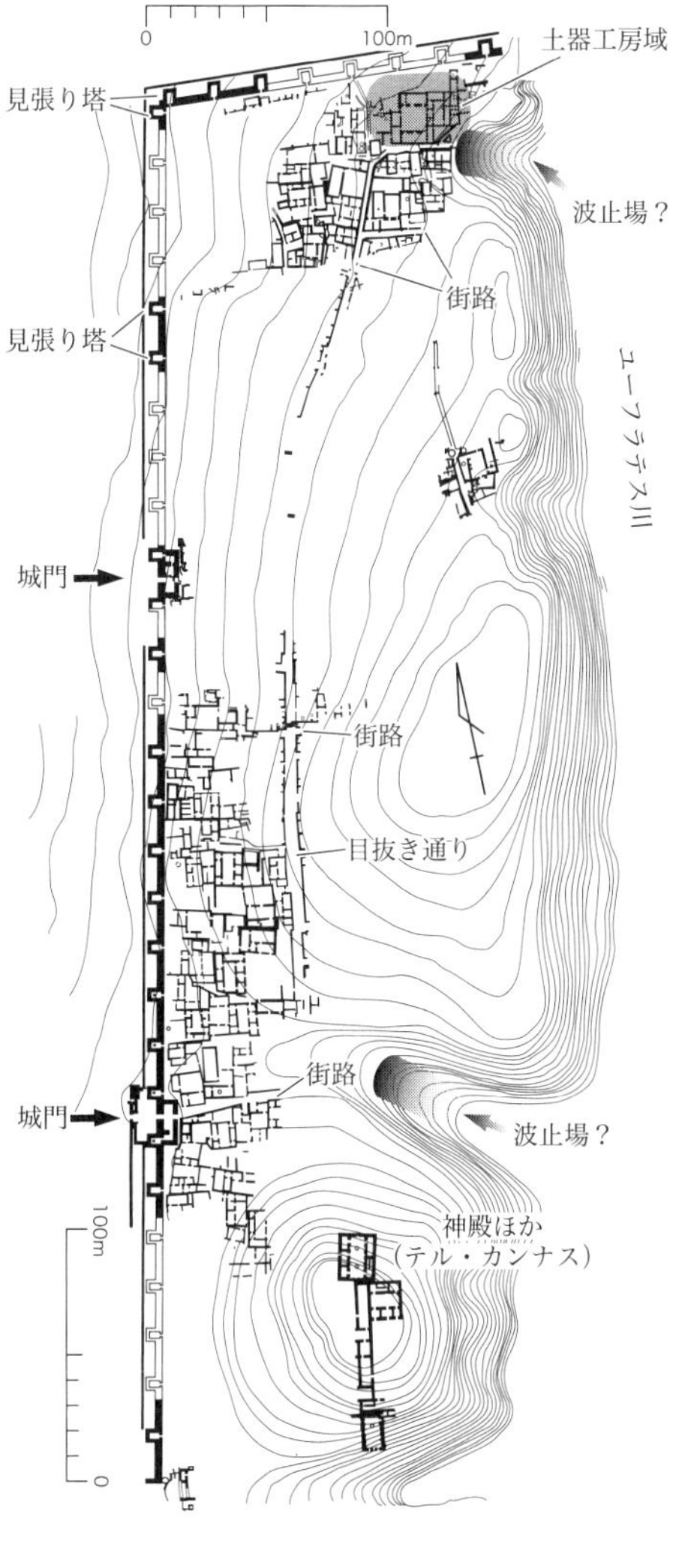

図0-3　ハブーバ・カビーラ南の都市プラン
(Nissen 1993を改変)

アルーダ遺跡や、他にウルやテル・ブラクなどの有力な遺跡も存在するが、いずれも地域的な拠点に立地する都市的集落として位置づけられる。

都市誕生までのプロセス、すなわち都市化現象は、ウルク期に顕在化しながら西アジア各地へ普及していった。だが、今のところ、都市誕生段階で都市と呼べる街はウルクとハブーバ・カビーラ南の二遺跡しか発見されていない。つまり、西アジアにおける都市化は広範囲に進行していたのに対して、都市自体の誕生はきわめて限定的であった。ウルク期のたいていの集落は、都市化の影響を受けながらも、都市そのものに成り切れていない。都市化の議論においてはこのような集落を一般集落や都市から区別しておいた方が理解しやすい。

そこで、私は一般集落と都市の中間的な存在として、都市的集落（都市的な性格をもつ集落）を位置づけている。都市誕生段階においても、それ以前と同様に一般集落が圧倒的大多数を占めている。一般集落は、耕作地で生産した穀類などを余剰食糧として都市に納めて、これらの集落によって都市が扶養されていたと推定される。

都市的集落とは、余剰食糧を豊富に蓄えた魅力的な集落である。余った食糧を公共的な倉庫に納める仕組みは、都市化の過程において徐々に構築されていく。余剰食糧の管理を担っていたのが集落の指導者であり、倉庫のドアに封をする判子を所有していた人物である。指導者は都市計画においても責任をもち、基本的な日々の生活にとどまらず、より快適な暮らしを実現するべく、都市計画のプランを練っていったと想像される。こうした一連の都市化現象は、たいてい都市的集落において進行していった。

成熟した都市計画

都市とは、都市的集落で形成されていったさまざまな要素が上手くかみ合い、結果的に都市空間として開花した希有な例である。私の考える「都市の三指標」すなわち、先述した「都市計画」「行政機構」「祭祀施設」のすべてが満たされた街が都市となる。

なかでも、都市計画はハード面から構成されているため、考古学的な発掘調査において実際に確かめやすく、もっともわかりやすい要素が城壁である。ハブーバ・カビーラ南は計画的につくられた街であり、面積約一八ヘクタール（東京ドームの四倍弱）、推定人口六〇〇〇〜八〇〇〇人とされる。街を囲む城壁は、幅三メートルを超える日干しレンガ製で、約一四メートル間隔で見張り塔が配置され、西側城壁の二ヵ所に城門が設けられている（図0－3）。これはエリコの砂防・水防用の防護壁とはまったく質が異なる。

城壁の大部分は、大型レンガが割合と乱雑に積まれて、外壁面、見張り塔、城門などは「リームヘン」（断面が正方形の細長いレンガを意味するドイツ語）[13]で丁寧に仕上がっている。街のプランはほぼ平行四辺形を呈し、北・西側は城壁で固められ、東側はユーフラテス川で護られている。一九八〇年代の調査後、アサド湖（シリア・アラブ共和国）に沈んでしまい、現況ではほとんど確かめることができない。

ハブーバ・カビーラ南のモデルが、先述した同じユーフラテス水系のウルクである。約四九〇〇年前の初期王朝時代に、全長約九・五キロメートルもの城壁がウルクの街を囲っていたことが知られていて、都市プランは平行四辺形を崩した形状を呈する（図0－4）。ウルクは約四〇〇ヘクタール（皇居の三倍弱）の規模を誇り、メソポタミアで突出した存在であった。

ウルク遺跡では、後続期に長大な城壁が存在していることから、約五〇〇〇年前までには本格的な城壁が構築されていたと多くの研究者が推定している。おもに聖域が調査されてきたために街並みは不明であるものの、約七〇〇〇年前のウバイド期にウルク遺跡ではすでに人々が生活していたことが確認されている。ウバイド期の集落がどのようにしてウルク期の都市へ成長していったのかについては、今後の発掘調査にかかっている。しかし、残念ながら、現イラクでの治安状態が不安定なために、長らく調査に取り組んできたドイツ隊による発掘再開の目処は立っていない。

都市たる街の条件として、街の輪郭を形成する城壁とともに、街の軸線となる目抜き通りも欠かせない。目抜き通りはハブーバ・カビーラ南で確認されているが、ウルク遺跡でも聖域の配置と神殿の軸線から、目抜き通りの配置、すなわち街の軸線を想定できる。ウルク遺跡のほぼ中心に配置されたエアンナ地区は壁によって囲まれて、後世のテメノス（ギリシア語でいうところの聖域）の祖型となる神聖な空間であった。この「エアンナ聖域」の南東側には、小階段を登って進入する門が設けられている（図0－4／図3－3参照）。門が聖域の正面に配置されていたならば、聖域の主軸は北西～南東方向となる。つまり、ウルク後期の聖域正門の近くまで、目抜き通りが延びていたことになる。

ウルク遺跡の初期王朝時代（約四九〇〇～四三〇〇年前）の城壁は、前述のように平行四辺形を崩した形となっている。ウルク後期の城壁は未確認で、おもに土器片の散布範囲にもとづいて当時の利用範囲が推定されるにとどまる。ウルク後期のエアンナ聖域の主軸が北西～南東方向にあったとする

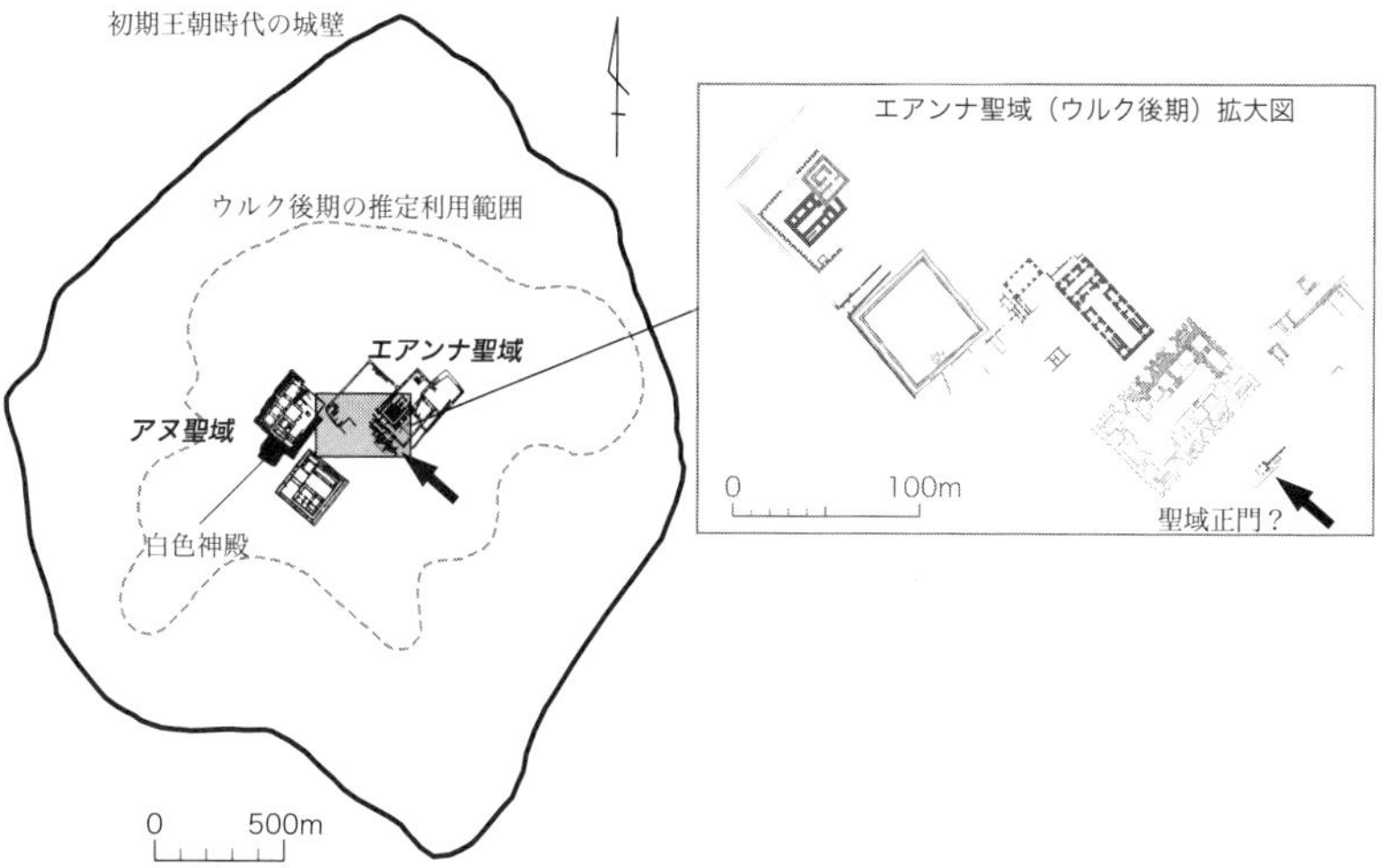

図0－4　ウルクの都市プラン（UVB XXI 1965; Nissen 1993より作成）

と、軸線はちょうど初期王朝時代の都市プランの長軸方向に合致する。ウルク後期から初期王朝時代にかけて、ウルクの街の軸線はおよそ同じ方向にそろっていたことになる。

ウルク遺跡では、エアンナ聖域に隣接して「アヌ神の聖域」がもっと前から設置されていた。アヌ神の聖域でも、エアンナ聖域と同様の傾向がうかがえる。アヌ神の聖域で、ウルク後期に建てられた白色神殿の軸線は南西～北東となっている。しかし、街全体における神殿の配置という視点で捉え直すと、神殿の建立している基壇へのアプローチは南東方向からとなる（図0－4、5）。つまり、神殿内における祭壇の設置方向ではなく、街の中における神殿の配置方向が重要であったと考えられる。

計画的な都市づくりには、水利施設も不可欠である。都市化の前半段階（ウバイド期）には、建物間の空き地に排水管が後付け設置されていたのに対して、都市誕生段階（ウルク後期）になると、建物をつくる前に排水網が敷設されるようになる。湿気、冠水、汚水といった不快な状態からの脱却を目指して、計画的な水まわりの設備が考案されたのである。

ハブーバ・カビーラ南遺跡では、最初に、目抜き通りと下水施設が設置されている。試行錯誤の末、入念に準備された排水網が敷設されて、快適な暮らしの基盤が出来上がる。計画的な街路と排水設備の配置は都市化で最重要の指標の一つとなっている。五〇〇〇年以上も前に都市計画の知識と技術が成熟していたことは驚きである。

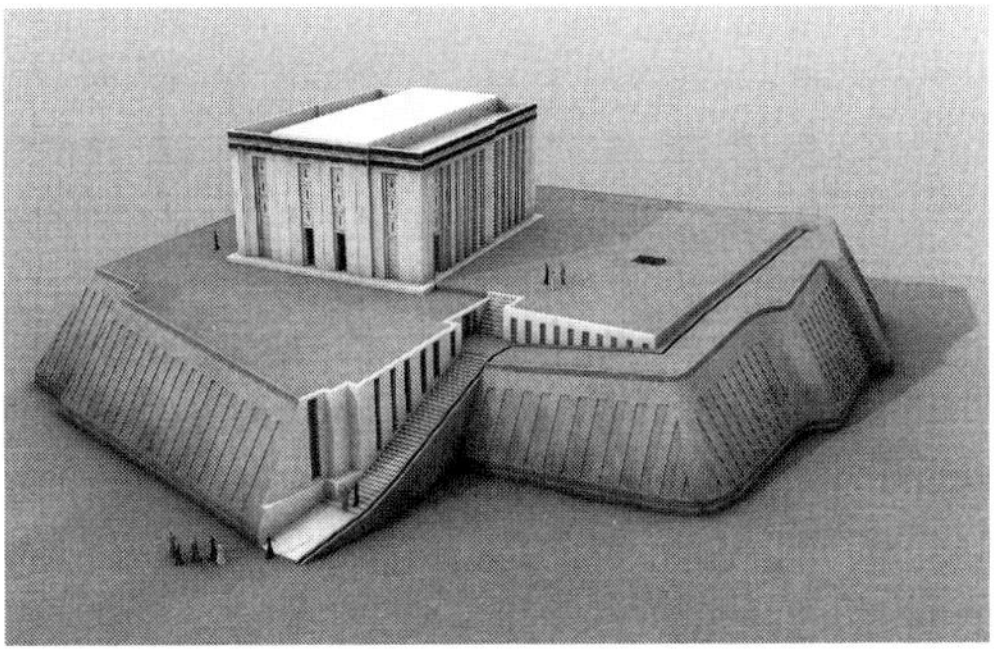

図0－5　ウルクの白色神殿。南東方向に階段がつけられている（Curt-Engelhorn-Stiftung et al. 2013より）

理想的な街の軸線

なぜ、秀逸した古代都市であったにもかかわらず、ハブーバ・カビーラ南はわずか二百年ほどで放棄されてしまったのだろうか。この街の軸線は南北方向に設定されていて、目抜き通りの南端にある小丘テル・カンナスに神殿が立地している。この特異な都市プランが、都市を比較的短命に終わらせてしまった原因の一つになっていた可能性がある。

ハブーバ・カビーラ南遺跡の立地する北シリア地方のユーフラテス川上流は、ちょうど北から南へ

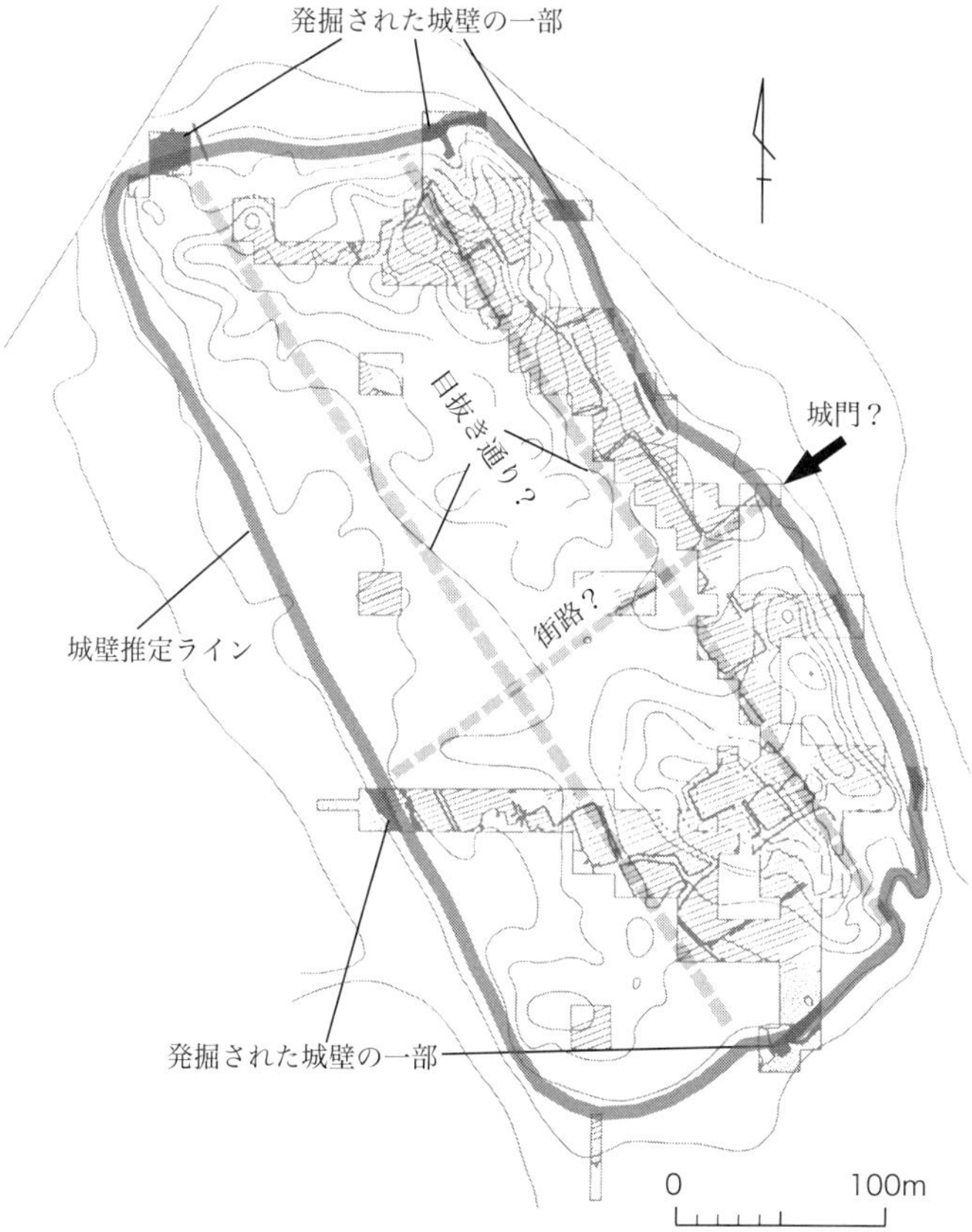

図0－6　アブ・サラビーフの都市プラン（Postgate 1990を改変）

流れている。川に沿って街の主軸を設定するならば、ハブーバ・カビーラ南はおのずと南北方向を軸にすることになる。この方向性において、シュメール地方のユーフラテス川下流域に立地していた諸都市とのちがいが現れている。シュメールの諸都市は、ほぼ北西から南東方向へ流れる両大河に沿い、街の軸線が自然と北西~南東方向に設定される傾向がある。

街の軸線は、都市国家の分立段階に継承されている。初期王朝時代、アッカド地方（南メソポタミア北部）のアブ・サラビーフ遺跡は複数の丘（テル）から成り、中央丘のプランは平行四辺形である（図0－6）。報告者によると、中央丘の真ん中当たりから主要な街路が北東方向に延び、都市プラン長辺側の城壁にぶつかっている。街路と城壁の交わる区画には、等高線を見る限り平坦部が城内に入り込んでいるため、城門が設置されていたという。平行四辺形プランの短軸方向に城門とつながる主要街路があったとすると、直交する目抜き通りが長軸方向に設定されていたはずである。つまり、アブ・サラビーフの軸線も北西~南東方向となり、ウルク遺跡の軸線とだいたい同じ方角を示す。

都市国家群が領域国家に統一される段階でも、主要都市の軸線は先行期の方角を受け継いでいる。シュメール地方のウル遺跡では初期王朝時代に最初の王朝が興り、ウル第三王朝時代（約四一〇〇年前）にウルはメソポタミアを支配する領域国家の首都になる。城壁に囲まれた市域は最盛期に六〇ヘクタール（皇居の半分弱）を超え、街のプランは平行四辺形を崩した形で、街の軸線はほぼ北西~南東方向に設定されている。市域中央の北西寄りに設定されたテメノス（聖域）には、神殿、宮殿、ジッグラト（聖塔）が林立する。後世の新バビロニア時代（約二五〇〇年前）になると、ウルでは市域南東部にテメノスへ延びる大通りが建造され、先行時代の市街地は取り壊されて新しい街並みが上書き

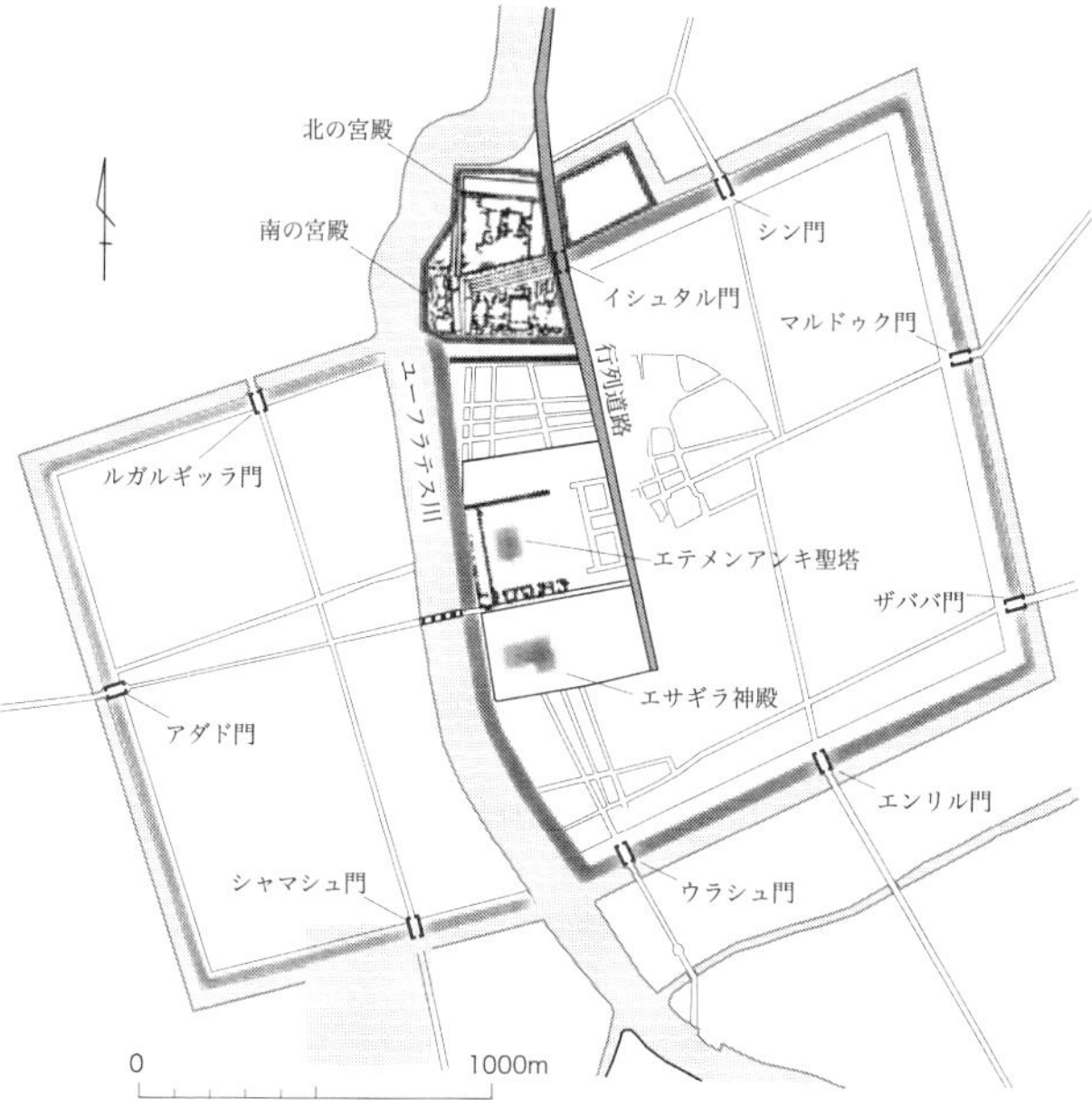

図０−７　バビロンの都市プラン（ロイド＆ミュラー 1997より作成）

されていく（図３−４参照）。ネブカドネザル二世の治世時につくられたとされるこの大通りは、都市プランの長軸方向に沿っている。

同時代のバビロン遺跡でも、こうした北西〜南東方向を意識する街の軸線が認められる（図０−７）。幅二〇メートルを超える行列道路はおよそ北西〜南東方向に設定され、パレードや儀礼的行進などの演出に欠かせない舞台となっている。また、「バベルの塔」のモデルとされる「エテメンアンキ」聖塔の正面階段は南東側に設置されている。ここでも北西〜南東方向が意識されていて、行列道路や聖塔はこの方角に軸線が決められていることがわかる。

したがって、古代西アジアの都市

プランにおいて、目抜き通りが都市の軸線として大きな意味をもっていた。ハブーバ・カビーラ南は軸線がほぼ南北となっているが、ほかの都市遺跡では北西～南東方向に揃っているものが目立つ。ウルクの街をはじめとして、アブ・サラビーフ、ハファージェ、ウル、バビロンなどで認められたように、目抜き通りを軸線に設定して、北西～南東方向を意識した都市プランが数千年も引き継がれていたと考えられる。

いずれの都市の軸線も、近隣を流れる川の方向と密接な関係がある。古代西アジアの都市の軸線は、メソポタミアを流れるユーフラテス川とティグリス川の流路と大きく関係していた。南メソポタミアのユーフラテス川下流域では、だいたい北西から南東方向に川が流れていて、歴史時代に掘削された運河もほぼ同方向である。よって、神殿の建つ聖域は川上の北西側に、市街地は川下の南東側に配置される傾向となる。その背景には、街中の生活排水をいかに効率良く下手《しもて》に排出するのかという快適な空間の創出と密接な関連があったと推考される。

流路と街の軸線との関連は、歴史時代に掘削された運河や灌漑水路にも観察され、いずれも高地から低地に向かって配置されている。新アッシリア時代のニネヴェ遺跡（約二七〇〇年前）は、ティグリス川の東岸に立地している。街の北側と同南側にそれぞれ丘があり、両者の間を川が流れてティグリス川に合流する。ニネヴェの街を取り囲む城壁は北西から南東方向に長軸をとり、これはティグリス川の流路とほぼ平行である。街の東側には、城壁に沿う格好で運河が掘削されていて、運河もティグリス川の流れる方向に合わせた形で配置されている。[14]

「コピー都市」短命の原因

川の流れる方向と聖域の配置において、こうした原則からはずれてしまった街並みがハブーバ・カビーラ南であった。ハブーバ・カビーラ南の神殿は小丘テル・カンナスに建っていたが、街全体の中で同丘は川下方向にあたるため、ほかの都市にくらべて生活排水の処理において障害が起こりやすい。そこにこそコピー都市の短命の原因があったと思われる。快適な空間を目指した都市では、川筋に沿って軸線となる目抜き通りが設定されて、川上（北西）方向に聖域、川下（南東）方向に市街地という配置が理想的な都市プランであったと私は考えている。

世界最古の都市は二つあった。まず、南メソポタミアにウルクの街がつくられ、すぐ後に、北シリアにハブーバ・カビーラ南がコピーとしてつくられた。川の流れに沿って、川上の北西方向に聖域、川下の南東方向に市街地を配置した都市プランが基本形であった。コピー都市はその基本形を逸脱したため、比較的短命に終わってしまったのである。

オリジナルの都市ウルクとコピー都市ハブーバ・カビーラ南は、九〇〇キロメートルも離れていたにもかかわらず、一本の川すなわちユーフラテス川でつながっていた。その背景には、どうしても銀を手に入れたかったという都市支配者のこだわりがあった。銀は、古くから「お金」としての価値が認められて、西アジアではリディア王国（約二六〇〇年前）での「銀貨」の発明より二〇〇〇年近く前に、すでに秤量貨幣の祖型として「銀のリング・インゴット」が一部で流通しはじめていた。

古代西アジアでは、銀の入手と安定的な供給のために、都市が計画的につくられていったともいえる。原料入手から製品流通に至るまでの一連の流れは都市になって具現化されたのである。そして、都市の誕生後、都市国家の分立段階には、遠隔地から錫を輸入して、青銅が発明されていった。青銅の開発には、銀以上に、原料の確保から生産、流通にいたるまで複雑な工程と周到な人の配置を要する。そこには、政治的に組織化された仕組み、すなわち国家の姿や国家権力の影が見えてくる。古代西アジアの都市の指導者は、銀とともに権力を掌握して、今度はその権力を行使して青銅製の武器を開発することになったのである。

第一章 川、墓、神殿——自然環境と祭祀儀礼

サラット・テペ遺跡発掘風景（2012 年）

世界でもっとも古く誕生したとされる西アジアの都市。なぜ、世界に先駆けて、西アジアの地で最古の都市が現れたのか。まず、その舞台となった、西アジアを取り巻く自然環境を見てみる必要がある。西アジアの独特な地理的環境を俯瞰すると、死海地溝帯、ヨルダン川流域、レヴァント回廊、タウルス・ザグロス山麓、メソポタミア平原など多様な地勢が広がっている（図0－1参照）。

人類の誕生地であるアフリカに隣接する西アジアは、現代人の祖先たちがアフリカから陸伝いに拡散していく際に通過する経由地であった。初期人類は、死海地溝帯を通って西アジア世界へやってきて遊動的な生活を始めた。レヴァント回廊などの低湿地周辺では、定住生活が選択されるようになり、低湿地をはじめとする西アジア各地で、在地のムギ類・マメ類の野生種が多様に栽培化されていった。まもなくして、タウルス南麓からザグロス西麓にかけての丘陵地では、ヤギ・ヒツジが家畜化されていった。農耕牧畜の展開する丘陵地・山麓などの天水農耕地帯では土器が発明された。やがて、メソポタミア平原の南部に広がる沖積低地で灌漑農耕が編み出されて、都市化が始まった。

このように西アジアには、多様な地理的環境が広がり、アフリカ大陸からの拡散、定住化や農耕牧畜、土器の発明などがさまざまな環境で展開していった。そのあゆみの先に、洞窟でもなく、丘陵地でもなく、山麓でもなく、ユーフラテス・ティグリス両大河の下流域に広がる沖積低地、すなわち南メソポタミアの灌漑農耕地帯で世界最古の都市が誕生したのである。

本章では、川に密着した「テル」形の遺跡において、人々がいかに快適な空間を追求していったのかを見ていく。そして、死者の埋葬の仕方、住居の間取り、余剰食糧の保管の仕方などの点から、家族の在り方や街での平和な暮らしについて探ってみる。さらに、「神殿」を軸として祭祀儀礼が各地に浸透して、都市形成期前半（ウバイド期）の人々が緩く、平和的につながっていた様子について論じていく。

1　メソポタミア周辺の集落

水利用の暮らし

川のそばで生活する際、ふだんからの湿気対策、雨期の川の増水による集落内への浸水・冠水対策は、つねに住民を悩ましていたと想像される。こうした一連の水対策をどうするのかが、快適な暮らしへの第一歩となる。

西アジアの遺跡は、たいていテルあるいはテペ（いずれも「遺跡の丘」の意）の状態で残っている。日々人々の暮らしていた住居が廃絶されると、建材として使われていたレンガや礎石が瓦礫と化す。日々

図1－1　サラット・テペ遺跡

の生活で利用されていた土器や石器などは、いろいろな残滓とともにその場に捨てられていく。やがて、瓦礫やゴミが川や風により運ばれてくる土砂とともに堆積して、丘状の遺跡が形成される。西アジアの遺跡は、居住面が重層的に「上へ」集積していく傾向を特徴としている。

　西アジアの都市誕生に向けた土台は、こうしたテル（テペ）状の遺跡で認められる（図1－1）。約七〇〇〇年前の都市形成期前半の一般的な集落は、おもに型抜きの日干しレンガで建てられた住居で構成され、建物間には空き地が広がり、とくに決まった区画割りの傾向も見られない。そのなかで一部の集落では、神殿や公共施設なども建てられ、都市的な要素が現れはじめている。

　都市化現象は、西アジア各地で観察されている。都市化の前半段階、当時の暮らしの特徴として、水のもたらす多様な問題への対策が見出せる。北シリアのテル・コサック・シャマリ遺跡では溝状遺構が検出されている。類例として、中部メソポタミアのテル・ソンゴル遺跡B号丘、北メソポタミアのテル・サラサート遺跡II号丘などでも溝状遺構が検出されている。いずれも集落全体を囲う環壕とは異なり、緩く曲がりながら直線状に集落を短く横切っている。これらの溝状遺構は対外的な防御施設ではなく、集落内への浸水・冠水対策や湿気対策として掘削されたと報告者は推測している。[1]

都市形成期前半の集落では、建物群はとくに方向を決めないでランダムに配置されることが多い。建物間の空き地には土管が埋められて、排水対策も施されていた。ソンゴル遺跡B号丘では集落のほぼ中央に公共施設と付属部屋群が見つかっている。付属部屋の前庭には土管が埋設され、集落でもっとも標高の高い所から西側斜面を下っている。長さ五〇センチメートル以上の土管が一〇個以上連結されて計七メートルの長さとなり、地面を掘削した溝に埋められていた。土管の装着方向などから判断して、同部屋からテル西側斜面に生活排水を流す下水管であったと推定されている。[2]

近隣のテル・アバダ遺跡からも、似たような排水設備が見つかっている。さらに、同時期の他の遺跡でも、一般住居の周囲を巡るように排水溝が設けられている。[3] 概して都市形成期の前半（ウバイド期）には、メソポタミア各地で水まわり対策を講じていたようで、溝や土管といった遺構・遺物が目につく。この特徴は、先行期（ハラフ期）にはあまり認められていない。土管の頻出する時期は、ちょうどウバイド文化が南メソポタミアから北方の各地へ拡散していく時期に符合する。

メソポタミアの北と南では自然環境が異なる。降水量が二五〇ミリメートルを超える北シリア～北メソポタミアと違って、少雨の南メソポタミアでは否が応でも灌漑により人工的に水を供給する必要があった。南メソポタミアの集落では、土器新石器時代の後半までに、土管を駆使した水路により導水された畑でムギ類が栽培されはじめていった。おもに集落外の耕地で導水管、集落内の居住地では排水管を設置する暮らしが展開していたと想像できる。

七〇〇〇年前ごろ、ウバイド文化が北方へ拡がっていく過程において、中部メソポタミアや北シリアの各地にも同じような水まわりの工夫が普及していった。もともと、雨の水だけでムギ類を栽培できた北方の天水農耕地帯で灌漑設備は不要だった。まもなく、居住空間用の排水管など南方出自の生活の知恵が知れわたると、北方でも都市化が進行していったのであろう。

そして、ウバイド期における水利用への関心度の高まりは、後続のウルク期になると本格的な都市化の一側面として際立ってくる。集落で湿気や冠水・洪水といった問題と向き合ったときに、暮らしをより良くするためのさまざまな試行錯誤が重ねられていったのである。

舟による輸送

水と向き合う暮らしの中で、河川を用いる物流も都市化とともに活発化する。ウバイド期において、灌漑農耕により生産された余剰食糧が物々交換に活用され、遠方の貴重な物資が舟を使った水上輸送で集落に運ばれてくる。ウバイド期の集落からは舟形の土製模型品が出土しているため、都市化の当初期には陸上輸送手段は未発達であり、おもに水上輸送による運搬が広く行われていたと推定されている。それぞれの地域的環境のちがいを反映して模型がつくられている。[4]
ユーフラテス川下流域では、エリドゥ遺跡で舟形模型が出土している（図1－2）。船底は帆を張るための帆柱用のほぞ穴があけられていて、船首と船尾が細長く内側に折り曲げられ、帆柱を固定するためのロープを引っ掛けられる構造になっている。こうした特徴から、この舟形模型は帆掛船をモデルとしてつくられたと推考できる。また、舷側は高さがあり、表面は滑らかなため、葦でつくられた舟というよりも、板材を張り合わせた舟の存在が想定されている。[5]
同様に、舳先が折り返されている舟形模型は、同流域のテル・アル＝ウバイド遺跡やテル・エル＝

ウェイリ遺跡だけでなく、南西イランのチョガ・ミシュ遺跡でも確認されている。[6] 帆掛船であれば、ペルシア湾岸沿いや緩い傾斜勾配のユーフラテス川下流をある程度まで遡上することも可能である。他方、中部メソポタミアのソンゴル遺跡や北メソポタミアのテペ・ガウラ遺跡で舟形土製品として報告されている模型は、舳先が突出せず、船体も幅があり、エリドゥなどの出土品と明らかに異なる。報告者の見解どおりこれらの土製品が舟の模型だとすると、モデルになっていたのは帆掛船ではなく、舷側に板や革の張られた桶形の舟だったと考えられる。

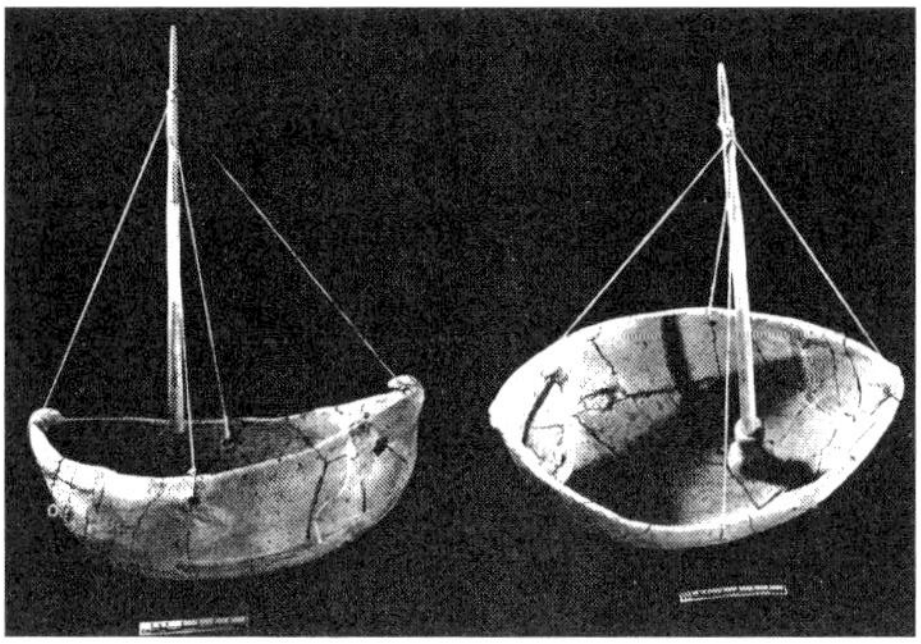

図1−2　エリドゥ出土舟形模型（Safar et al. 1981より）

桶形模型の分布範囲は、北メソポタミアから中部メソポタミアにかけて、ティグリス川上流～中流域に限定される。ティグリス川は、ユーフラテス川よりも流路が約一〇〇〇キロメートル短くて流速はかなり速く、アラビア語で「ディジュラ（矢のように速い）」と呼ばれているほどである。同上流域から中流域に分布している模型がモデルとしていた桶形の舟は下り専用と推定できる。

新バビロニア時代のヘロドトスの『歴史』では、バビロンの街にナツメヤシの樽に入ったアルメニア産のワインが川を下って運ばれたとされる。商人たちがワインをバビロンに運ぶ場面として、「ワイン運搬人は積荷を片付けた後、ふねを解体して、肋材《ろくざい》として使っていた柳の材木を売り払い、船体に使っていた革をあらかじめ積んできていたロバの背に乗せて、川を遡って帰っていった」といった主旨の内容が記されている。[7] この記述によると、バビロンへの往路では革張りの舟で川を下り、アルメニアへの復路では積んできたロバで川沿いを遡上していて、舟とロバを組み合わせた輸送となる。

　ここで、ヘロドトスの記述している川がユーフラテス川なのか、それともティグリス川なのかという問題が生じてくる。バビロンの街はユーフラテス川をまたいでつくられていたので、この描写はユーフラテス川を示すと解釈されてきた。ところが、ユーフラテス川の上流には、ヘロドトスのいうようにアッシリアやアルメニアは位置しておらず、むしろこれらはティグリス川の上流方向にある。また、「河の流れが早いために、河を遡って帰るのは不可能」という記述も矛盾する。ユーフラテスはギリシア語で「優しい水」という意味もあり、アラビア語の「フラート」も同様である。つまり、矢のように速く流れるティグリス川とは異なり、流路が一〇〇〇キロメートルも長いユーフラテス川はゆっくり流れる大河である。

　どうやらヘロドトスは、地元民からの伝聞情報を正確に整理できずに、ティグリスの川下りをユーフラテスのものとして記してしまったようだ。M・パウエルが指摘しているように[8]、私もこの描写は、もともとアルメニア地方を水源とするティグリス川におけるワイン輸送に関するものと解釈している。約二五〇〇年前の西アジアには、川下り専用の舟があったのだろう。先の桶形模型の分布と重ね合わせると、すでに先史時代のウバイド期において、革などを張った桶形の舟がティグリス川上流域や中流域を下っていたと少考している。

　さらに、北シリアのテル・マシュナカ遺跡やコサック・シャマリ遺跡では、舳先の尖った細長い船体と浅い船底を有するウバイド期の舟形模型が見つかっている。[9] いずれの模型にも、船底に帆柱用のほぞ穴は未確認で、船首あるいは船尾が細長く、やや上向きに突出する。同様の模型は、南メソポタミアのティグリス川下流域に位置するテル・ウカイル遺跡でも認められる。

　細長い舟形模型は、ユーフラテス川上流域やティグリス川下流域に集中している。これらの流域は、ティグリス川上〜中流域よりも傾斜勾配が緩く、ユーフラテス川下流域ほど平坦ではない。この模型のモデルとなっていた実際の舟は、おそらくユーフラテス川上流やティグリス川下流を手漕ぎで航行して、細長い船体と浅い船底は浅瀬にたやすく着岸できたと推察される。このように、同じメソポタミアを流れる大河であっても、それぞれの傾斜勾配のちがいにより、水上輸送の仕方が微妙に異なっていた。およそ七〇〇〇年前、都市化の始まったウバイド期には、ティグリス川とユーフラテス川の特性に順応した舟が別々に航行し、遠方から貴重な物資を集落に運び入れていた。

　水へのこだわりは、暮らしをより良くするための工夫へとつながっていた。舟を用いた水上輸送により、多様な物資だけにとどまらず、出身の異なる人（よそ者）も集まりやすい空間が、すでにウバイド期の一部の集落には用意されつつあった。ウルク期になると、水を介して遠隔地の資源、多様な情報、出身の異なる人々が集落に凝集してきて、都市的な性格がより濃く醸し出されることになる。

2 墓と倉庫にみる「平等」

家族構成

都市化の芽生えはじめたウバイド期の社会では、どのような家族構成で人々は生活していたのであろうか。共同墓地の墓制（墓の構造、遺体の埋葬方法、副葬品など）の観察から、当時の家族構成をうかがうことができる。[10]

西アジアの墓制のあゆみにおいて、共同墓地の形成は約九〇〇〇年前の土器新石器時代に遡るとされるが、[11]当初期は集落内の居住域に隣接する形で埋葬されていた。この風習は、先行するナトゥーフ期や先土器新石器時代とのつながりが強く、被葬者とその家族との絆が意識されている。

西アジアの技術史的な時代区分において、新石器時代に後続するのが銅石器時代である。この時代、道具として石だけでなく銅も利用されはじめる。銅石器時代は大きく三つの時期に分けられ、前期がハラフ期（約八〇〇〇〜七五〇〇年前）に相当する。銅石器時代の中ごろは都市化前半のウバイド期（約七五〇〇〜六〇〇〇年前）、後期銅石器時代は都市化後半のウルク期（約六〇〇〇〜五一〇〇年前）にだいたい相当する（二三頁の略年表を参照）。

銅石器時代、共同体の構成員が埋葬される共同墓地が明確になる。ハラフ期には、北メソポタミアのヤリム・テペ遺跡I号丘で居住域から分離された場所に共同墓地がつくられる。ウバイド期になると、居住域から隔離された墓域が明瞭になり、本格的な共同墓地が造営されてくる。ウバイド期の共同墓地は、テル・カシュカショク、マシュナカ、テル・アルパチヤ、ウル、エリドゥといった遺跡で発掘されている。[12]共同墓地ではおもに成人が埋葬され、居住域から見て西〜南西側の方角が意識されている。このころより、家族単位で構成された墓が、その地域社会の単位で造営された共同墓地につくられるという画一的な墓制が定着していく。

南メソポタミアのエリドゥ遺跡では、一つの箱形竪穴墓に成人の男性と女性が埋葬される家族葬が多く、三体目が追葬される場合は小児に限定されている。[13]近隣のウル遺跡でも、成人と推定される二体の多葬（Graves M, JJ）や成人らしき遺体と幼児の多葬（Grave U）が認められる。[14]こうした墓制の観察から、エリドゥやウルといった南メソポタミアのウバイド期の地域社会では、一夫一妻制の単婚制度が基本となっていたと広く捉えられている。

他方、北メソポタミアのアルパチヤ、北シリアのカシュカショク、マシュナカなどでは単葬が主流で、多葬はほとんど見られない。これは、南方のウバイド期の墓制では箱形竪穴墓が一般的だったのに対して、同時期の北方の墓制では「地下式横穴墓」（次項にて詳述）が標準的であったことに起因する。墓の構造において箱形竪穴墓では追葬が容易であるが、地下式横穴墓では追葬は難しい。

被葬者数の差は、社会組織の構成単位の相違を反映していたのではなく、墓の構造の差異により制約を受けていたと理解できる。墓制から見た限り、ウバイド期の社会集団は、北方・南方のいずれにおいても核家族が基本的な単位となっている。メソポタミアの南北で墓の構造や葬法が違っていても、ウバイド期の社会では各地で、おしなべて核家族が基本的な単位となっていたと考えられる。

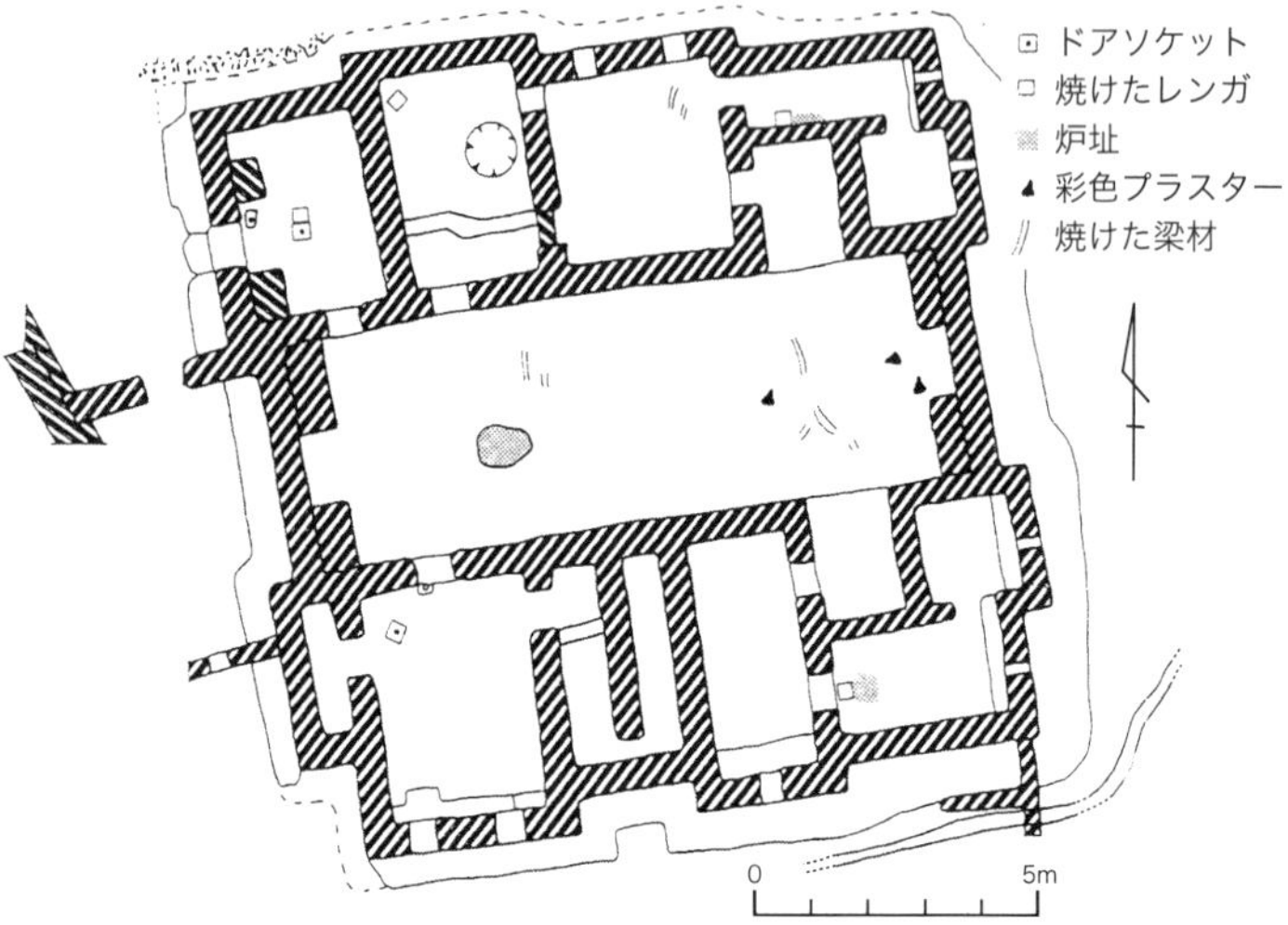

図1－3　テル・マドゥフルの住居址（Roaf 1989より）

　さらに、墓制以外の面でも、ウバイド期の家族構成をある程度類推できる。中部メソポタミアのテル・マドゥフル遺跡では、ウバイド期の焼失住居がテル中央部で発見されている。きわめて残りの良い住居址は三列構成プランとなっている（図1－3）。三列構成プランとは、ウバイド期に現れた典型的な建築様式であり、中央広間を中心にして、両側に脇部屋がほぼ左右対称に配置されている。家の壁は約二メートルも残り、人々の生活の様子が克明に観察されている。火災時に貴重品だけが持ち出されて、日常生活用品がそのままの状態で保存されていた。

　焼失家屋の規模、各部屋における設備の量・型式などの分析から、複数の核家族から成る拡大家族が生活していたとされる。[15] 民族誌研究の成果より、居住空間の面積は居住人数と相関関係にあるという想定のもとで、幼児を除いて一人につき約一〇平方メートルの占有率が仮定されている。[16] マドゥフルの住居における居住面積は約一〇五平方メートルであることから、少なくとも一〇人の成人とその幼児たちが同一の建物で生活していたと見積もられている。[17]

住居内では、複数の部屋に炉が配置されて、各部屋には製粉用の臼や調理容器が備わっていることからも、それぞれの調理施設を利用する複数の核家族が一軒の住居で生活していたと推測できる。一般的に、ウバイド期の住居形態では、マドゥフルで検出されたような中央の主室を挟んで副室が両脇に配置された三列構成プランが大部分を占める。ウバイド期の三列構成プランの住居における居住単位と占有面積の比較から、たいていのウバイド期の住居には、複数の家族（二家族程度）が居住していたという論考もある。[18] いずれの場合でも、ウバイド期の三列構成プランの住居には、複数の核家族が一世帯を形成していたとされている。

マドゥフルの例は、当時の生活をありのままに伝えてくれる貴重な例である。住居ではいくつかの核家族が集まった拡大家族が共同生活を送り、中央の主室はリビング的に使われた。主室両側には、キッチン・貯蔵庫・寝室・糸紡ぎなどの用途別の小部屋が設けられ、屋外では道具づくりも行われた。人々は穀類の栽培を主な生活の糧にして、農閑期に土器をつくっていたと思われる。

三列構成プランはウバイド期に標準的な規格であり、至るところで確認されている。トルコのティグリス川上流域に位置するサラット・テペ遺跡でも、ウバイド後期後半の三列構成プランの住居址が発掘された（図1－4）。本遺跡はトルコのコジャエリ大学が二〇〇〇年より調査を行い、私は二〇一〇年より参加してテペ南側斜面を発掘した。サラット・テペの住居址でも、中央に主室、両側に多

図1－4　サラット・テペの住居址

目的の小部屋が配置されて、複数の核家族が一世帯を形成していたと推定している。

ウバイド期の墓制からは、核家族を軸にした暮らしが読み取れ、居住の面からは、複数の核家族から成る拡大家族が一世帯を構成していた様子が見えてくる。いくつかの世帯が寄り集まって、一つの集落を形成していた。銅石器時代の中ごろには、同族意識を共有する親族集団による均質な地域社会、すなわち血縁的に結びついて互いに協働しあう社会がつくられていたと推察される。

画一的な墓

都市形成期前半の墓制からは、平等主義的な社会が展開していた様子も明瞭に読み取れる。カシュカショク、マシュナカ、ウル、エリドゥといった遺跡の共同墓地では、いずれも均一な構造に日用品としての土器セットが副葬されて、被葬者は共同体の庶民（一般的な構成員）であったと推定される。ウバイド期の共同墓地の副葬品に、社会的な格差を見出すことは難しい。

ウバイド期には一貫して画一的な埋葬儀礼が流行っていた。[19] 各地に共通する墓制として、集落外に造営された共同墓地、おもに日干しレンガで閉塞された墓室に成人の埋葬、副葬品として鉢形・壺形の土器セット（二〜三個）が標準となっている。

また、墓の構造や遺体の埋葬姿勢には、南北の大まかな地方差が認められる。北メソポタミアやシリアにかけての北方地域では、土質の地面を竪穴（シャフト）状に掘り下げてから横向きに掘り進めた墓室が一般的である。たいていレンガ列と竪穴は墓室の北側に配置されている（図1－5）。

私は、大学院生時代に東京大学東洋文化研究所の調査隊に参加して、北シリアのカシュカショク遺跡でウバイド期の共同墓地を発掘する機会をいただいた。その際、北方のウバイド期に特徴的な構造の墓は「地下式横穴墓」であり、長靴のような構造を呈することを確かめた。遺体は体を屈めた状態で埋葬された後、墓室の入口が日干しレンガ列で閉塞されて、竪穴には再び土が埋め戻されていた。一〇〇基近くの墓を発掘した体験から、ウバイド期の人々は丁寧に墓をつくり、被葬者を手厚く葬っていたという印象を強くもった。

他方、南メソポタミアやイランにかけての南方地域では、砂質の地面に竪穴を掘ってから、周囲に日干しレンガを積み上げた箱形竪穴墓が標準となる。遺体は伸びた姿勢で埋葬されている。砂地に掘られた竪穴は、レンガで支えないとすぐに壁が崩れてしまう。硬めの土質を掘るのとは事情が異なり、南メソポタミアでは日干しレンガを箱型に組んで墓室をつくらざるをえなかった。

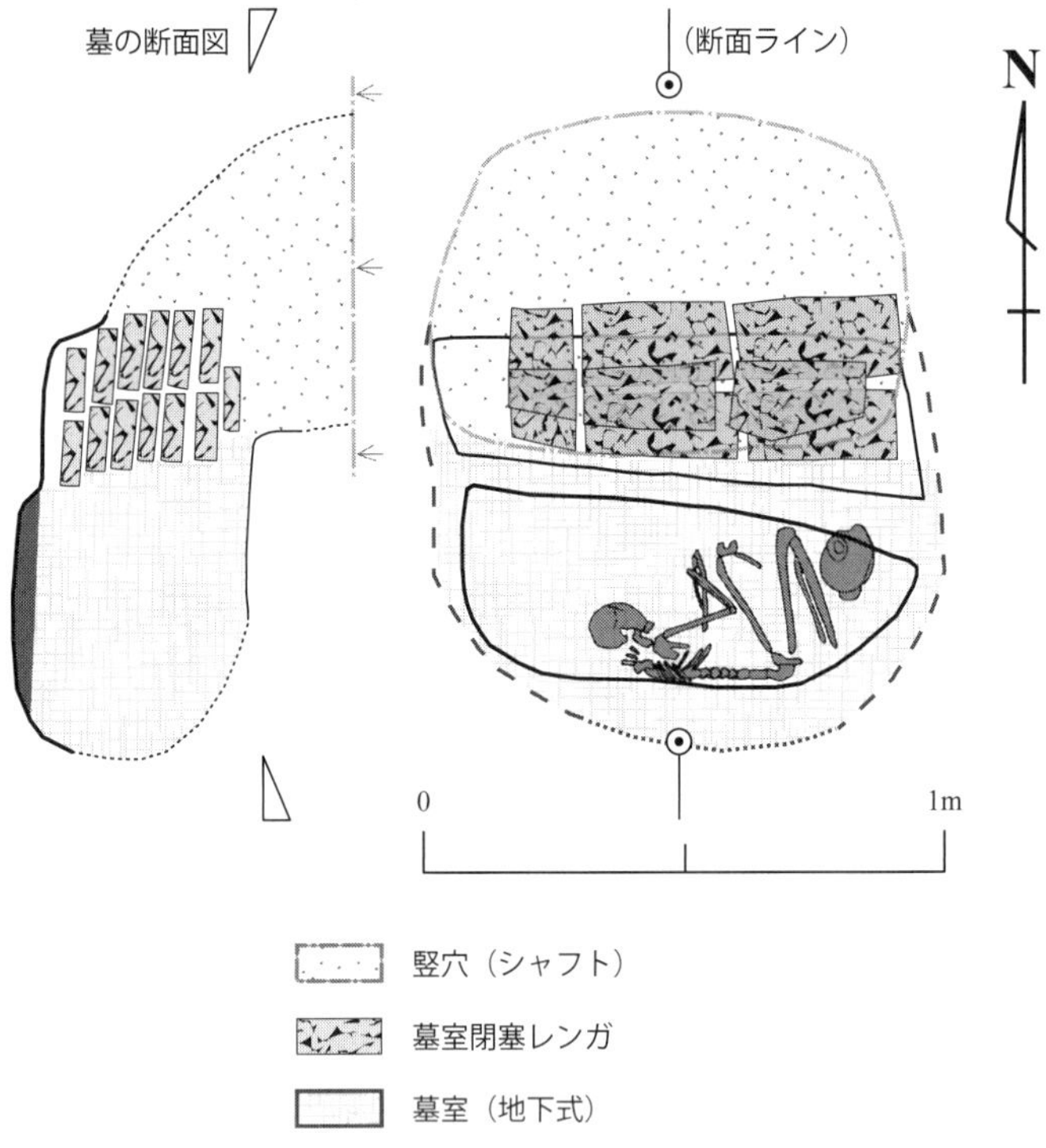

図1－5　ウバイド期の地下式横穴墓(著者作成)

墓制において、ウバイド期の社会では、北方の「地下式横穴墓と屈葬」に対して、南方の「箱形竪穴墓と伸展葬」といった地域的な埋葬方法が展開していた。北メソポタミア～シリアの丘陵地に地下式横穴墓を掘るグループと、南メソポタミア～南西イランの砂地に箱形竪穴墓を掘るグループに二分されていた。同時に、全体的なウバイド文化の埋葬儀礼が両者をつないでいた。集落外の共同墓地に日干しレンガ製の墓室をつくり、故人の生前使っていた土器セットを副葬して、成人を手厚く埋葬するという画一的な儀礼が地域を越えて浸透していたのである。

被葬者の年齢に関しては、子供は先行期と同様に居住空間に埋められている。テル・アバル、テル・ハマーム・アル・トゥルクマン、マシュナカ、テル・レイラン、ガウラなどでは、居住域に小児・幼児が埋葬されている。[20] 居住域に幼い年齢の遺体を埋葬する風習は先行期から継続していて、ウバイド期の社会においても成人と小児・幼児の年齢差が墓制に反映されていた。子供の死は親にとってとても辛く、悲しい。わが子の再生を願って、住居の床下に亡骸を埋葬したと考えられる。

各期に共通する子供の埋葬儀礼と異なり、成人の扱いにおいてウバイド期の埋葬儀礼は特異な体系を示す。そこでは、家族の絆を超えた集落内の構成員の結び付きが重視されている。畑を耕し、家畜を飼う日常の繰り返しにとどまらず、コミュニティの仲間たちと一つになって、水まわりを工夫しながらより快適な暮らしを目指していった。居住域から離れた場所に墓地を造営して、成人を手厚く埋葬する様子からは、共同体で相応の働きをしてくれた仲間に対する敬意が伝わってくる。

こうしたウバイド期の社会には明白な格差が見出せず、むしろ平等主義的な社会が展開していた。おそらく、約七〇〇〇年前の西アジアでは、画一的な埋葬儀礼が各地に浸透して、社会的な格差がほとんど見えない暮らしが展開していた。生前、共同体において何らかの役割を果たして一生を全うした仲間の遺体を丁寧に埋葬したのがウバイド期の社会の特徴である。埋葬儀礼における所作は人々の潜在的な考え方を反映していて、ウバイド期の人々は平等かつ安定を重んじていたと見受けられる。

鍵なし倉庫

都市形成期の暮らしが平等であった様子は、墓制以外の点からも観察される。ウバイド期の集落では、鍵をかけない平和な暮らしが展開していた。集落には、一般住居のほかに、独立した小型倉庫や、神殿や公共施設に付随した倉庫が認められる。こうした倉庫には、集落の世帯単位で生産された穀物などの余剰食糧が供託されて、出入り自由な状態で共同管理されていたと想像される。

ガウラ遺跡では三列構成プランの建物が見つかり、神殿と報告されている。建物の主室の脇に小部屋が並び、類似した部屋割りは後続期の神殿群にも一貫している。同遺跡のウルク併行期の神殿では、脇室から判子や封泥（容器や袋などの封をする粘土塊）が出土しているため、類似構造の脇室は先行期でも倉庫として機能していたと類推できる。類例として、アバダ遺跡の建物（Building A）では、石膏プラスターの貼られた複数の小部屋は倉庫とされている。[21]

他方、サラサート遺跡やソンゴル遺跡などでは、神殿建築と呼べるような遺構の代わりに、小型の独立倉庫が建てられている。[22] 前者では、独立した建物が基礎に通風孔をもつ穀物倉として報告されている。コサック・シャマリ遺跡でも共同利用の倉庫と推定される建物が発掘されている。

これらの観察所見から、約七〇〇〇年前のウバイド期の倉庫の在り方が浮かび上がってくる。神殿の建てられた特定の集落では、神殿内の脇室などが倉庫として機能し、他方、神殿の建てられていない一般の集落では、独立した小型建物や公共施設の脇室などが倉庫として利用されていた。いずれの事例でも部屋の入口は開放されていて、後述するドア封泥（部屋の扉を封印する粘土塊）で入口を閉鎖する装置は未検出である。

ウバイド期の神殿や公共施設には、集落の構成員が世帯単位で生産したムギ類などの余剰食糧や土器などの日常生活用品が余剰物として倉庫に供託されて、構成員同士の信頼関係にもとづいた余剰物の活用が一部の者たちに委託されていたと私は考えている。とくに、神殿が建てられていた特定の集落では、余剰物の共同管理を委託されていたのは祭司集団であったのだろう。

ウバイド期の集落では、倉庫に鍵をかける必要のない暮らしが展開していて、余剰食糧などを神殿や公共施設に安心して託せた。そこでは、食糧をはじめとする余剰物をめぐる所有者間の格差は見出せず、これらを集中管理する必要のない平等主義的な社会が展開していた。集落内の各世帯から供託された余剰物は等価的な物々交換に利用されていたと思われるが、余剰財として厳重に管理されていたわけではない。

ウバイド期の集落では、基本的に自給自足の生活が送られていた。世帯単位でムギ類などが栽培され、共同運営の倉庫に供託された余剰分を除けば、食糧は各世帯において自家消費されたと推考される。ウバイド期は神殿の有無などにより集落が二極化されていたように見られがちだが、ウバイド期の集落に社会的格差が現れていたとみなすのは早計である。

北シリアから北・中部メソポタミアにおけるウバイド期の集落は、一ヘクタール（東京ドームのグラウンドより小さめ）未満の村落が主体である。ガウラやアバダといった地域的な拠点と呼べるような集落もあるものの、全体として集落の規模や構造に顕著な格差は認められない。

他方、南メソポタミアでは、ウバイド2期（約七〇〇〇年前）ごろまでに、すでに五ヘクタール級の大規模な集落が登場し、ウバイド終末期までには一〇ヘクタール（東京ドームの二倍強）前後の拠点的な集落も現れてくる。ところが、これらの遺跡でも三列構成プランの建築様式は共通していて、神殿を除けば集落構造に顕著な差異は見出しがたい。シリア周辺で考古学調査をしてきたP・アッカーマンによると、ウバイド期の社会はきわめて平等主義的な性格を有し、なんら社会的格差は認められないとしている。[23] 私もまったく同意見である。

ウバイド期の集落内で検出される遺物にも類似点が見出される。北シリアや北メソポタミアでは、豊富な石材を利用して建築物の基礎が構築されるだけでなく、農耕具においてフリント（チャート質の石材）などの鎌刃が多用されていた。他方、石材の乏しい南メソポタミアでは、石製鎌を模倣した「土製鎌」が普及していた。土製鎌は、入手困難なフリントなどの代用品として収穫具として使われたり、耕地の草刈りや葦などの伐採にも積極的に利用されていたとされる。[24]

土製鎌は、ウバイド期からウルク期をへて、ジェムデット・ナスル期（約五一〇〇年前）にかけて集中している。土製鎌と共伴することの多い「鍵爪形土製品（土製乳棒）」は、おもに脱穀や製粉に用いられていたと推定されている。エリドゥなど五ヘクタールを超える大規模集落と一ヘクタール未満の村落のいずれにおいても、土製鎌や土製乳棒といった農耕具の組み合わせが同じように出土している。[25]

つまり、南メソポタミアの集落では、その規模を問わず、共通して農耕具が確認されている。ウバイド期の遺跡規模の差を、社会的格差へ結びつけるのはあまりにも短絡的である。遺跡の大小にかかわらず、類似した建築様式や農耕具の頻出する状況は、各集落で自給自足的な生業経済を基本とする同質な社会が展開していた様相を示唆している。唯一、集落間で異質な点が神殿の存在である。

3　神の宿る街

神殿における祭祀

近年、西アジアで話題になっている遺跡として、ギョベクリ・テペ（トルコ南部）がある。先土器新石器時代初頭（約一万二〇〇〇年前）に、屋外で祭祀儀礼が行われていたとされる。集落中央に、T字形石柱群が円形に並んで建てられ、最古の祭祀儀礼の場として注目を集めている。

ただ、この事例は、屋根のかかっていない屋外施設であり、屋根のかかった祭祀儀礼施設は、後のウバイド期になってようやく現れる。屋内で祭祀儀礼を行う最古級の神殿建築は、シュメール地方（イラク南部）のエリドゥ遺跡のXVII層（約七五〇〇年前）で発掘されている。当初は、神に捧げる供物を乗せる台らしき日干しレンガがあるだけの祠堂であった。

報告者が最古期の神殿としているのは、同遺跡のXVI層で見つかった建物であり、単室矩形プランの中央に供物台、奥壁アルコーブ（壁面の凹んだ空間）に祭壇が設置されている（図1-6）。祭壇には、神像もしくは御神体が祀られていたと推測されている。後続のXV層以降、同じ場所に新しい神殿が上書きされながら建て替えられていき、この傾向は後続期に継続されていく。

エリドゥXI層（約七〇〇〇年前）で神殿は三列構成プランとなり、基壇上に建物がつくられ、主室

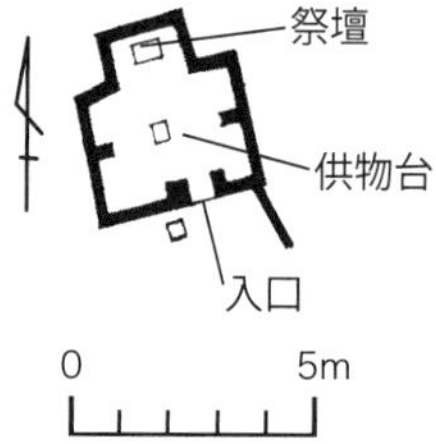

図1-6　エリドゥXVI層の神殿（Safar et al. 1981より作成）

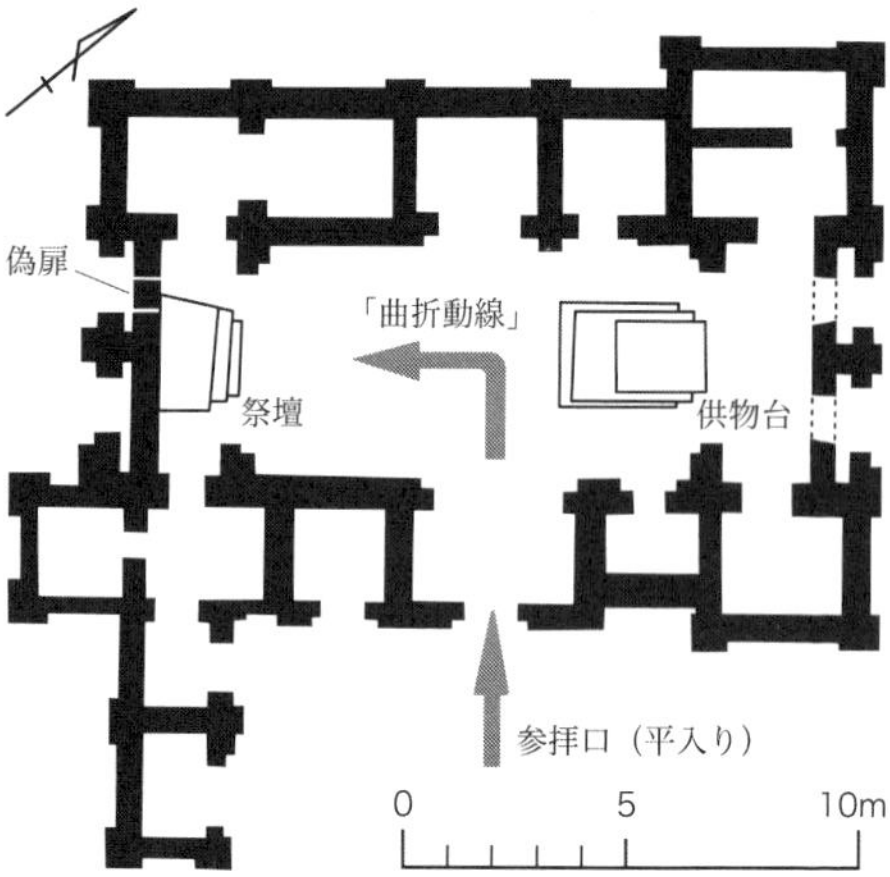

図1-7　エリドゥVIII層の神殿（Safar et al. 1981より作成）

内の祭壇と供物台の組み合わせが定型化してくる。前節で触れたように、一般住居に限らず、神殿でも同様のプランが確認されている。Ⅷ層（約六五〇〇年前）には、神殿は大型化して壁も厚くなり、長辺側に入口をもつ「平入り」の参拝口と、折れ曲がった「曲折動線」の進入路となる。主室の奥にある内陣（袖壁で仕切られた空間）に祭壇が設置されている（図1－7）。

一般的な神殿建築様式として、主要な入口から祭壇へのアクセスが直角になる「曲折動線」と、入口から祭壇へのアクセスが真直ぐな「直進動線」に分かれる。[26]前者は「曲がり軸」とも呼ばれるが、[27]本書では入口から祭壇へのアクセス方法が真直ぐな場合は直進動線、折れ曲がっている場合は曲折動線と記述している。[28]

報告者によると、エリドゥⅧ層神殿の祭壇背後には、「偽扉」も設けられていた。構造的には、日干しレンガの壁面に凹凸が施されて、ニッチ（壁龕《へきがん》）状の装飾となっている。古代の偽扉としては、エジプト古王国時代以降の墓や葬祭殿に設けられたものが一般的に知られている。エジプトの偽扉は、死者の魂（カー）が出入りする、いわゆるこの世とあの世の象徴的な境界を示していた。

それに対して、メソポタミアの事例は良くわかっていない。上述のエリドゥⅧ層の神殿の他には、ウルク遺跡の「白色神殿」で偽扉らしき痕跡が図面上で認められる。メソポタミアの偽扉は祭壇背後に配置されていることから、おそらく神が出入りするための扉ではないかと推定されている。壁には扉の装飾を施しているだけで、実際に通り抜けることはできない。メソポタミアの場合、エジプトとは異なる視点で捉える必要がある。

エリドゥⅦ層になると、先行するⅧ層の主な特徴が踏襲されながら、神殿の参拝口に階段が付けら

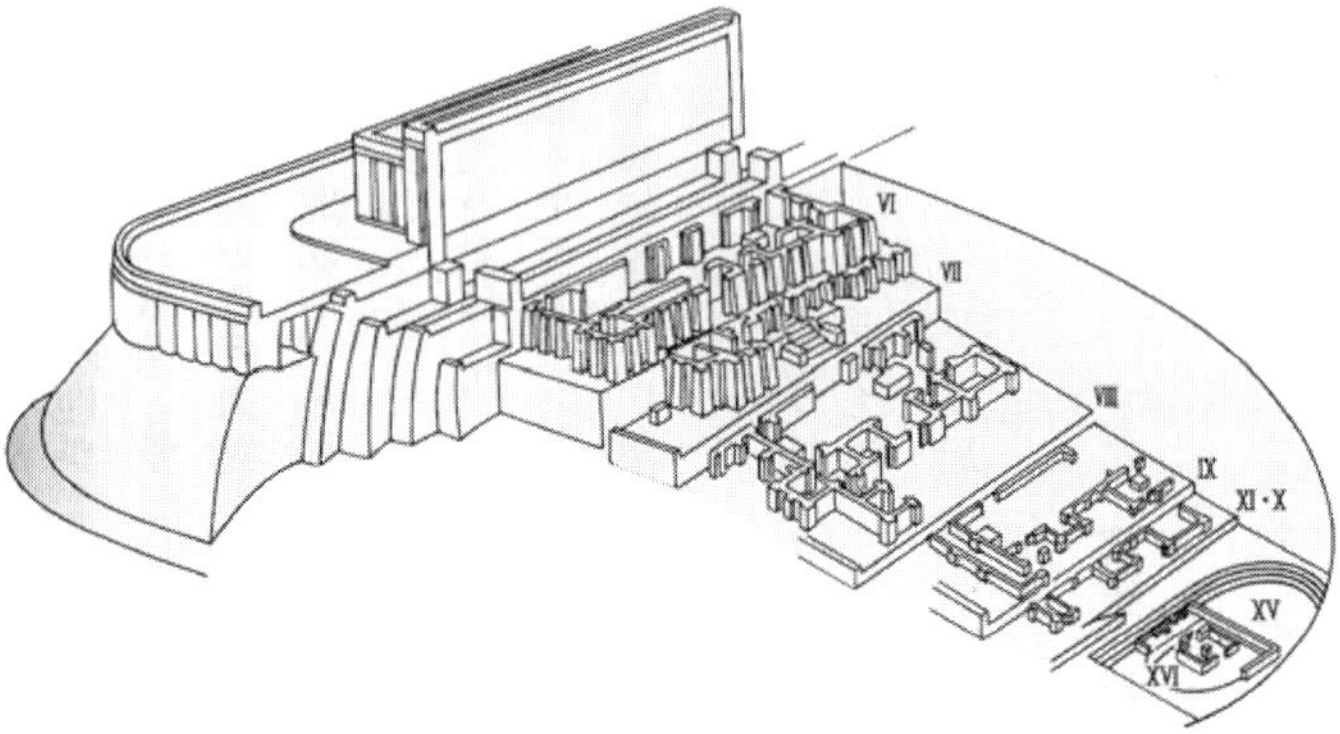

図1－8　神殿の建て替え模式図（Safar et al. 1981より）

れてくる。神殿は住居同様に、時の経過とともにほころび、いたんでくるため、建て替える必要が生じる。先行する建物はいったん取り壊されて、整地後に同じ場所（聖域）に新しい神殿が建て直されていった。もともと高い所に建っていた神殿は、建て替えの連続により重層的に「上へ」伸びていく。いわば遺跡の中にプチ遺跡があるような構図となる。古い神殿の瓦礫が基壇（プラットホーム）として残り、最新版の神殿が上書きされていった（図1－8）。

こうしてみると、西アジアでは、およそ七〇〇〇～六〇〇〇年前に神殿の原型がほぼ整ってきた様子がわかる。神殿は、特定の集落における中心的な建築物として、不動の位置を占めるようになった。集落内に散開する住居に人々が生活し、集落の中心にある神殿には神が住まわれていたと考えられていた。人々の家が場所を変えながら建て替えられることが普通だったのに対して、神の家はめったに引っ越さなかった。

古代西アジアにおいて、祀られていた神が集落の守護的な意味合いをもつとするならば、当然、神の住処である神殿はもっとも快適な場所に立地していたことになる。いわば集落内のパワースポットに神殿が建てられていた。集落内でパワースポットはいくつもあるわけではなく、一番見晴らしが良くて快適な場所に限定されていたはずである。守護神は一等地に祀られていたにちがいない。

同時に、ウバイド期からウルク期にかけて神殿が確認されている遺跡は限られ、南メソポタミアのエリドゥ、ウルク、北メソポタミアのガウラ、南西イランのスーサなどである。どこにでも神殿が在ったわけではなく、むしろ神殿のない集落のほうが多い。祭祀儀礼を執り行う神殿が、エリドゥなど一部の集落に限定されていた状況から察するに、このような特殊な集落には、後続のウルク期に強まる都市的な性格がすでに内包されていたといえる。

ウバイド期の特定の集落では、もともと祈りの場として神殿が建てられたが、そこでは「祈り」を通して「安らぎ」も得られたと思われる。湿気対策用の溝や土管といった水まわりの施設には「快適さ」へのこだわりが見て取れる。ウバイド期には、こうした物質的な問題解決策とあわせて、精神的な快適さ、すなわち「心の拠り所」が神殿に求められていたのだろう。

神職のパートタイマー

先に述べたように、ウバイド期の埋葬儀礼には、顕著な格差を見出しがたく、共同墓地に埋葬された成人はほぼ平等に扱われていた。ただ、集落に建てられた唯一異質な建物が神殿であり、祭祀関連の役割を果たしていた祭司たちは例外的に扱われた。神殿の建てられた特定の集落では、祭司たちは神殿のある聖域に埋葬されることが多い。ウバイド期の社会には、先行するサマッラ期やハラフ期の伝統を受け継いでいた様子が観察される。先行期の墓制では、基本的に日常生活で使われていた品々が副葬される傾向にあり、一部で石製容器などの特殊な副葬品が観察されている。[29]

ハラフ期のヤリム・テペ遺跡I号丘でみつかった共同墓地では、共同体における成人はほぼ平等に居住域の外に埋葬され、墓の構造や副葬品に大差が見られない。[30] 一方、集落内には、石製容器などの特殊な副葬品を伴う被葬者が埋葬されている。彼らは、ふだんは農民としてほかの構成員とともに生活していたが、必要に応じて祭司などの役割を演じていたようで、おそらくサマッラ期でも同様の傾向があったと考えられる。

ウバイド期の社会は、こういった先行期の伝統を継承しながら、都市化の中で複雑な墓制へと展開していく。ウバイド期に葬法が画一化され、神殿建築様式が定型化し、儀式で使われていたと推定される儀器（祭具）の広範な普及など本格的な祭祀儀礼が整ってくる。とくに、地域社会の構成員の死に際して行われた埋葬儀礼こそ、体系化された祭祀の実演の舞台であり、祭司たちがその役割を発揮する格好の場面であったと想像できる。

方角の点からも、祭祀の場である神殿は、埋葬される墓と関連していた様子がうかがえる。エリドゥ遺跡のウバイド期初頭では、神殿の主軸方向は北西〜南東方向となり、祭壇の設置されている方向はW35N（北西やや西寄り）にそろっている。[31] ウバイド期後半の共同墓地につくられた箱形竪穴墓の多くも、北西〜南東方向が軸線となり、被葬者の頭位はほとんど北西に統一されている。管見では、発掘報告書の図版に示された一二基すべての墓の軸線は北西〜南東方向に収まり、一二基中の八基が

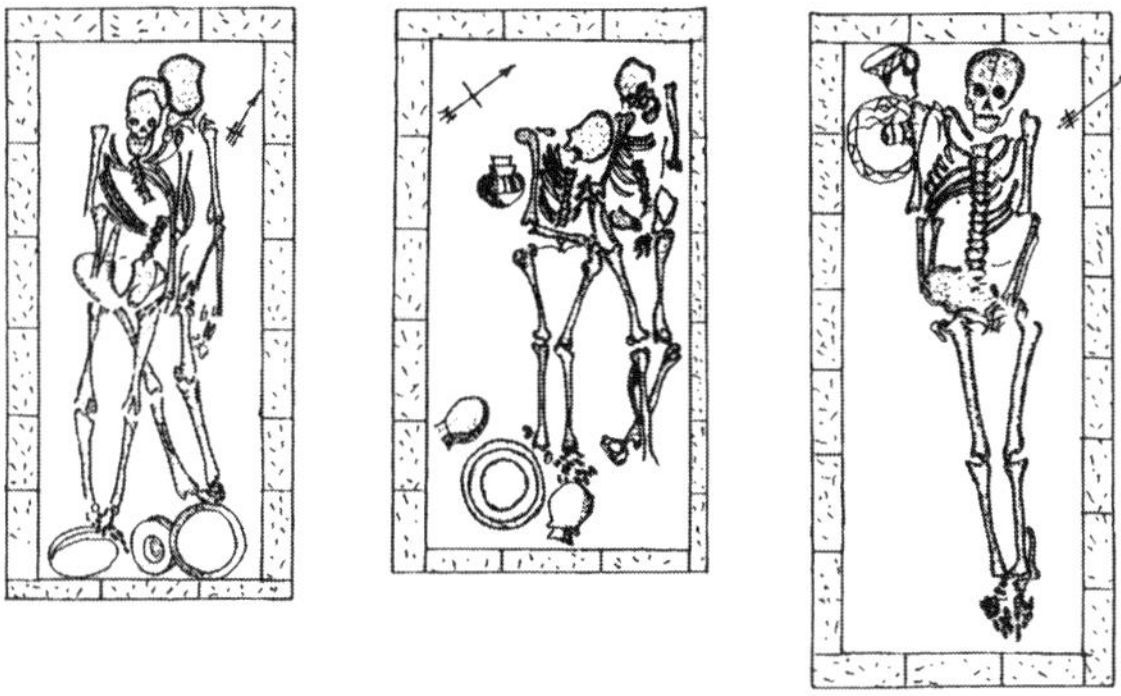

図1－9　エリドゥの箱形竪穴墓（Safar et al. 1981より）

W35Nにそろっている（図1－9）。

祭祀儀礼を行う神殿の主軸方向と、埋葬儀礼を実施する墓の主軸方向が合致するということは、ウバイド期の社会において両者は不可分の関係にあったと考えられる。エリドゥ遺跡に人々が居住しはじめた段階の神殿建築の軸線が、ウバイド期後半の共同墓地における墓の軸線として継承されている。エリドゥのウバイド期前半の墓制については不明であるが、ウバイド期後半と同じように頭位が北西に統一されていた可能性は十分にある。

序章で触れたように、北西～南東方向は、南メソポタミアでユーフラテス・ティグリス両大河の流れる方向である。都市化の始まった段階のウバイド期に、神殿や墓の軸線が川の流れる方向を意識しているという点はとても興味深い。やがて都市の完成段階になると、街の軸線が北西～南東方向に定まってくる。すでにウバイド期において、神殿の軸線が街の軸線を先取りするかたちで設定されていたことから、神殿がいかに重要な施設であるのかがわかる。

同時に、墓の立地場所と副葬品の点から、コミュニティにおける祭司の立場が見えてくる。先行期と同様に、ウバイド期の祭司は、専門職の神官というよりもパートタイム的にその役割を担っていたとみられる。北メソポタミアのガウラ遺跡では、ウバイド前期の神殿東側に墓群が集中している。これらの墓は明らかに神殿を意識している。発掘報告者は、地域社会の庶民が埋葬された共同墓地が集落の外に設けられていたと想定している。[32]

ウバイド期の祭司は、ガウラのような拠点集落においては一般庶民から区別されて、生前の活動と縁のある神殿域（聖域）に優先的に埋葬されたと考えられる。ただし、神殿域の祭司の墓には、一般の墓と同様におもに日常生活用品が副葬され、明確な社会的な格差は見られない。祭司の職能は社会的地位を伴わず、一時的な役割分担にとどまっていたようだ。ここでは神職のフルタイムを想定することは難しく、ふだんは他の一般庶民となんら変わらない人物が、必要に応じてパートタイム的に祭祀儀礼を執り行っていたと私は推考している。

さらに、ソンゴル遺跡の共同墓地では、副葬品として日常には使用されないような亀の形をした容器が出土しており、これは祭具とみられている。[33] 被葬者は、南方から派遣された祭司であったと推定される。神殿の建てられていないソンゴルのような一般集落では、祭司であっても一般庶民と同等に共同墓地に埋葬されてはいたものの、祭具を副葬することによって他者と区別されている。

したがって、ウバイド期において、神殿が建てられていた一部の拠点的な集落では、祭祀儀礼をパートタイム的に執り行うという祭司たちの社会的役割のちがいが、神殿域という埋葬場所の区分に反映されたと考えられる。ウバイド期の特定の集落では、場所の使い方をかなり意識していたようで、こうした空間の使い分けは西アジアの都市化における空間利用の専門分化に通底している。他方、多くの一般集落では、祭司たちは共同墓地に埋葬され、祭具が副葬されることによって、生前の役割のちがい（格差ではなく）が表現されていた。そこでは社会的な格差は見出せず、コミュニティにおける役割のちがいが反映されるにとどまっている。

総じて、都市化の前半段階では、祭司集団の社会的役割のちがいが露出しているものの、全体的には画一的で平等な関係が見出せる。ウバイド期の社会は、目に見える社会的格差や階層化が未熟な段階であった。神殿で執り行われる祭祀儀礼が精神的な求心力として機能していて、人と人が緩くつながっていた。

私は、このようなウバイド期を特徴づける仕組みを「祭祀統合社会」と呼んでいる。祭祀儀礼の場としての神殿が人々の「心の拠り所」となり、平等主義的な社会が展開していた。ウバイド期の祭祀統合社会では、神殿を軸にした祭祀儀礼が各地に浸透していたがゆえに、より快適な暮らしへの指向がウルク期に本格化しやすい状況があらかじめ整っていたのである。

第二章

「よそ者」との共存――街並みの変貌

テル・コサック・シャマリ遺跡の工房址を発掘する著者（1996年）

およそ八〇〇〇年前、地球規模で温暖化が進み、陸氷が海水に流れ込んで海水面がゆっくりと上昇していった。二五〇〇年間ほど、気候最適（ヒプシサーマル）期がつづき、海水面の上昇がピークを迎えた。そのころ、西アジアでは特定の集落に価値観の異なる「よそ者」がやってきた。「よそ者」との共存により、これまでの生活が大きく変わる。さまざまな考え方をもつ多様な集団が、同じ集落で共存するための折り合いが自ずと求められていく。互いに近すぎず、遠からず、微妙な間合いを維持しながら、集落内にそれぞれの空間を形成しながら共存するようになる。

ウバイド終末期（約六二〇〇年前）に始まる人の動きに触発されて、街並みが変化していき、ウルク期に本格的な都市化が現れる。ウルク期は、技術史的な時代区分において銅石器時代（道具として石と銅を用いた時代）の後半に相当し、後期銅石器時代（約六〇〇〇～五一〇〇年前）とも呼ばれる。「よそ者」に刺激されながら、集落内に特定の目的の専用施設が出現して、多様な価値観にあふれる地域社会を束ねる仕組みが求められていく。ここでは、前期青銅器時代（約五〇〇〇～四〇〇〇年前）の事例も扱いつつ、後期銅石器時代に「よそ者」の動きに触発されて西アジアの街並みがどのように変貌していったのかをたどる。

1　「よそ者」の拡散と空間利用の変化

気候最適期と都市化

都市化が進行しはじめたころ、ちょうど西アジア地方は気候最適期に入っていた。当時の気候の影響により、沖積低地で生活していた人々が移住せざるをえなくなってしまう。いわゆる出身の異なる「よそ者」の発生である。約六〇〇〇年前に起きた一連の変化は、「よそ者」を余剰食糧の豊富な集落へ惹きつけることになった。

おもにグリーンランドやペルー・アンデス山地における氷床コアの酸素同位体比の分析により、約八〇〇〇～五〇〇〇年前に、地球規模でもっとも気候の温暖な時期があったことがわかっている。[1] 西アジアもほぼ同様で、トルコ東部にあるヴァン湖の縞状堆積（バーブ）の観察によると、八二〇〇年前ごろから酸素同位体が激減している。これは辺り一帯での雨量が増えて、大量の雨水が湖に流れ込んだ結果とされる。同時に、八〇〇〇～五〇〇〇年前のイスラエル南部のネゲヴ沙漠では、陸生カタツムリの殻に残されていた酸素同位体の分析結果より、降雨量の増加が読み取れるという。[2]

西アジアの中心にあるメソポタミアでは、とくにシュメール地方（南メソポタミア南部）が気候最適期の影響を強く受けた。海水面の上昇により海岸線が陸へ入り込んできたのである。もともと、シュメール地方の南にあるペルシア湾は、約一万八〇〇〇～一万四〇〇〇年前までは海退により海底が

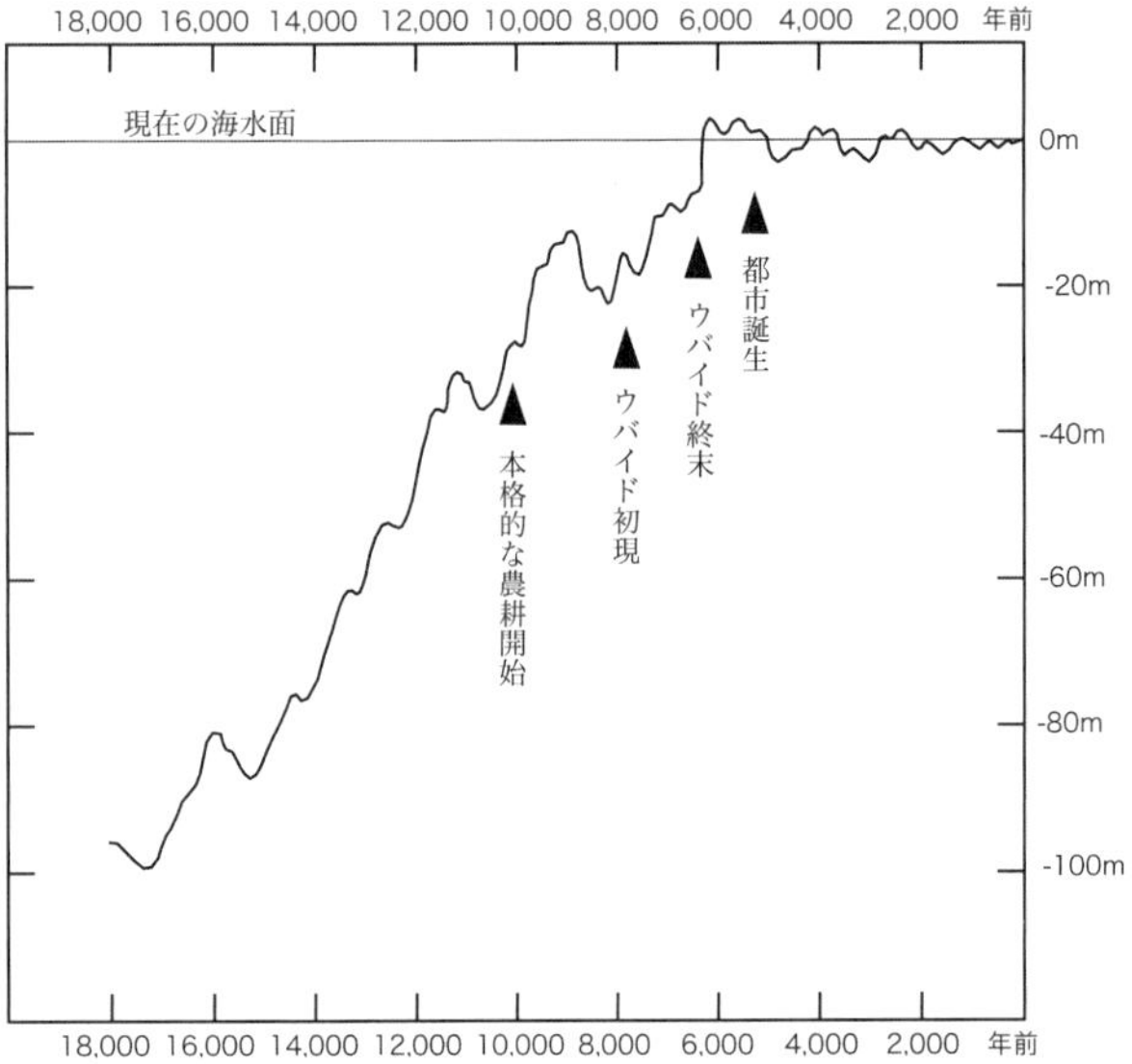

図２－１　ペルシア湾の海水面変動（Sanlaville 1989; Hole 1994より作成）

露頭していた。約一万二五〇〇年前から内湾部へ海水が入りはじめて、およそ六〇〇〇年前には現在の海水面とだいたい同じ高さにまで達したとされる。[3]ペルシア湾の海水面は、地球規模の気候温暖化に同調してさらに上昇をつづけて、現在とくらべて二メートルも高いレベルにまで達して、約五五〇〇年前のペルシア湾の海岸線は二〇〇キロメートルも内陸に入り込んでいたと推定されている[4]（図2－1）。

　この現象は、ちょうど約六〇〇〇年前の日本列島で起きたいわゆる縄文海進の絶頂期と符合する。縄文海進により水産資源の利用がより容易になったおかげで、縄文時代前期の関東地方などに多くの貝塚が形成されて、人口が増加していったことは広く知られている。地球規模で起きていた温暖化は、アジアの東では生業活動の活発化により、多様な環境で遺跡が展開していったのに対して、アジアの西では異なる展開になった。[5]

西アジアにおける気候最適期と都市化の因果関係については諸説ある。なかでもG・アルガゼは、南メソポタミアのシュメール地方で都市化が起きた背景に関して興味深い仮説を唱えている。[6]彼によると、南メソポタミアで両大河の流路は現在よりも互いに接近していたため、溢水灌漑《いっすいかんがい》（川の水があふれ出て畑に流れ込む灌漑方法）が容易であった。つまり、南メソポタミアは、ムギ類の成育に適した自然環境だったので、灌漑農耕により莫大な食糧余剰が生じることになった。

またアルガゼは、メソポタミアの北と南のちがいも論じている。南メソポタミアでは、平坦な地形を流れるユーフラテス川・ティグリス川を軸にした河川網により物資の輸送が容易く、ペルシア湾に近いという地の利もあって、北メソポタミアよりもはるかに多くの資源を集中させるための受け皿が整っていた。河川を駆使した交易により、南メソポタミアには多くの富が効率的に集中していった。これらの要因が積み重なったからこそ、シュメール地方に都市が誕生したのだというのである。

そして、北メソポタミアでは、ブラク遺跡のような拠点集落が約六〇〇〇年前に出現したものの、近隣に勢力の拮抗する好敵手がいなかったのに対して、南メソポタミアではウルク遺跡をはじめ多くの有力な勢力が展開していた。つまり、シュメール地方では、近隣のライバルとの競合により、ウルク遺跡を中心とする社会の都市化がいっそう洗練されていった、とアルガゼは主張している。[7]

メソポタミアにおける気候最適期は、だいたいウバイド期からウルク期にかけて（約七五〇〇～五〇〇〇年前）に相当する。とくに、ウバイド終末期になると、著しい海水面の上昇によりペルシア湾の海岸線が内陸に移動し、南メソポタミアの沖積低地の暮らしに大きな変化が起きた。この点は、アルガゼをはじめ多くの研究者が指摘しているところであるが、[8]私はさらに踏み込んで、以下のように考えている。

南メソポタミアはペルシア湾に接していて、ペルシア湾の海水面の変動が南メソポタミアの沿岸地域に直接影響する。とりわけ海水面の上昇により、沿岸付近の農耕地で灌漑排水に不具合が生じたり、河口付近の流路が移ってしまう。たとえ微増であっても、海進は微妙なバランスのもとで成り立っていた灌漑システムに深刻な被害を与えた。耕地への給水だけでなく、耕地から塩分を含む水を排出する機能が低下してしまった。海水面の上昇は厄介な塩害を招来して、周辺地域の農業に多大な損害をもたらしたのである。

ペルシア湾の海進により、シュメール地方に広がるメソポタミア低地の耕作地で冠水や灌漑排水の脱塩機能の低下が引き起こされて、しだいに耕作地が放棄されていった。その結果、沖積低地で生活していた人々が移住せざるをえなくなり、約六〇〇〇年前に「よそ者」が発生して、余剰食糧に溢れた集落へ惹きつけられていった。こうした人の動きが主な刺激となって、特定の集落で本格的な都市化が進行していった、というのが自説である。

魅力ある集落へ

魅力的な集落、すなわち余剰食糧を豊富に蓄えた都市的集落（都市的な性格をもつ集落）には、新たに出現した非食糧生産者たちを扶養するだけの余剰食糧を生み出す生産力が十二分に備わっていた。

この段階になると、それまでの平等な社会とは異なり、「もてる者」と「もたざる者」の格差や支配化の予兆がみられる。いわゆる都市の「陰」が芽生えはじめていたのである。

ペルシア湾の海進を引き金とした移住は、同時期の墓制の変化からも観察される。ウバイド期の埋葬方法は画一化されていて、構成員同士の明確な格差は見出せなかったが、ウバイド終末期に埋葬方法が多様化してくる。南メソポタミアのウルなどにおける共同墓地では、三体以上の成人が同じ墓に多葬される例（Graves A, B, C, L）が見られる。[9] これは、ウバイド終末期の集落で、何らかの区別原理にもとづいて同一集団の者が同じ墓に多葬された可能性を示している。

北シリアのカシュカショク遺跡では、ウバイド期に墓室北側に竪穴とレンガ列の配置された墓が一般的であった。ところが、ウバイド終末期になると、墓室を閉塞する従来のレンガ列にくわえて、同レンガ列の脇に袖レンガの付け足された構造が登場する。新タイプの墓は、旧来からのレンガ列のみの墓や、竪穴にブロック土の充塡された墓などと、意識的に区別されて分布している。各タイプの墓には多様な副葬品が確認されている。レンガ列のみの墓や袖レンガを伴う墓ではおもに土器が副葬されているのに対して、ブロック土の充塡された墓では土器以外に棍棒頭やラピスラズリ製ビーズなどが見つかっている。[10]

もともと棍棒頭は、おもに石製で、棒や杖の先に装着されて武器として使われていたとされ、ウバイド終末期の複数の遺跡では副葬品として目立って確認されている。特異な形状と機能から、生前に棍棒頭を使っていた人物は特定の役割をもっていて、棍棒頭には威信財（コミュニティにおける地位や職能を示唆する財物）としての機能がある、と多くの研究者は想定している。

ラピスラズリは、アフガニスタンのバダフシャーン地方で産出される青い貴石である。メソポタミア周辺では、ウルク期前半以降、各種ビーズや印章が副葬品として出土している。ラピスラズリのもつ深い紺色は古くから人々を魅了し、棍棒頭とあわせて威信財として重宝されていたと推定される。

カシュカショクの共同墓地は、墓の構造がグループ分けできるくらいまでに多様化してくる。埋葬方法の多様化は、埋葬された集団が複数存在していたことを暗示していて、多様な集団を区別する原理として出自のちがいを想定できる。つまり、ウバイド終末期に「よそ者」が集落に進出してきたことにより、地元出身者と区別するために墓制が多様化したのだろう。くわえて棍棒頭やラピスラズリの副葬された墓には、他者と差のつけられた人物が埋葬されていたと考えられる。

カシュカショクでは、たいていレンガ列は墓室の北側にあり、さらにその北側から竪穴を掘って南方に墓室空間をつくっている。いずれも北の方角が意識されているが、例外的に、墓室の南側にレンガ列の配置された墓（T125）が検出されている。副葬品のカップ型ゴブレットには大柄な水滴文が描かれて、実際に利用された痕もある。胎土（素地の土）は他の土器よりも精緻な印象が強い。

例外的な墓室構造という点から、この墓の被葬者は他所からやって来た「よそ者」であったと考えられる。また、副葬されたゴブレットの大柄な水滴文は、おもに南メソポタミアで流行っていた彩文の意匠であり、胎土の特徴が在地の土器とは異なるため、被葬者が南方から来たと推察される。特異な墓の構造だけでなく、彩文意匠などのちがいが異なる出身地を探る手掛かりになっている。

なぜ「よそ者」と共存できたか

なぜ「よそ者」は排除されることなく、一部の集落で共存できたのか。おそらく「よそ者」は、地元の出身者では入手できない物資や情報をもたらしたり、穀物の収穫期における労働力を提供していた。互恵的な関係のもとで、ウバイド終末期の特定の集落では、「よそ者」が好意的に受け入れられていたようだ。

さらに、ウバイド終末期の「よそ者」は、集落の近隣で期間限定の仮住まいをしていたとも推測できる。たとえば、現代トルコ南東部のディヤルバクル郊外では、ムギ類の収穫期になると、遊牧民が農村へ出稼ぎにやって来る。村人の話によると、出稼ぎに来た人々は、地元民の居住地とは離れた畑の中で、簡易小屋を建てて仮住まいをしているらしい。広大な耕地を地元農民だけでは処理できないので、繁忙期には遊牧民の手助けも要る。現代の農村は、遊牧民にとって臨時収入を得る魅力的な場となっているのだ。こうした互恵的な関係が古代においてもあったと類推できる。

魅力ある集落とは、快適に暮らせて、美味い食やさまざまな職を得やすい空間である。古代西アジアの特定の集落において、公共的な倉庫で行われる物資の搬入・搬出作業や、耕地での収穫作業を手伝う代わりに、パンなどの食糧を現物支給品として手に入れることができたのだろう。あるいは、神殿で行われる儀式に参加すると、飲んだことのない御神酒や食べたことのないご馳走をいただけるという噂を聞いて、期待に胸を膨らましつつ「よそ者」が寄り集まってきたとも想像できる。

「よそ者」の出現は、集落で生活していた構成員の担っていた役割にも変化をもたらす。ウバイド期の人々は、埋葬された場所によって、その人物が生前に担当していた役割を示し、コミュニティにおける役割分担を表す程度にとどまっていた。しかし、ウバイド終末期になると、一部の集落では、特定の場所（神殿など）に埋葬された人物に限定して、副葬品に格差が生じる。ふだんの生活には必要のないラピスラズリ製アクセサリーや金製品などが副葬されてくる。こうした特別な物を身に付けることができる人物は、地域社会に新参者として入ってきた「よそ者」との和を保つ、あるいは集団間の仲介的な役割を演じた祭司たちであったと私は考えている。

「よそ者」が魅力ある集落に移り住むようになると、そこに都市的な空間の土壌が形成されていく。人類学者E・ボスラップが指摘しているように、都市的な社会の出現にはある程度の人口密度が不可欠となる。居住者はそれまでとは違って食糧生産者だけでなく、土器などの工芸品を生産する工人、貴重品の交易に携わる商人、集落を自衛する軍人といった非食糧生産者が登場してくる。[11]

物づくりの専業化

「よそ者」との共存は、空間利用の専門分化を産みだしやすい雰囲気をつくり出していた。街並みの変化としていち早く反応したのが物づくりの専業化である。とくに、土器づくりの専門分化は、集落内の空間利用において、土器工房という形で現れてくる。

たいていウバイド期には、集落内の空き地や住居の中庭などに、土器を製作する場や土器を焼成する窯が設置され、居住空間と生産施設が渾然一体となっていた。世帯単位の生産が経済基盤となっていたので、一般住居が集落内の建物の標準となり、とくに計画的に設定された専業工房は見られない。ウバイド期の土器生産施設は、集落内の居住空間と融合したままであった。

およそ六〇〇〇年前のウルク前期になると、北シリアのコサック・シャマリ遺跡などでは、溝ある

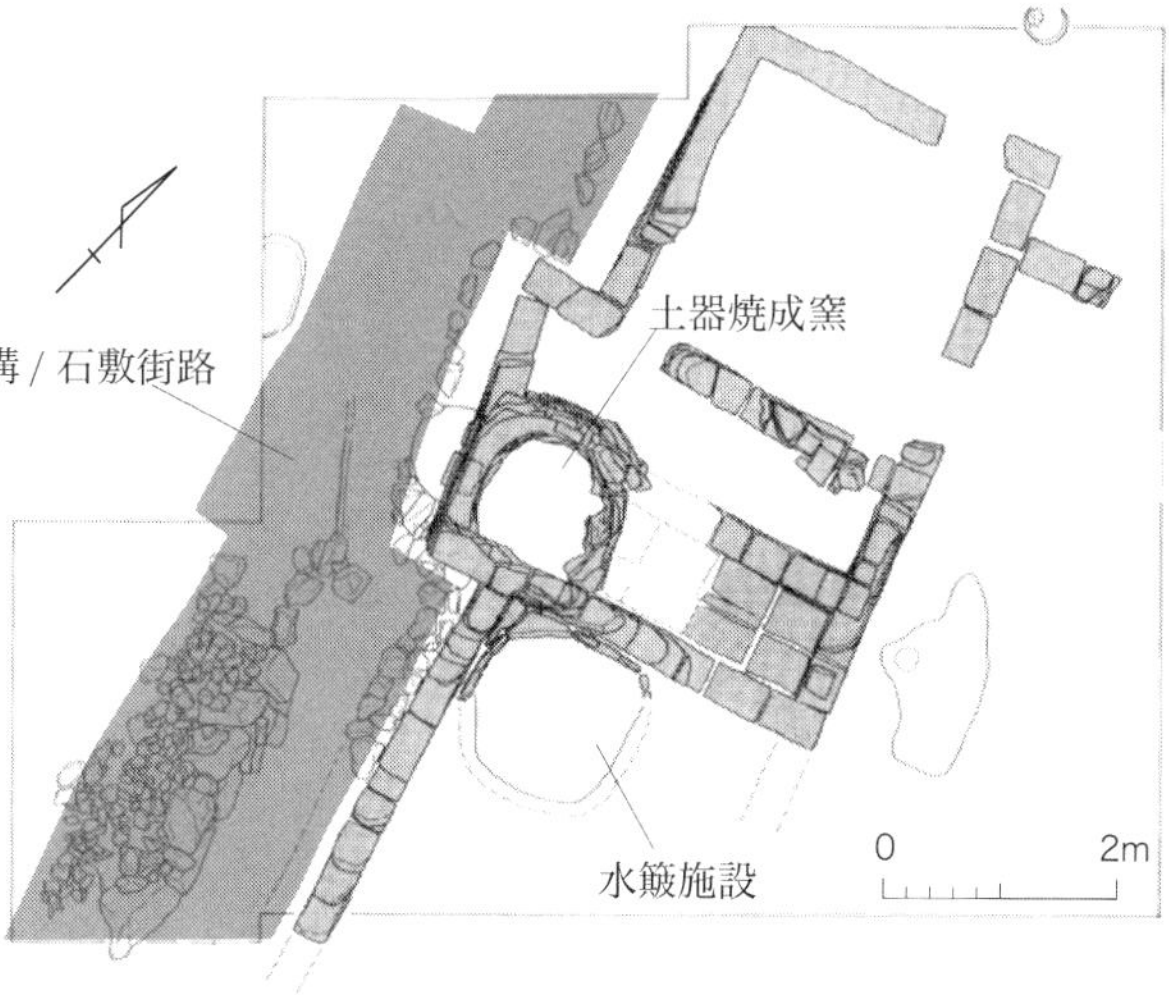

図2−2　ウルク期初頭の土器工房（Koizumi and Sudo 2001より）

いは石敷街路（都市の目抜き通りとは異なる）などによって集落の周縁部に土器工房が隔離されたり、集落内の独立区画に生産域が配置されるようになる（図2−2）。集落の空間利用が専門分化して、しだいに土器生産施設が集落周縁あるいは集落内の独立区画に分離されるようになったのである。ウルク期において、街路により区切られた空間利用の専門分化が土器生産の専業化と密接に関連している[12]。

ウルク期の土器の特徴として、彩文の無文化（文様の省略化）が認められる。ウバイド期には、幾何学文様を主体とする彩文が描かれていた。都市的な性格が強まる前には、特定の彩文意匠そのものが人々の帰属するコミュニティのちがいを表現していたと推定される。それに対して、後期銅石器時代のウルク期に都市化が本格化してくると、彩文自体の工程が省略化されていく。そして、都市的な性格の強まった集落での人口増加に応えながら、一定の機能をもつ同規格の器種が大量に生産されてくる。

同規格の器種を繰り返し製作する反復生産は、すでにウバイド期に現れていた。粘土紐を輪積みした後に、回転台上でゆっくり回しながら容器のプロポーションを整えていく成形技法を特徴とする。回転台はロクロ盤と違って重たくなく、粘土紐で輪積みした祖型を均整の取れた容器に仕上げるために用いられた。ウバイド期では、世帯単位で、ふだん農作業に従事していた人々が、農閑期に限ってパートタイム的に、日常生活用品としてのさまざまな器種を反復生産した。ウルク期になると、専門分化した工房単位で、季節に限定されないフルタイムの土器工人が、回転台の改良されたロクロ盤を用いて、同規格の器種をより効率的に大量生産していったのである。

都市的な性格の強まった集落では、世帯単位で手間暇かけて彩文土器が生産されることはなくなり、多様な職を手にしはじめた人々が日常的に使う土器が大量に必要となってくる。食器を主体とする同規格製品のより効率的な生産の需要が高まると、彩文のデザイン性よりも器の実用性が追求されていく。迅速な土器づくりのためには彩文を描く作業が邪魔となり、製作工程で簡略化される。後期銅石器時代の本格的な都市化の進行と、土器の大量生産や彩文の無文化は表裏一体をなす。

ウルク期には、土器製作以外に関しても空間利用の専門分化が認められる。たとえば、北イランのテペ・ガブリスターン遺跡の土器工房群は、集落内で居住域から隔離された生産域に位置しているだけでなく、街路を挟んで銅工房群と対に配置されている[13]。そこでは、集落内の生産域が商業地区的な場として機能しはじめている。土器と同じく火を扱う金属器の生産域として、集落内で特定の区画が設定されている点は、現代のイスラーム都市などに通じる空間利用の特徴ともいえる。

ウルク後期（約五三〇〇年前）になると、北シリアのハブーバ・カビーラ南遺跡の市街地では、石製品のリサイクルや金属製錬などの工房が検出されると同時に、土製や石製の製陶具や赤色顔料なども見つかっている。[14]市街地の北東地区には、一軒の複合建物が石敷の街路によって区画されて立地している（図0－3参照）。この複合建物は三列構成プランの建物と中庭を取り囲むホール群から構成され、前者は居住空間、後者は工房空間とされる。

複合建物の西側に複数の単室窯が配置され、周辺から製陶具も出土していることから、同建物には土器製作の機能が想定されている。[15]単室窯とは、レンガなどの壁をもち、土器と燃料が同じ空間（部屋）で焼かれる構造の窯である。市街地において、このような独立した建物に単室窯を主体とする土器工房が設置されて、土器工人の住まいが隣接していた。

生産工房域の隔離

ハブーバ・カビーラ南の北方にはテル・ハブーバ・カビーラという別の遺跡があり、城壁外の東側に前期青銅器時代の土器窯が見つかっている。同窯は、斜面に立地する半地下式の昇焔式複室窯である。同タイプの窯は下の部屋で燃料を燃やして、上の部屋で作品を焼くという上下二室構造になっている。昇焔式複室窯は単室窯よりも高温の火力を出すことができる。ハブーバ・カビーラ南の市壁内で本格的な土器工房が不明であることから、テル・ハブーバ・カビーラの後続時代の昇焔式土器焼成窯と同様に、街の外に本格的な土器工房があったとする見解もある。[16]

したがって、ハブーバ・カビーラ南遺跡では、市街地に単室窯を主体とした簡単な工房が独立区画に設置され、城壁外に昇焔式土器焼成窯を伴う本格的な工房が稼働していたと推定される。市街地で、昇焔式土器焼成窯のような本格的な窯で長時間作業をすると、においのきつい煙が居住域に蔓延し、きわめて不快な事態が発生したにちがいない。ハブーバ・カビーラ南の施政者は、都市の住民に煙やにおいなどの害をもたらさないような配慮をしていた。五〇〇〇年も前に、現代の煙害問題と同様の対策が施されていたとは驚きである。

技術史的な時代区分では、銅石器時代につづくのが青銅器時代となる。前期青銅器時代の前半は、いわゆる初期王朝時代（約四九〇〇～四三〇〇年前）に相当して、このころ土器工房の隔離が徹底されてくる。アブ・サラビーフ遺跡の中央丘北端の部屋には、焼成されたロクロ用の大型回転盤が設置されている。整地層から、土器製作用の粘土素地や円筒印章の捺された封泥が二〇点以上出土している。封泥の裏側にはドア釘の圧痕が残り、ドア封泥（部屋の扉を封印する粘土塊）により同部屋はアクセスが制限されて、ロクロ盤や粘土が厳重に保管されていた。部屋の北側には、未焼成の土器片やドア封泥が検出された別の空間もあり、焼成前の土器乾燥室が配置されている。各部屋の出入りには封がされて、土器づくりは分業体制に進展していたと推定されている[17]。

生産工房域の隔離化の背景には、都市的な性格の強まった集落の人口増加を契機として、日常生活用の土器需要が増大して、本格的な生産設備が必要となっていた。そして、効率的な物づくりに向けた大量の原料・燃料などの搬入路を確保するだけにとどまらず、集落内での火災防止や煙害回避といった深刻な問題に対処する目的もあった。ウルク期の都市的集落において、一般住民の快適な暮らしを保つためにも、生産域の隔離は必須であった。

都市的集落では、さまざまな役割を専門的に担う工房が互いに近接するようになり、一般的な集落にくらべて生産域の密度が高くなってくる。そこでは、工房間のノウハウ伝達や、製品の物々交換などが効率化されていったと想像される。たとえば、陶工のつくった土器が、すぐ近くの銅冶金工房で鋳造された工具と交換されるといったような具合である。

限られた空間に、多様な専業工房を近接して配置することで、支配者は都市経済を動かす重要な工房や製品などを一元管理しやすくなったと言われている。[18] 似たような業種の工房はなるべく一ヵ所にまとめておいた方が、管理者としては扱いやすい。同時に、多様な専業工房が近接していたからこそ、互いに刺激し合う場面が増え、相補的に工芸技術が発展していった。

チャイルドは、「都市の定義」で「支配階級に扶養された専業工人」としたように（序章参照）、都市出現以前からすでに、フルタイムの専業工人が存在していたとみている。とくに金属器製作に携わっていた専業工人たちは、生計を立てるために集落から集落へと巡回していたとしている。そして、後期銅石器時代の都市化において効率的な灌漑農耕が発展したおかげで、巡回工人を滞留させて扶養できるほどに集落には食糧余剰が蓄積されていたとも論じている。[19] チャイルドの説には十分にうなずけるところがある。西アジアでは、都市出現以前の後期銅石器時代に専業化が進行して、パートタイムの世帯生産から、フルタイムの専業生産へと移行したのはほぼたしかなようである。

2 階層化する社会

役割から地位へ

約六〇〇〇年前のウルク前期に、集落内の空間利用が目的別に分けられはじめた。集落の周縁部などに隔離された空間に、土器製作工房が専業工人の仕事場として設けられていった。チャイルドの説に従えば、「よそ者」としてやって来た工人により専業化が進んだことになる。魅力ある集落では、在地で連綿とつづく物づくりの伝統のもとで、土器づくりの効率性が追求されていくとともに、外部からの新しい知識や経験が加味されて、専業化へつながっていったと考えられる。

同時に、都市的な性格の強まった集落で専業化が進行しはじめたころには、人間関係にも変化が起きてくる。いわゆる階層化の始まりである。社会の階層化は「墓」に最もよく表れている。北メソポタミアのガウラ遺跡では、ウバイド終末期からウルク前期ごろ、すでに登場していた神殿に加えて、特異な公共施設や見張り台などが新たに出現する。これらの建物の周辺には、他と異なる特殊な構造の墓が設けられている。

ウルク期初頭、北神殿にレンガ囲いの箱形竪穴墓がつくられ、集落東端の神殿域には練土囲いの箱形竪穴墓が集中する。ウバイド期では、神殿域の墓のほとんどは他と変わらぬ土壙墓（素掘りの墓）であったが、ウルク期初頭になると、レンガや練土で囲まれた箱形竪穴墓が神殿域に集中してくる。

特異な構造の墓が神殿域に頻出することから、コミュニティにおける被葬者の立場が強調されていき、祭司たちの業務が単なる役割を超えた専業的な職に高まったようだ。

先に触れたように、ウバイド期においては、埋葬場所によって被葬者の生前の役割、すなわち祭司としての役目が示される程度で済んでいた。しかし、ウルク期になるまでには、一部の都市的集落において、神殿に関連して埋葬された墓では、副葬品が豪華になってくる。ラピスラズリ製アクセサリーや金製品などを身に付けることができた祭司には、単なる役割だけでなく、コミュニティでの社会的な地位が付与されている。

多くの神殿域の墓には目立った副葬品はないが、ある土壙墓には金製品が副葬されている。同職者のあいだでも威信財は限定的に副葬されていて、祭司たちの間にも格差が現れはじめている。一般庶民との役割のちがいが、確固たる地位として強調されるだけでなく、同職間の格差も生み出している。しかも、この墓の被葬者は子供であることから、祭司たちの中でも特別な人物の地位が子供に継がれた、神職に関する世襲制の端緒ともみなせる。

直後に、ガウラでは集落北端に独立した堅牢な建物がつくられ、報告者は指導者の館としている[20]。同館には土壙墓が付随し、若い成人が棍棒頭と金製品とともに埋葬されている。聖職と異なる職能に就いていたこの成人は、威信財が副葬されて特別扱いされている。神殿以外の施設が出現して、関連する墓に威信財が副葬されていることから、コミュニティに祭祀以外の職能も登場して、社会的な地位が付与されていたと推考される。ガウラでは、ウルク期に一般庶民と特定の職能集団の格差が生まれて、役割から地位への変質、いわゆる階層化が芽生えていた。

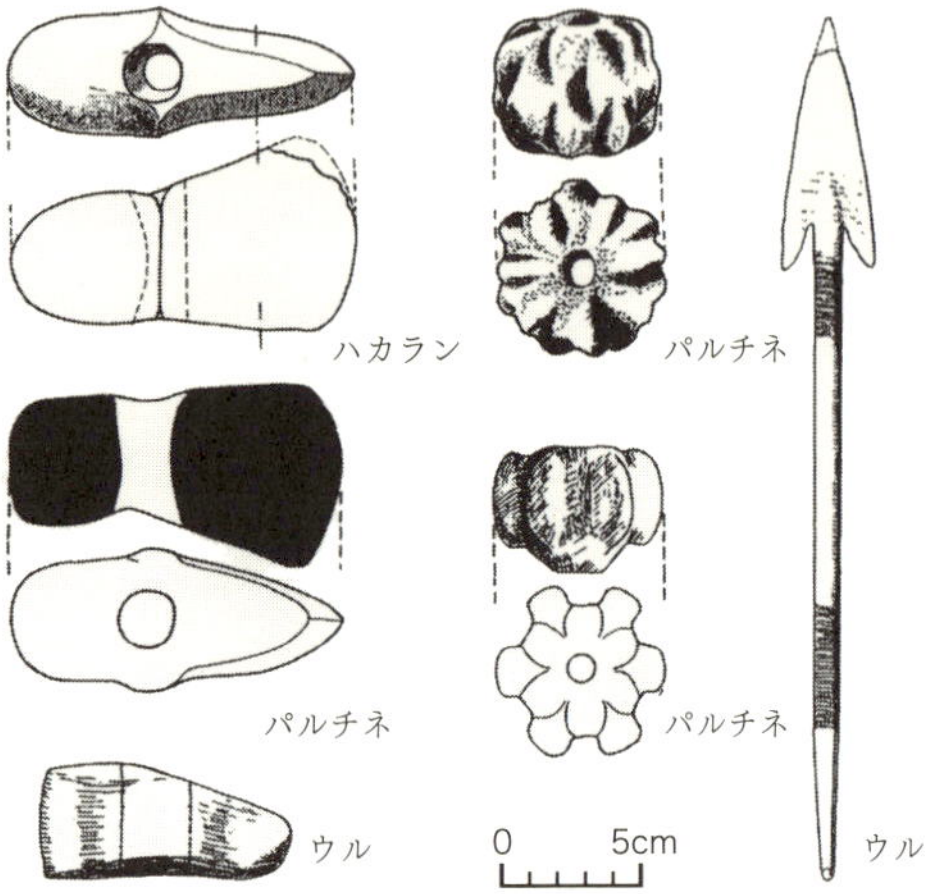

図2−3　ウバイド終末期の威信財（Vanden Berghe 1987; Woolley 1955）

社会的な変質は、ガウラ以外でも広く観察されていて、とくに共同墓地における副葬品にその傾向が顕在化している。南西イランのハカラン遺跡A・B墓地やパルチネ遺跡B・C墓地（ウバイド4期〜同終末期併行）では、一部の墓に棍棒頭あるいは磨斧が副葬されている（図2−3）。同水系のスーサ遺跡の墓地では、ウバイド終末期に併行する時期（スーサA期）の墓にはたいてい土器セットが副葬されていたが、なかには銅製の斧や穿孔円盤などの副葬された特異な墓もある。

南メソポタミアのエリドゥ遺跡の共同墓地では、ウバイド終末期からウルク前期にかけての成人男性のGrave 21に棍棒頭と石製容器が副葬されている。[21] これらのエリドゥの副葬品も被葬者の生前の身分を示す威信財であり、被葬者はおそらく指導者的な立場にいたと推察される。共同墓地の墓における威信財の副葬は、それまでの平等主義的な社会に格差が芽生えはじめたことを示唆していて、コミュニティでの被葬者の役割が地位として強調されるようになっている。

ほぼ同時期、近隣のウル遺跡では、Graves E, F, Gに棍棒頭、磨斧、銅製槍先などの武器が目立って副葬されている(図2-3)。これらの武器は威信財としてだけでなく、軍人の職能も象徴的に示している。ウバイド終末期のウルでは、特定の役割が社会的地位を伴う職能に分化していき、その一つとして軍事部門が出てきて、職能を象徴する武器が副葬されたと考えられる。

コミュニティにおける役割から地位への変質は、都市化の後半段階(ウルク期)の後期銅石器時代に進行していった。都市的な性格の強まった集落では、街路により区切られた空間利用の専門分化により、祭祀儀礼を執り行う神殿、土器づくりや冶金の工房群、行政的な職務を司っていた館、集落を自衛する軍事施設など多様な性格の施設が出現していった。都市的集落では、街路により分けられた各区画で、祭祀、土器製作、冶金、行政、軍事などの役割が徐々に社会的地位を伴う専門的な職へ高まり、階層化された職能者の地位が墓制に反映されたと考えられる。

指導者としての祭司

コミュニティにおける階層化の芽生えは、「よそ者」を引き金とする空間利用の専門分化が起点となった。地元の知り合いばかりの暮らしていた地域社会に、見ず知らずの「よそ者」が割り込んでくると、価値観のぶつかり合いが生じる。人が集まれば集まるほどもめごとも増える。こうしたトラブルに柔軟に対処するには、当事者が納得できる何らかの仕組みが必要となる。

西アジアのウバイド終末期に、「よそ者」の出現によって招来されたさまざまな変化に対して、納得のいく折り合いが求められる。地域社会に新たな問題が生じた場合、もっとも信頼できる人物に解決策を委ねるのが自然な流れである。この場面で注目を浴びたのが、パートタイム的に神に仕えてい

図2－4　ヘビを両手でつかんだモチーフ（スーサ出土印影）（Hole 1983より作成）

た祭司たちだったと考えられる。役割から地位への変質が祭司たちにいち早く現れた理由は、このあたりにあったようだ。

身近な問題として、余った食糧の保管や、死者の埋葬の仕方があげられる。余剰食糧を預ける共同倉庫の開閉を祭司たちに任せるのは無難な落とし所であろう。風習の異なる「よそ者」の埋葬方法を巡っても、やはり儀礼に長けた祭司たちに最終的な判断を仰ぐのが妥当である。つまり、パートタイム的に祭祀儀礼に関わってきた祭司集団は、都市化の後半段階において、俗世界のもめごとに対応する苦情相談も請け負うようになり、それがフルタイム的な専門職になっていったのであろう。

先述したスーサ遺跡では、ウバイド終末期〜ウルク期初頭のいくつかの墓に銅製円盤が副葬されている。円盤は儀礼用の祭具と推定され[22]、威信財としての価値も有する。同遺跡のウルク期の印影（判子の捺された粘土）には、聖職服を着た人物が首から円盤をぶら下げている図柄も確認されている（図2－4）。ヤギの頭飾りを付けたこの人物は、スペード（鋤《すき》）の間に立ってヘビを勇ましくつかんでいる。円盤の副葬された被葬者は、シャーマンあるいは祭司であったとされる。

ウバイド終末期からウルク期初頭にかけて、スーサでは祭司も庶民と同じく共同墓地に埋葬されたが、祭司の墓には威信財が副葬されて他者と区別された。スーサは祭祀儀礼の要地であったために、埋葬されること自体に意味があったと推測される。ただでさえ箔がつく場所に威信財まで副葬されていたことから、スーサに埋葬された祭司たちの専門性はかなり強調されている。彼らはもはや専門職として神に仕える神官と呼べる。

かつて、パートタイム的な祭祀儀礼の役割を果たしていた祭司たちが、地域社会に生じた新たなトラブルを解決する役目も任されるようになる。本来の役割とは異なり、折り合いをつけていくうちに、しだいにそれが専業的な職能へ昇華していき、その役目が社会的な地位の形成へとつながっていく。面倒なもめごとの処理まで請け負ってくれる祭司たちの仕事ぶりは、コミュニティの指導者としての評価を高めることになり、その特異な地位が積極的に墓制に反映されていったと私は考えている。

同時に、祭司たちの活躍する神殿の建築は、墓の造営と深く関係している。前章で触れたように、ウバイド期において神殿の主軸方向と墓の主軸方向は密接な関係にある。南メソポタミアのエリドゥ遺跡では、ウバイド期の初期段階（ウバイド1期）に設定された神殿の主軸に合わせるようにして、後（ウバイド4期）の墓も北西方向を意識して造営されている。途中（ウバイド3期末）、神殿は長辺側の入口と、折れ曲がった動線に統一されて、祭壇は南西側に配置されるが、神殿への入口は以前と同様に南東方向が維持されている。神殿プランは一貫して北西〜南東方向にこだわってきている。

集落に建てられた神殿と、墓域の墓の軸線がそろう例は他でも認められる。北メソポタミアのガウラ遺跡では、ウバイド終末期以降につくられたレンガ囲いの墓の軸は神殿の軸とほぼ一致して、北西〜南東方向を示す。[23] 墓と神殿のコーナー部分は、それぞれ実方位を向くように配置されて、立地場所だけでなく軸の向きにおいても神殿とレンガ囲いの墓は互いに関係している。

北西〜南東の方向へのこだわりが、南メソポタミアのエリドゥと、遠く離れた北メソポタミアのガウラを結びつけている点は興味深い。いずれも、西アジアの都市化において重要な都市的集落である。さらに、管見では、ウルク遺跡の神殿でも同様のこだわりが認められ、アヌ神の聖域に建てられたウバイド4期〜終末期の神殿は、いずれも北西〜南東方向を主軸としている。[24]

他方、墓の軸線に関連して、異なる方角に限定された例もある。北シリアのカシュカショク遺跡の共同墓地では、頭位が西に向いた地下式横穴墓が一般的であった。本遺跡では神殿に相当する建物は未確認で、ガウラなどの都市的集落とは異なり、どちらかというと平凡な集落である。神殿のない一般的な集落では、北西〜南東方向はあまり意識されていない。

エリドゥの共同墓地で採用されたような、実方位を示すコーナー部分をもつ箱形竪穴墓の造営は、都市化の本格化していくウルク期の街並みづくりにおいて、実方位にそろえた区画割りのヒントになっていたのかもしれない。祭司（神官）たちは、都市的な性格の強まった集落において、自身の職能を発揮する神殿の建築や、死後の空間である墓の造営に主導的な役割を果たしつつ、軸の方位を定めた街並みづくりにも大きく貢献していたのである。

3　鍵つき倉庫と市場

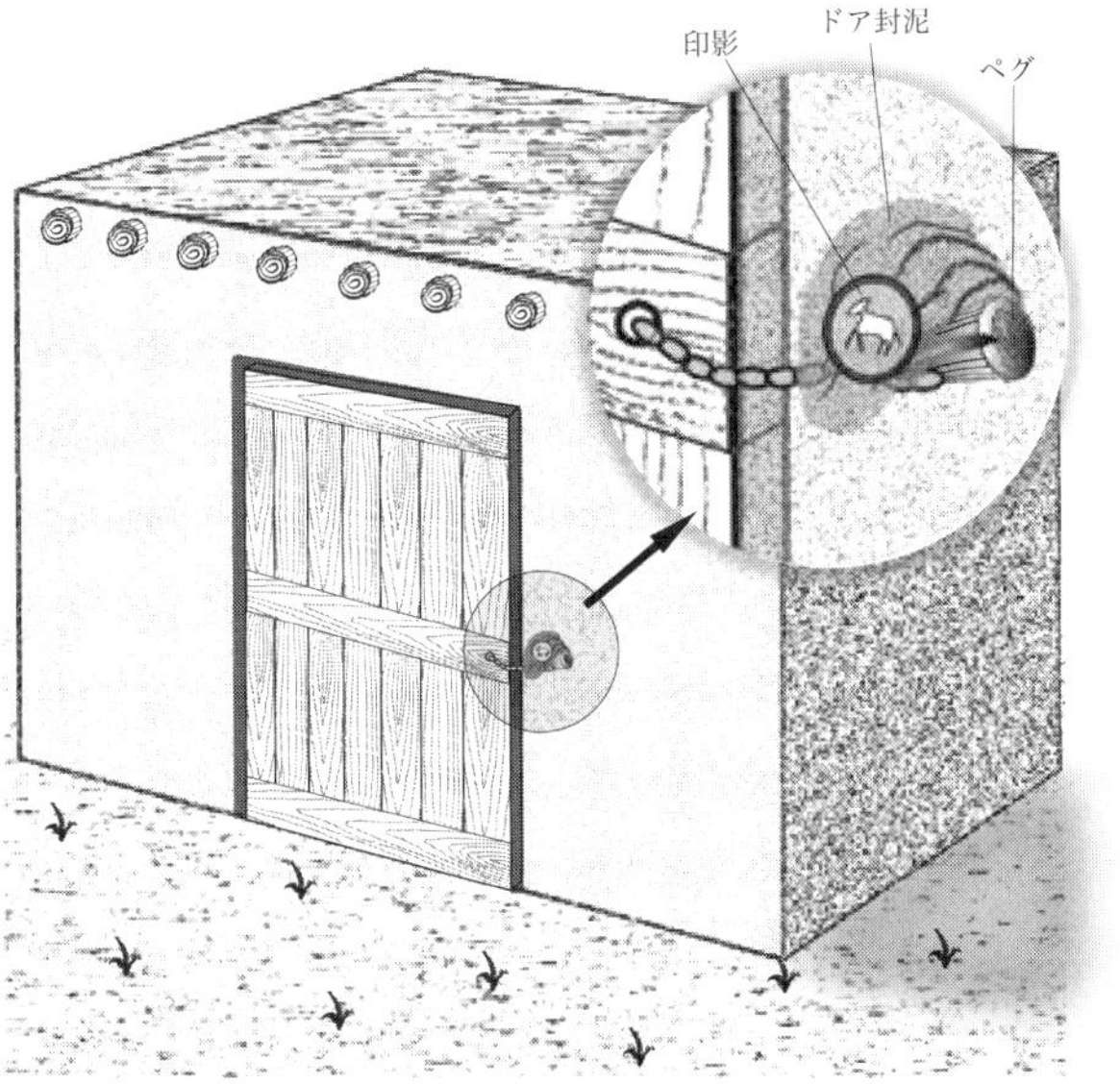

図2－5　ドア封泥模式図（著者作成）

封印された倉庫

チャイルドの見立てた専業工人を扶養する余剰食糧は、いつごろから集落で保管されるようになったのか。ここでも「よそ者」の登場が「鍵」になる。勝手に食糧を持ち去ることのないように、倉庫の入口のドアに鍵がかけられるようになった。

ウバイド期の世帯単位で生産された余剰食糧は、集落で共同管理される小規模な各種倉庫に供託されていた。余剰食糧は、必要に応じて個別の世帯に再分配されたり、さまざまな物資を外部から入手するために活用されていたと推察される。ところが、ウバイド終末期（約六二〇〇年前）になると、余剰食糧は限定された倉庫で集中管理される。

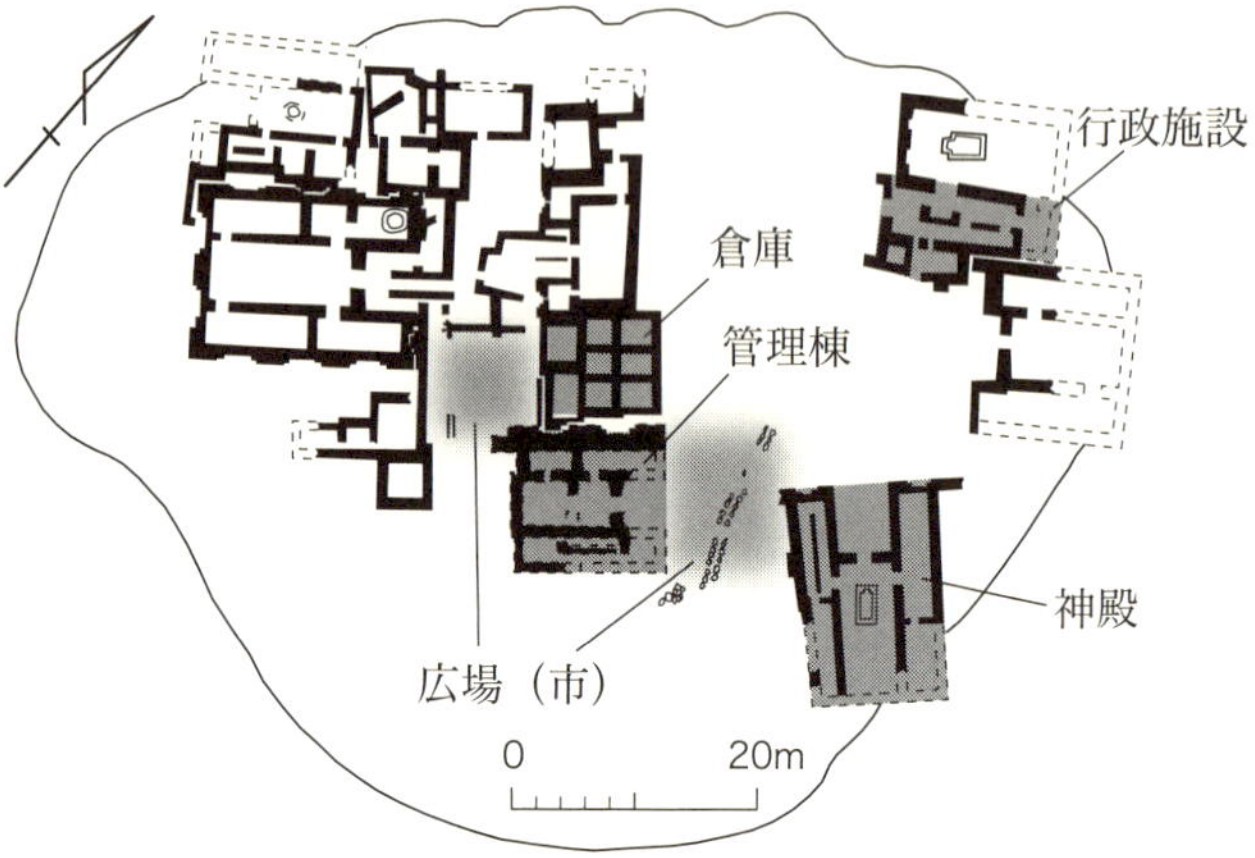

図２－６　ガウラⅧ層の大型倉庫と市場（Rothman 1994より作成）

ウバイド終末期に、豊富な食を求めて「よそ者」が集落に現れると、余剰食糧を保管していた倉庫の在り方に変化が生じる。それまでのおもに血縁を紐帯としていたと推定される信頼関係が崩れて、余剰物の供託が難しくなる。その証拠として、ドア封泥（部屋の扉を封印する粘土塊）が出土して、倉庫に鍵をかけてアクセスを制限するようになる（図２－５）。

ドア封泥は、木製扉に通した紐を壁に固定するペグや、紐がけした扉の取っ手の上に、泥の塊を貼り付けて捺印する封印装置である。南東アナトリアのディルメンテペ（七層）、北メソポタミアのガウラ（Ⅻ層）、南イランのタル・イ・バクーンＡ（Ⅲ層）など、同時期にいくつかの遺跡で見つかっている。いずれも倉庫とされる部屋の入口がドア封泥で施錠されていたという。[25] ドアの封印された倉庫には食糧などの余剰物が財貨（余剰財）として集中管理され、他の物品と交換されたとみられる。

ガウラでは、ウルク前期併行でも引きつづきドア封泥が認められる。集落内の建物が職能別の専業空間に分化しはじめて、各建物に付随する倉庫に製品が保管されていた。[26]この傾向はウルク中期後半（約五五〇〇年前）にも継続して、集落中央に立地する建物では、細かく仕切られた小部屋にさまざまな道具類が保管されていた（図２－６）。

同建物は、商品としての道具類を隣接する空き地で立つ市（場）へ供給するための本格的な独立倉庫として機能していたようで、ほぼ同時期の北シリアのテル・シェイク・ハッサン遺跡でも類似したプランの倉庫が見つかっている。[27]いずれの独立倉庫も、一辺が一〇メートル前後で、ウバイド期に見られたような小型倉庫にくらべて明らかに大型化している。

図２－７　メソポタミアの円筒印章

ウルク後期でも、アルスランテペやハブーバ・カビーラ南などでドア封泥が確認されている。[28]都市的集落や都市そのもので、ドア封泥は大切なモノ、いわゆる財貨を保管するための装置として欠かせなかった。ウルク期を通して、余剰財の集中管理が徹底されていき、倉庫の扉を封印し開封できる人物こそがコミュニティの指導者になっていた。

厳重な倉庫の開け閉めには、おもに判子による封印が行われていた。古代西アジアの判子は、スタンプ印章と円筒印章に大別される。前者は、印面が丸形や矩形のタイプで、現代の日本で宅配便などの受領時に捺す判子と同じような使い方である。円筒印章は、形状的には現代の判子に似ているが、丸形の底面ではなく、意匠の彫られた側面が印面となっている。円筒印章は、判子の長軸方向が穿孔され、紐を通せる仕掛けになっている（図2－7）。紐掛け構造はスタンプ印章でも同様であり、いずれも肌身離さず身に付けていたと想像される。

ウバイド終末期、考え方の異なる「よそ者」が勝手に余剰食糧などを持ち去ってしまう事態を避けるために、ドア封泥によって倉庫へのアクセス制限が設けられた。倉庫の管理者は、首にぶら下げていたスタンプ印章や円筒印章を捺して、ドア封泥の最後の仕上げを行った。その判子の持ち主が文字どおり鍵を握っており、コミュニティの指導者ということになる。当初、判子はコミュニティでもっとも信頼度の高かった祭司に預けられていたのだろう。

市場と管理者の出現

人が集まる場所には市が立つ。現代の西アジアでは、モスク周辺にスーク（市場）が形成され、街道の交差点付近などで決まった曜日に家畜が取り引きされたりしている。

古代西アジアでは、ウルク中期後半までに本格的な交易網が発達して、集落内に取り引きの場として市（場）も形成される。先のガウラ遺跡（Ⅷ層）の本格的な独立倉庫には、豊富な商品が保管されていた（図2－6）。大量の黒曜石の原石をはじめ、石核や石刃などが出土し、石刃のほとんどは未使用であったという。[29] 遠路アナトリア方面から運ばれてきた黒曜石の原石や途中で調整された石核が石刃に加工されて、原料や製品が保管されていたとみられる。

図2−8 ゴディン・テペの市場（Curtis 1989より作成）

倉庫の南東側には管理棟が建てられ、管理者は判子を首からぶら下げ、倉庫の開け閉めを意のままにできた。ただし、その人物はもはや祭司ではなく、世俗的な立場にいた指導者であったと思われる。これらの建物に隣接する広場では、大量の封泥（容器や袋などの封をする粘土塊）が見つかっている。捺印された封泥の胎土分析により、ガウラ遺跡周辺の在地系粘土に加えて、明らかに遠方の搬入系粘土も確認されている。[30] 捺印された意匠は、在地系粘土の封泥に頻出するヤギだけでなく、スイギュウやヘビなどの外来の動物たちも目立つ。ウルク中期後半、専業商人を媒介とする本格的な流通構造が整い、主要な集落に遠方から搬入された商品が独立倉庫で保管されて、倉庫に隣接した広場が市（場）として利用されはじめたと推察できる。これは集落内における市の最古級の例である。

市の機能がより本格化してくるのは、ウルク後期になってからである。市（場）の典型例として、イラン西部の山間部に立地するゴディン・テペ遺跡がある。ウルク後期に、集落は楕円形の周壁によって囲まれ、計四三枚の（数字あるいは絵文字的な記号の）粘土板文書が出土し、円筒印章、ブッラ（中空でない粘土塊）や粘土栓などの各種封泥も出土している。[31] 集落の北寄りに位置する建物は、広場を挟んで集落を囲む周壁の門と向き合う格好で配置されている（図2－8）。

同建物の中心にある部屋は、広場と反対側に設けられた出入口、広場に面した二つの窓、壁に組み込まれた暖炉の煙道など、特徴的な構造になっている。部屋の床面から、レンズマメやオオムギなどの炭化穀粒が検出されている。また、南方から搬入された小型壺や、ワインの入った大型壺なども発見され、ビールの残滓が検出された大型壺もある。さらに、ピン、針、鳥形製品などの銅器や、石製ビーズなどの各種贅沢品が出土している。くわえて、粘土板や封泥も見つかっていることから、この部屋は取引所であり、物々交換が行われていたとされる。

東側の窓に近い部屋の隅には、約二〇〇〇点の投弾が見つかっている。土製投弾は、いざというときに手ごろな武器になりうる。良からぬ「よそ者」、いわゆる「ならず者」が市場に近づいた事態に備えて、多数の投弾が配備されていたようだ。ただ、金属製の槍や剣などが見つかっていないことから、あくまで集落を自衛する程度にとどまる。

ゴディンの市場では、穀類をはじめとした各種食料品や、ワインなどの奢侈品が取り引きされていた。この都市的な性格の強まった集落は、古代の街道に沿った東西交易路上の拠点として賑わっていた。また、ゴディン遺跡は、メソポタミア方面から来た人々の居留地としても機能していたようで、後世の「カールム」（アッカド語で「波止場／商人居住区」を意味する）の祖型と考えられる。
ゴディン・テペでは、取引所とは別の部屋も注目される。同部屋の入口は一つのみで、帳壁が外部からの視線を遮っている。室内には調理用の炉址が配置され、精緻なプラスター床が貼ってある。大理石製鉢、二〇〇個以上の石製ビーズから成るネックレスといった贅沢品が見つかっている。さらに、小形のワイン壺が、日常生活を示唆する砥石やフリント石刃、食糧としてのコムギなどとあわせて出土している。同部屋には、貴重なワインを消費することができた社会的地位の高い人物、すなわち世俗的な指導者が居住していたと想定されている。[32]

つまり、交易が盛んになりはじめると、封印した倉庫の扉を自由に開閉できた管理者の住まいが集落の中に現れる。ウバイド期では世俗的な支配者の住む宮殿はまだ出てこなかったが、ウルク期になると集落内に一般住居とは明らかに格差のつけられた住まいが建てられてくる。もちろん、神殿のある集落には祭司もいたが、むしろ世俗的な立場の人間がコミュニティで目立ってきている。

以上のように、後期銅石器時代（約六〇〇〇〜五一〇〇年前）における空間利用の変遷について、ある程度の見通しを得られた。チャイルド流の、いわば余剰食糧により非食糧生産者を扶養するという構図は、特定の魅力ある集落において描くことができる。そこでは、封印された倉庫、市場、指導者の館など、新しい性格の施設が次々に出現していた。こうした都市的な性格の強まった集落では、もはや聖職者ではなく、世俗的な専門職に就いていた人物が指導者となっていた。

もともとウバイド期の社会は、祭祀により統合されながら、人々の暮らしが成り立っていた。そこでは格差のない人々の緩い結び付きがあり、血縁的なつながりの親族集団を単位として互いに協業し合っていた。やがてウバイド終末期になると、豊かな食を求めて集まってくる「よそ者」との共存においで、異なる価値観の折り合いをつけるために、従来とは異なる仕組みが求められて、階層化が始まった。同時に、「よそ者」の活発化により、経済的な物流網が徐々に拡充されていき、ウルク中期後半までに都市的集落を結節点とする交易ネットワークが確立されることになる。

第三章

安心と快適さの追求
——都市的集落から都市へ

ウル遺跡（写真提供　伊藤重剛）

六〇〇〇年前ごろ、西アジアでは「よそ者」に触発されて、魅力ある集落、すなわち余剰食糧にあふれた都市的集落の街並みが変化していった。「よそ者」との共存により、集住空間の使い方が細分化されて、祭祀をはじめとして、土器生産、冶金、軍事、行政、商業などに携わる専門職が出てきた。出身の異なる「よそ者」も抱えながら各種職能集団が共存していくうえで、多様な価値観の衝突を和らげるための新たな仕組みが自ずと求められていった。こうした流れの中で都市が誕生した。

従来の西アジアにおける調査では、都市域のすべてが発掘された例はほとんどなく、さまざまな時代・時期の断片的な事例を並べて、都市の全体像をおおまかに復元する手法が一般的だった[1]。都市研究は、どちらかというと歴史時代（約五〇〇〇年前以降）の完成段階の都市像に重点が置かれて、都市化（都市的な要素の形成されていった過程）については簡単に触れられることが多い。

ここでは、古代西アジアにおいて、どのようにして都市的集落（都市的な性格をもつ集落）から都市へ成長していったのか、安心や快適さといった目線で都市特有のさまざまな施設や空間を見ていく。同時に、完成した都市における日々の暮らしについても触れてみる。

1　城壁と目抜き通り

街を護る城壁

まず何よりも、外敵の脅威から護られていないと、街での暮らしは落ち着かない。その安心を保障してくれるのが、街を取り囲む城壁である。

西アジアの本格的な防御施設は、後期銅石器時代（約六〇〇〇〜五一〇〇年前）に登場する。明確な城壁は北シリアの都市的集落で相次いで確認されている。ウルク前期のブラクでは、幅約二メートルの日干しレンガ製の壁が見つかっている。同壁は城門も伴い、集落を防御する城壁とされる。[2] 今のところ、この約六〇〇〇年前の城壁が最古例となっている。直後の時期には、シェイク・ハッサンで幅約三・三メートルの日干しレンガ製の城壁が検出されている。

その近隣に、最古級の都市ハブーバ・カビーラ南がある。序章で述べたように、ウルク後期（約五三〇〇年前）、ハブーバ・カビーラ南を囲む日干しレンガ製の本格的な城壁は幅三メートルを超え、見張り塔や城門が設けられていた。街は平行四辺形のプランを呈し、面積は約一八ヘクタールである。モデルとされる南メソポタミアのウルク遺跡は、初期王朝時代（約四九〇〇〜四三〇〇年前）に全長約九・五キロメートルの城壁に囲まれて、平行四辺形を崩したプランを呈する（図0‐4参照）。当時のウルクは約四〇〇ヘクタール（皇居の三倍弱）の規模にまで達する。

初期王朝時代は、技術史的な時代区分では、前期青銅器時代（約五〇〇〇～四〇〇〇年前）の前半に相当する。このころ、南メソポタミアでウルクをはじめとした都市国家の中心的な街が数多く出現する。南メソポタミア北部のアッカド地方にあるアブ・サラビーフ遺跡は、複数の丘（テル）から成る。初期王朝時代に、遺跡全体の利用面積が約二〇ヘクタール（東京ドームの四倍強）に広がり、約一〇ヘクタールの中央丘は城壁で囲まれている（図0－6参照）。部分的に確認された日干しレンガ製の城壁の幅は四メートルを超え、等高線や城壁の残り具合から複数の城門の存在が推測されている。アブ・サラビーフ中央丘はハブーバ・カビーラ南と同様の平行四辺形プランになっている。

類例として、中部メソポタミアのディヤラ川流域にハファージェ（古代名トゥトゥブ）遺跡がある（図3－1）。本遺跡は四つの丘から構成されて、A丘はウルク後期からアッカド王朝時代にかけて利用された。同丘の周囲では北西側と南西側に断続して城壁が検出され、初期王朝時代の街のプランは平行四辺形に近い形状になっている。城壁の残り具合と等高線からA丘の市域を復元すると、およそ長軸八〇〇メートル、短軸四〇〇メートル、推定面積約三二ヘクタール（ほぼ東京ドームの七倍）となる。面積に差はあるが、同A丘もハブーバ・カビーラ南と同様の都市プランになっている。

さらに、前期青銅器時代の後半、北シリアのテル・エッ＝スウェイハト遺跡は日干しレンガ製の二重の城壁で囲まれていた（図3－2）。面積約四〇ヘクタール（東京ドームの九倍弱）の市域は、ほぼ南北を主軸とする平行四辺形プランの外壁で囲まれ、市街地の北寄りにある丘は幅二・五メートルの内壁で囲まれる。内壁西側に径七メートルの見張り塔が建てられ、隣接する部屋に土製投弾や石鏃が保管されていて、スウェイハトはA・オッペンハイムの呼ぶ「城塞都市」の典型となっている。[3]

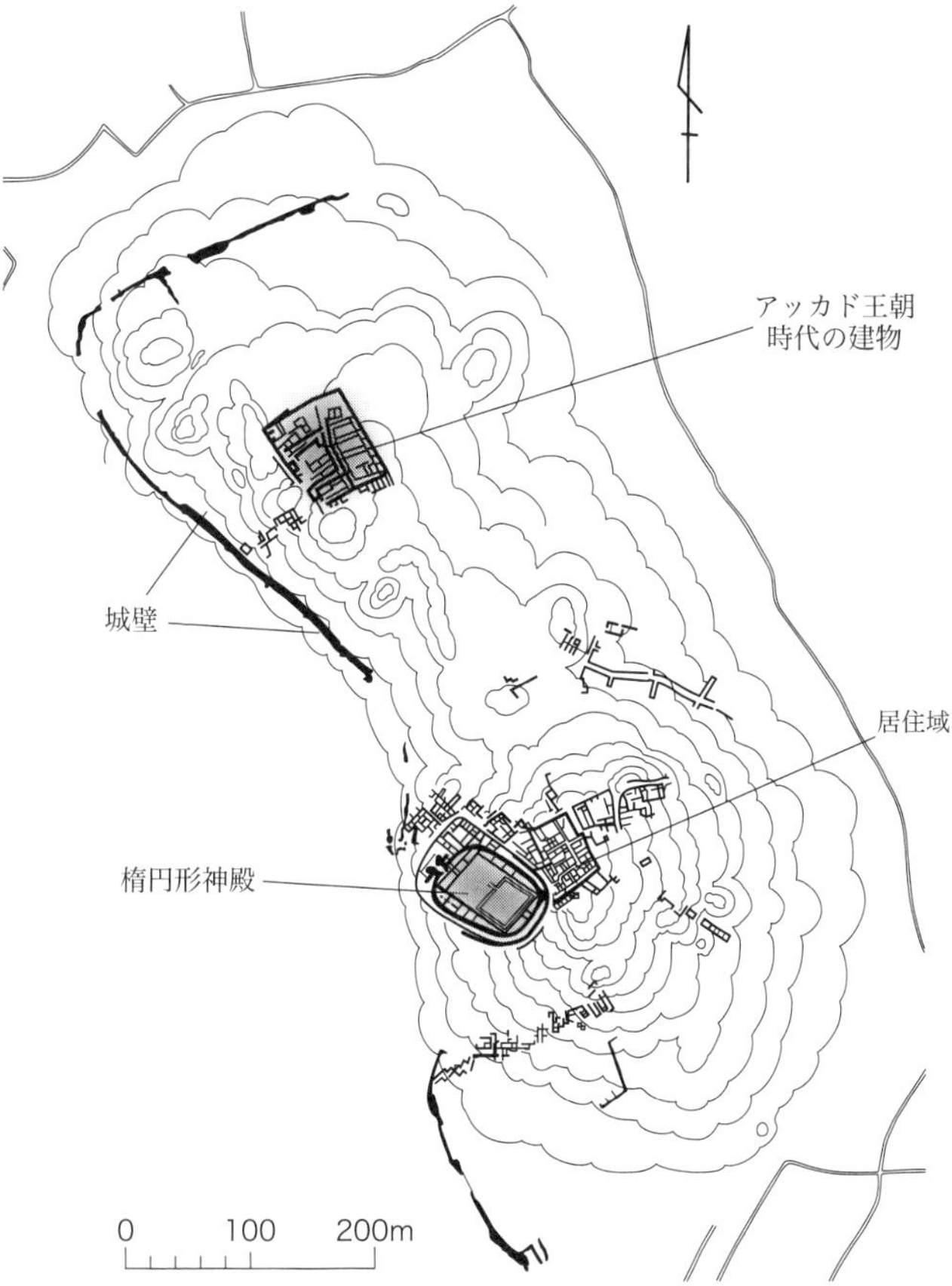

図3－1　ハファージェの都市プラン（Delougaz 1940より作成）

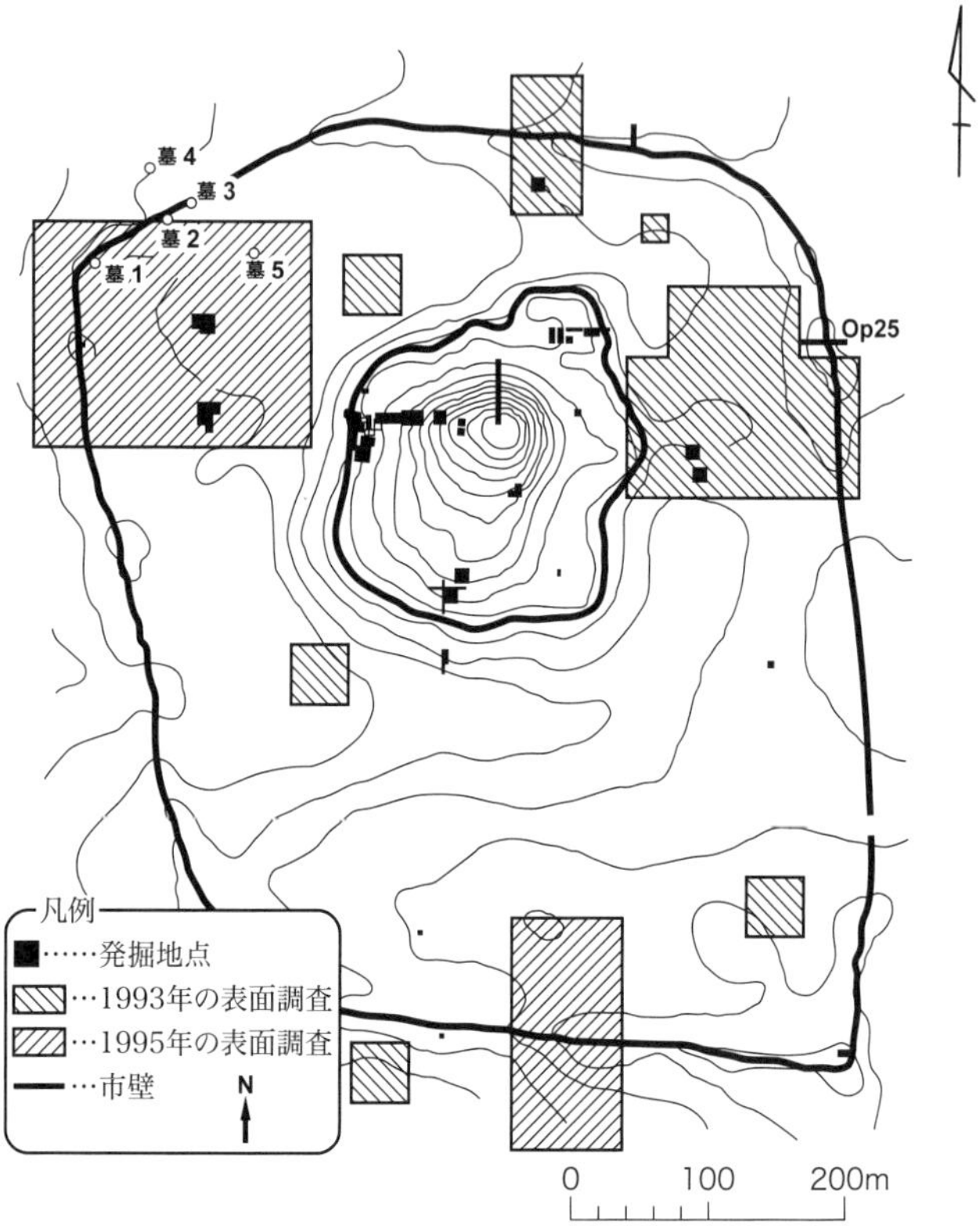

図3−2　テル・エッ＝スウェイハトの都市プラン（Cooper 2006より作成）

オッペンハイムによると、古代メソポタミアの都市の特徴として、支配者の住む宮殿、宝物庫、軍事司令部、神殿などが街の中心部に配置される。これらの主要施設は内壁によって囲まれて、その外側に一般市民の生活する市街地が広がり外壁で囲まれる。つまり、市街地の中に城塞が配置され、二重の城壁によって囲まれている街をオッペンハイムは城塞都市と呼んだ。こうしたメソポタミアの青銅器時代の都市構造は、後述するインダス地方の一体型の都市プランに似ている。

限られた証拠であるものの、西アジアではウルク前期の都市的集落において、さまざまな脅威を遮断して快適な暮らしを保守するために、防御施設としての城壁が初現した。やがて、ウルク後期には本格的な城壁によって都市が護られるようになった。防御施設の完成である。外敵の侵入を抑止し、ある程度の攻撃にも耐えられる城壁の存在は、平時から都市の住民にこの上ない安心感をもたらしたにちがいない。後期銅石器時代に始まる平行四辺形プランの系譜は、メソポタミアを中心とする西アジア各地に受け継がれていった。そして、前期青銅器時代になって、城塞都市の出現へとつながっていったのである。

目抜き通り

ウルク後期に初現した目抜き通りは、物資を満載した車が行き交い、遠来の商人がさまざまな品物を取り引きする場として賑わっていた。同時に、目抜き通りは神殿やジッグラト（聖塔）などのモニュメントへつながり、都市における祭祀儀礼や公式行事などの演出に欠かせない舞台にもなっていた。古代都市における目抜き通りは、日常の経済活動において人々に至便な暮らしをもたらすだけでなく、神殿などと一体化して儀礼や行事のパフォーマンス空間としても機能していた。

目抜き通りも、ハブーバ・カビーラ南の例がもっとも古い（図0－3参照）。この街では、まず最初に、ほぼ南北方向に軸線をもつ幅約一〇メートルの目抜き通りと、東西方向に直交する主要な街路が建設されている。建物よりも先に道路がつくられた状況は、道路に敷いた砂利面が沿道の建物の立っている基底面よりも下方にある、という層位学的な所見から確かめられている。[4] 目抜き通りは、市域南寄りの小丘テル・カンナスに建つ神殿へ延びて、外来者が自由に往来できる大通りとしてだけでなく、祭祀儀礼における行進などにも活用されたのであろう。

ハブーバ・カビーラ南が手本としていたウルクの街では、中心にあるエアンナ聖域は壁で囲まれて、南東側に小階段のついた聖域正門が配置されている（図3－3／図0－4参照）。エアンナ聖域の主軸は北西～南東方向となり、聖域正門まで目抜き通りが延びていたと推察できる。ウルク後期における推定軸線の北西～南東方向は、同遺跡の初期王朝時代における都市プランの軸線に重なる。

初期王朝時代の類例として、再び南メソポタミアのアブ・サラビーフ遺跡があげられる（図0－6参照）。平行四辺形プランの中央丘では、真ん中付近から主要街路が短軸方向（北東）に延びて、長辺側の城門につながるとされる。この街路に直交する長軸方向に目抜き通りがあったと想定され、街の軸線はウルク遺跡と同様に北西～南東方向となる。また、先のハファージェ遺跡でも街の軸線をある程度読み取れる（図3－1）。A丘では目抜き通りは未検出であるものの、南西側城壁に並行しながら、北西側城門から街の中心にある楕円形神殿へ主要な通りが延びていたと推測される。現存する城壁の長軸方向からすると、ハファージェA丘の軸線も北西～南東方向に定まる。

図3－3　ウルクのエアンナ聖域（Curt-Ergelhorn-Stiftung et al. 2013より）

ウル第三王朝時代（約四一〇〇年前）、ウル遺跡の都市プランは平行四辺形を崩した形状であり、長軸は北西～南東方向に設定されている（図3－4）。市域の中央北西寄りに神殿や宮殿などの密集するテメノス（聖域）が配置され、城塞都市の構造になっている。新バビロニア時代（約二五〇〇年前）には、市域南東部にテメノスへ延びる目抜き通りがつくられる。目抜き通りは都市プランの長軸方向に沿い、バビロン遺跡の「行列道路」に似ている。バビロンの行列道路は幅二〇メートルを超え、神殿に向かう儀礼的行進などにおける演出空間となっている。

西アジアの都市プランにおいて、街の軸線となる目抜き通りの向きは、近隣を流れる河川の方向とだいたい合致している。ハブーバ・カビーラ南やスウェイハトなど、北シリアのユーフラテス川上流域に立地する都市の軸線はほぼ南北となり、ユーフラテス川の流れる北～南方向に沿う。他方、ウルク、アブ・サラビーフ、ウル、バビロンなど、南メソポタミアの主要な都

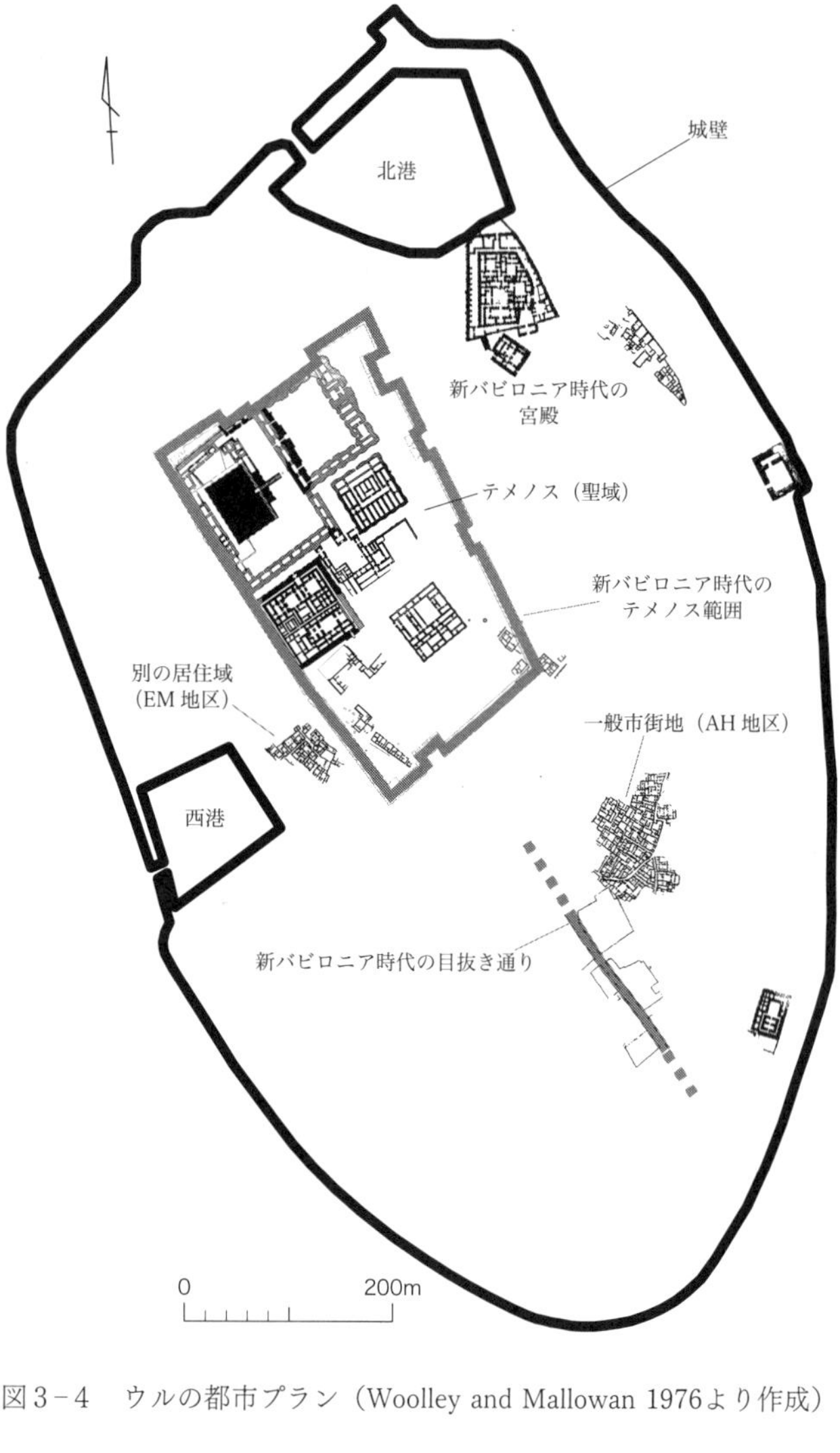

図3－4　ウルの都市プラン（Woolley and Mallowan 1976より作成）

市の軸線は北西〜南東方向となり、周辺のユーフラテス・ティグリス両大河の流れる方向にそろっている。

つまり、古代西アジアの都市プランは地形の高低差を考慮していて、川筋に沿った軸線が設定されている。一般的な傾向として、神殿のある聖域は川上に、住居の密集する市街地は川下に配置される。市民の生活排水を神の居場所に向けて垂れ流すわけにはいかない。下水をいかに清潔に排出するのかという快適な街づくりの基本に立てば、おのずと川上（北西〜北）方向に聖域、川下（南東〜南）方向に市街地といった配置に落ち着く。ティグリス・ユーフラテス両大河に沿うようにして、北西〜南東あるいは北〜南を主軸とする都市プランがメソポタミア周辺では基本となっていたのである。

メソポタミアとインダス

メソポタミアを中心とする西アジアから見て東方にある南アジアでは、西アジアの都市と十分に比較できる古代遺跡が見つかっている。約四六〇〇〜三九〇〇年前に栄えていたインダス文明のモヘンジョダロである。

大学に入る前、古代の「衛生都市」としてモヘンジョダロ遺跡の紹介されていた歴史概説書を読んだのがきっかけで、私は外国考古学の世界へ飛び込むことになった。学生時代に、友人と二人でカラチからアテネまでのとんでもない旅を敢行した際、卒論テーマがインダス文明の彩文土器だったこともあり、まずはモヘンジョダロをじっくりと観てまわった。憧れの「衛生都市」の廃虚に立ったときの感激は、今でも忘れられない。

モヘンジョダロは、全体で約一三〇ヘクタール（皇居より小さめ）の規模を有する。約四〇〇×二〇〇メートル（八ヘクタール）の小マウンドは城塞と呼ばれる（図3－5）。マウンド自体はレンガや土砂でプラットホーム状に構築されて、西アジアのテルやテペの形に近い。施設はプラットホームの上に建てられ、マウンドで浸食を受けた箇所には「擁壁」が設けられている。城塞マウンドの等高線図を見る限り、壁は標高の低い部分に集中している。インダス考古学のG・ポッセルが指摘しているように、こうした壁はプラットホームの崩れを防ぐためのものであり、街を護るためではない。[5] モヘンジョダロの擁壁は、メソポタミアのハブーバ・カビーラ南などの城壁と区別するべきである。

城塞マウンドの中央付近に穀物庫と推定される施設や、沐浴場と呼ばれる祭祀儀礼の施設が検出されている。城塞の東側には、標高の低く、より大きなマウンドが展開して、住居を主体とする市街地が形成される。モヘンジョダロの都市プランは、同じくパキスタンのハラッパー遺跡でも見られるように、西側に城塞、東側に市街地という分離型を示す。ハラッパーの市域は、全盛期に約一五〇ヘクタール（皇居より大きめ）を超えていたとされる。[6]

他方、現インド北西部のグジャラート地方で発見されたドーラーヴィーラー遺跡は、最盛期に約五二ヘクタール（ほぼ東京ディズニーランドに相当）の広さで方形の城壁に囲まれて、インダスのほかの都市よりやや小さい。本格的な発掘調査は一九八〇年代より継続され、日本でも二〇〇〇年三月の大手新聞の朝刊一面で「インダス文明都市発掘」という見出しで話題になった。ドーラーヴィーラーは、およそ四五〇〇年前に集落から都市へ発展して、街の区画化が進んで城塞が出現したとされる。[7]

城壁の内側には低層市街地が広がり、北西寄りに方形の区画が入れ子状に配置されて、内側に中層

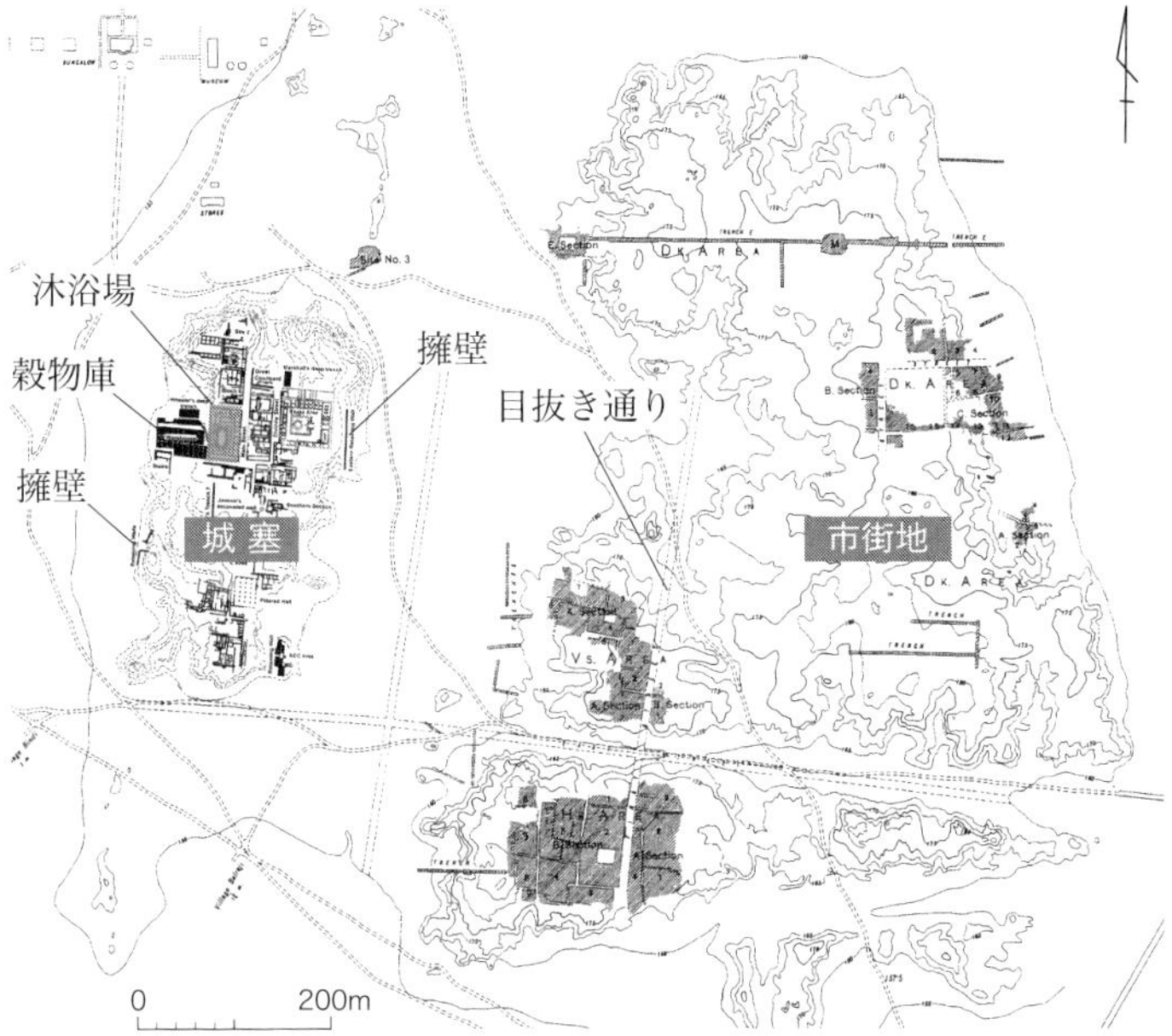

図3－5　モヘンジョダロの都市プラン（Marshall 1931; Possehl 2002より作成）

市街地が位置する（図3－6）。同区画の南側には、さらに小規模の方形の主郭と従郭が並列して隣接し、これらが城塞を形成している。規模や機能の異なる三つの区画（城塞、中層市街地、低層市街地）がそれぞれ周壁で囲われながら並列配置された、いわゆる一体型の都市プランとなっている。

ドーラーヴィーラーには水利施設が多く検出されている。城塞の北門や東門近くの集水溝は、いったんためた雨水を巨大な貯水槽に流す溝だったとされる。城塞内外にも各種貯水槽が設けられ、儀礼も含めた多様な使われ方があったようだ。さらに、城塞北側と中層市街地の間には東西に細長い空き地があり、ここは儀礼用広場あるいは競技場として使われたと発掘者は想像している。

同じく、グジャラート地方で見つかっていたロータル遺跡も一体型の都市プランを示し、大きさは約六ヘクタールとかなり小ぶりである。街の東端には焼成レンガで矩形に囲まれた施設が見つかり、発掘者は造船所もしくは船着き場と推定した。しかし、現在、多くの研究者はこの説を支持しておらず、ドーラーヴィーラーで見つかったような貯水槽であったらしい。[8]

インダス文明の都市は、城塞と市街地の分かれた分離型と、それらが入れ子状になった一体型に大別される。これまでインダスの都市プランについては、モヘンジョダロとハラッパーを中心にした分離型が標準型として捉えられてきた。近年、上述のドーラーヴィーラーやロータルにみられるような一体型の都市プランも別の軸として広く認められてきている。近藤英夫がインダス文明の諸都市の形態を整理しているので紹介してみる。[9]

分離型と一体型には、分布と規模において差が見られる。分離型はインダス川中・下流域と、その南方をかつて流れていた涸河床（ガッガル＝ハークラー中流域）に展開する。一方、一体型はガッガル＝ハークラー上流域と、北西インドのアラビア海沿岸のグジャラート地方に広がる。また、分離型の都市は八〇ヘクタールを超える大規模な都市が主体であるのに対して、一体型の都市は二〇ヘクタールの中規模あるいは五ヘクタールの小規模な面積を示す。

近藤によると、分離型の都市は、インダス文明の故地といえる地域に存在し、一体型はその外側の地域に展開する。城塞と市街地を分離する都市プランの起源地は今のところ不明だが、インダス独自の都市プランが分離型であったことはたしかだという。他方、一体型の都市プランは、インダス川流

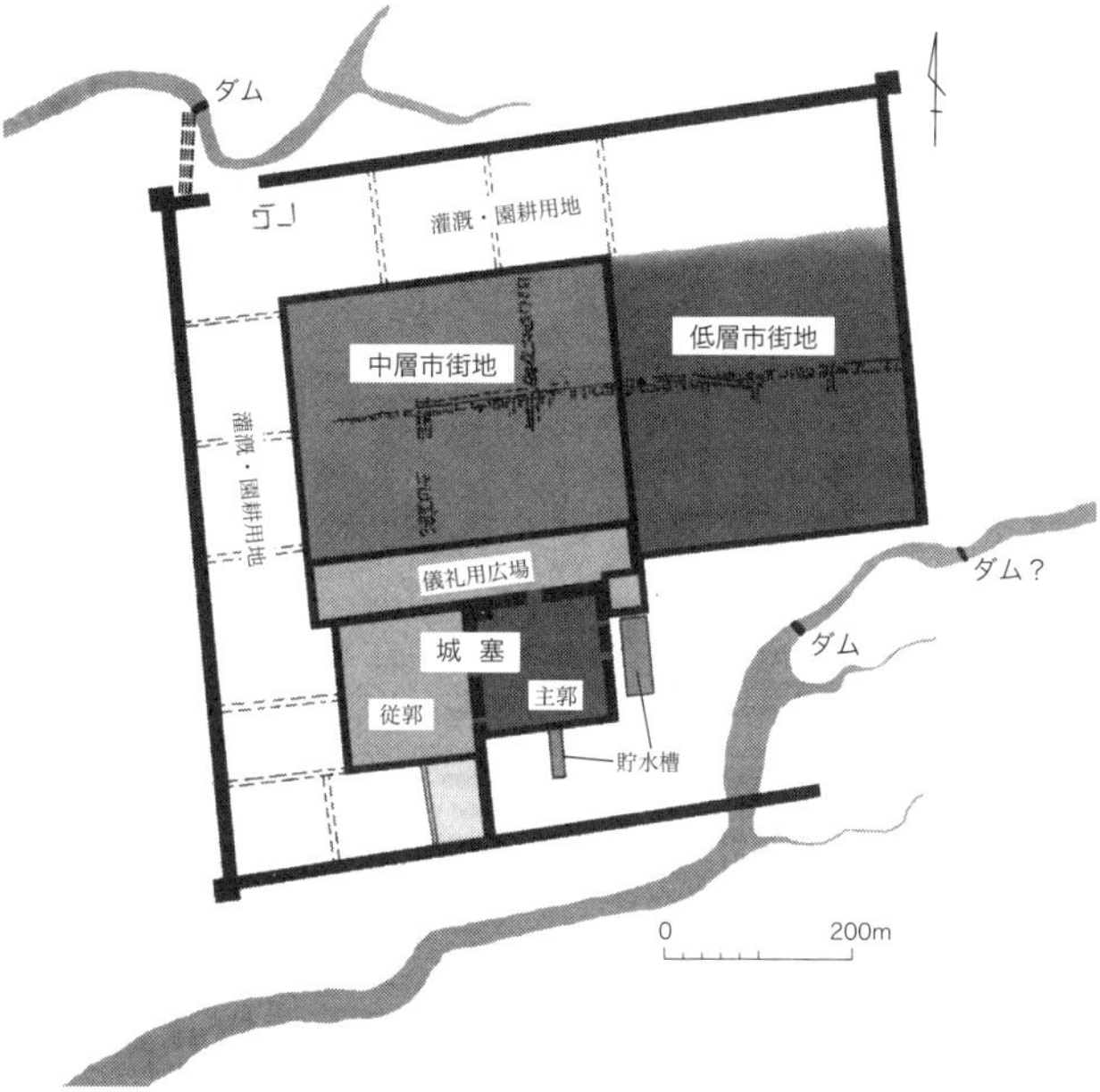

図3－6　ドーラーヴィーラーの都市プラン（Possehl 2002より作成）

域で文明が成立した後に、その版図を拡大する過程でつくられたとしている。

近藤の見解をさらに敷衍《ふえん》してみよう。インダスの一体型の都市プランは、メソポタミアで約五三〇〇年前から出現していた一連の都市プランと比較できる。ウルク後期のハブーバ・カビーラ南、初期王朝時代のアブ・サラビーフ、前期青銅器時代のスウェイハト、ウル第三王朝時代のウルといった西アジアの都市では、いずれも平行四辺形あるいはそれに近いプランを示す。西アジア独特の都市計画性は、オッペンハイムの呼ぶ「城塞都市」の系譜としてウルク期から継承されている。

西アジア特有の都市プランは、前

期青銅器時代に周辺地域へ影響を与えていたかもしれない。もちろん、ドーラーヴィーラーは北東から南西へ傾斜する地形に立地していたり、ロータルの城壁西側の古代河床は北から南へ流れているため城塞部が川下に配置されていて、西アジアの主要な都市と単純に比較することは難しい。だが、インダスにおける一体型都市プランの設計段階で、西アジアで既存の城塞都市が参考にされた可能性は捨て切れない。インダス文明が拡散していく過程で、インダス独自の都市プランの伝統が西アジア風の街づくりの要素を吸収していったかもしれない。

2　居住域と広場、水まわり

計画的な街区

快適な生活空間を構築するためには、計画的な街並みづくりが必須であり、これは現代でも古代でも変わらない。街での暮らしを気持ち良くするためには、場当たり的な配置ではなく、入念に計画された都市プランが不可欠となる。湿気や下水といった水まわり、煙などの悪臭対策を考慮した快適な街づくりを目的にした都市計画はいつの時代にも共通する。都市空間において、住民が快適に暮らすためにいかなる工夫がなされていたのか。西アジアの街並みが復元されている好例として、ウル遺跡を再び取り上げてみる。

シュメール地方（南メソポタミア南部）のユーフラテス川下流域に立地するウルは、集落としての居住利用がウバイド期に遡る。ウルク期には都市的集落として、初期王朝時代までには都市として発展する。約四六〇〇年前に最初の王朝が興り、ウル第三王朝時代にウルはメソポタミア周辺を支配する領域国家の首都として栄える。

イシン・ラルサ～古バビロニア時代（約四〇〇〇年前）、街の南東部に一般市街地が展開する（図3－7）。街並みは細部に至るまで残存状態が良いため、オリエント世界における都市建築の源流の一つとして知られている。五本の街路の交差する広場を中心にして、五一軒の建物から居住区が構成される。街路には、緩く弧を描くもの、直線状のもの、行き止まりなどがある。街路によって細かく区分された街区には、中庭付きの平屋の住居が密集する。こうした居住域では、細胞が増殖するように、建物が相次いで増築されていったと私は考えている。

他方、テメノス（ギリシア語でいうところの聖域）の南西端に隣接する別の地区も、居住域として利用されていた（図3－4）。一般市街地と同様に、この別地区も街路によって区画された街区に中庭付きの住居が密集する。テメノスから遠い一般市街地に比べて、別地区はテメノスの輪郭に強く規制されている。この地区の街並みは、どちらかというと街の軸線に沿った配置になっている。同地区の住居より大量の粘土板文書が出土していて、住人はテメノスの神殿に勤務していた専門職の神官たちであったと発掘者は推測している。[10]

一見すると、一般市街地に現れているように、ウルの街並みはランダムに形成されていったような印象を受ける。しかし、ここで紹介している街区は、目抜き通りなどの主要な街路によって分割された居住域の一区画に過ぎない。一般市街地をパンタグラフ的に拡大したものを、そのままウルの街の全体像と捉えるわけにはいかない。

ウルの街が栄えるよりもはるか前に、西アジアでは都市プランのひな形が出来上がっていた。ハブーバ・カビーラ南やアブ・サラビーフなどの都市の共通点として、まず最初に、城壁の長軸方向に沿って目抜き通りが街の軸線に据えられる。そして、目抜き通りに平行もしくは直交する主要な街路が敷設され、街並みの骨格が構築されていく。つぎに、これらの主要街路を基準にして居住域や生産域などの各区画が設定される。それぞれ生活の動線となる小街路を中心にして、あたかも細胞が増殖していくかのように建物が相次いで築かれていく。

このようにしてウルの一般市街地のような街区が形成されていった。さらに、同地区では、生活の動線となる小街路に小さな祠堂が設置されている。[11] 各祠堂は近すぎず、遠すぎずの配置となり、小区画の目安にもなっている。それぞれの祠堂を単位とする小区画では、近縁の出身集団あるいは同一の職能集団が集住していたのであろう。

西アジアの古代都市は、日本の藤原京、平城京、平安京などの整然と区画割りされた都城とは異なる。西アジアにおいて都市遺跡が発掘される場合、たいていは一部が検出されるに過ぎず、一見すると不定形プランの印象を与えている。しかし、街全体を俯瞰すると、目抜き通りを軸にした街並みが見えてくる。主要な街路によって分割されたさまざまな区画の一つに、自然増殖的な街並みの居住域が埋め込まれているため、後者だけを取り上げるとランダムに見えてしまうのである。

図３－７　ウルの市街地（Woolley and Mallowan 1976より作成）

生産域の計画性

一見ランダムな街区内の建物配置は、居住域だけでなく生産域にも認められる。先述のテペ・ガブリスターンでは、土器工房と冶金工房が街路を挟んで対に配置されている。[12] 集落の縁辺部に、独立した生産域が計画的に設けられて、生産域に各工房が順次増設されていった。また、ハブーバ・カビーラ南では、金属リサイクルも含めた複合的な工房群が設置されていて、土器工房域の建物は街の軸線にそろってはおらず、目抜き通りから大きくカーブした街路に沿っている（図0－3参照）。

ハブーバ・カビーラ南では、街の東側を流れるユーフラテス川に近い場所に土器工房などが立地していて、遺跡の地形をたどると、沿岸から斜路がつけられているように見える（図0－2、3参照）。つまり、金属資源をアナトリア地方から舟を使って取り寄せて、川からもっとも近い工房に荷揚げできる波止場が配置されていたと想像される。

またハブーバ・カビーラ南では、原料の搬入ならびに、それをもとにしてつくられた製品の搬出を考慮した街区の配置になっている。入念に計画された都市プランは後世にも引き継がれて、約四〇〇〇年前のウルの街では、本格的な波止場（北港・西港）が設けられている（図3－4）。さらに、それ以降、ニップル、ニネヴェ、バビロンなどでも、街の外郭に港が設置されている。[13] 古代西アジアの主要都市では、計画的に配置された港でさまざまな物資の搬入・搬出を行っていて、現代の工業都市とくらべても見劣りしないほどの機能を有していた。

したがって、約五三〇〇～四〇〇〇年前における西アジアの主要な都市プランに関して、私はその構築順序を次のように考えている。まず、城壁や目抜き通りといった施設により街の軸線が設定され、つぎに、主要な街路で分割された街区や波止場（港）などが計画的に配置された。そして、各街区に居住域や生産域などが自然増殖的に埋め込まれていった。西アジアの都市プランはいわば重層的な構造をしているのである。

計画的な都市プランにおいて、居住域は生産域から排出される煙や臭いの来ない風上に設置されて、生産域は原料の搬入や製品の搬出に至便な場所に配置された。住民相互が不快な思いをせずに済む、ほどよい距離感が保たれていた。そこでは、ますます増加する「よそ者」により、血縁でつながる協力関係が壊れて、地縁的なつながりの職能集団が台頭していった。都市空間には、出身の異なる「よそ者」や、多様な役割を専業的に担う職能集団を包み込むだけの奥行きが十分にあったのである。

街の広場

古代西アジアでは、街道沿いや河川沿いに立地する都市的集落の中央に広場が設けられて、市を成していた。他方、都市そのものになると、街の入口である城門近くに広場が設置されて、そこでは他所からやってきた商人が都市民と物々交換をしていたと思われる。都市的集落と都市では、市の立つ場所が微妙に異なっていた。

ウルク中期（約五五〇〇年前）、北メソポタミアのガウラ遺跡では、本格的な独立倉庫で保管された商品が倉庫に隣接する広場で物々交換されていた（図2－6参照）。ウルク後期になると、イラン西部のゴディン・テペ遺跡では、集落中央の広場に面した取引所で物々交換が行われていた（図2－8参照)。いずれの都市的集落でも、ほぼ真ん中に市場が設けられている。

北シリアの都市ハブーバ・カビーラ南では、南側の城門内に広さ一〇メートル程度の空間があり、門外も含めて広場として活用されたとみられる(図0-3参照)。門の付近では、「トークン」と呼ばれる土製の計算具(カウンター)が大量に出土している。街には、「カナニアン・ブレイド」と呼ばれる独特の形状のフリント製石器や、扇状スクレイパーがレヴァント地方やアナトリア地方から搬入され、アラバスター製容器が南西イランのフジスタン地方から運ばれてきたとされる。[14]

ハブーバ・カビーラ南では、各地から運ばれてきた物品が、城門付近で物々交換されていた可能性がきわめて高い。こうした広場は、外部からの商人や旅人が出入りする空間であると同時に、居住者と取り引きするにも格好の場となる。ガウラやゴディン・テペといった都市的集落と異なり、都市の段階になると街の入口付近に市が立つ。保安上の問題や、物資の搬出・搬入の効率も考慮して、街の出入口に市が設けられたと考えられる。

初期王朝時代のハファージェ遺跡A丘では、街の中心に楕円形神殿が位置して、神殿は二重の壁で取り囲まれている(図3-1)。周壁内には、神殿の建立していた基壇と広場が検出されて、神の御前である広場でさまざまな儀礼、行事、催し物が行われていたと推察される。

約四〇〇〇年前になると、南メソポタミアのウル遺跡では、前述の一般市街地で五本の街路が交差する場所が広場的な空間として形成されている(図3-7)。広場には、住民が普段の生活において交流する場としてだけでなく、街の外から運び込まれてきたさまざまな商品が取り引きされる市としての機能ももち合わせていたと推測される。

この広場につながる街路沿いに大きな建物が立ち、通りに面して同じような小さい間取りで三つの入口が並ぶ。発掘者によると、大きな建物はキャラバンが宿泊するための「ハーン」もしくは宿屋であり、街路に面した小さな空間は、宿泊するキャラバンが商品を並べて販売するための露店であるとされる。[15] イスラーム都市のアレッポやダマスカスさながらに、古代西アジアの都市でも旅人や商人たちが滞留できる快適な空間が整備されていたらしい。

図3－8　バビロンのジッグラト（Frankfort 1950より）

約二五〇〇年前、南メソポタミアのバビロンの街では、広大な敷地にジッグラト（聖塔）がそびえ立つ（図3－8）。ジッグラトの建つ敷地は、その高さのほぼ二倍の広さを有している。建築学的な見地に立つと、およそ建物高の二倍程度の広さが前景として必要となるという。[16] 人の集まる広場は、ゆとりをもってモニュメントを仰ぎ見る空間としても機能していた。

くわえて、古代西アジアの広場は、戦時において家畜の緊急避難場所としても活用されたらしい。『旧約聖書』の「ヨナ書」には、ニネヴェの街の描写において、「あまたの家畜」と記されているが、実際のニネヴェ遺跡の発掘では、城壁の内側に大きな広場が確認されている。発掘者は、こうした広場は、有事の際にウシの群れを避難させる場所としても使われていたと推定している。[17]

上水と下水

古代西アジアの都市における暮らしでは、いかに安全に飲み水を手に入れるのかが問題であった。現代の都市周辺では、川の水は川上からの生活排水などで不衛生であり、汚染されていることが多い。私の経験では、現代のシリアやトルコの都市周辺で、ユーフラテス川やティグリス川の水をそのまま飲むことは滅多にない（図3－9）。ただ、気温五〇度を超える過酷な発掘現場で、選択の余地がない場合は村人が川から汲んできた水でも飲んでしまう。体力のある間は影響ないが、疲れが溜まってくるころには体調を崩し、肝炎にも感染しやすくなる。シリアでフィールドを始めて十数年後に血液検査をしたところ、A型肝炎の抗体ができているのでワクチン接種は必要ないと告げられた。若いころ、劣悪な環境で調査していたため、気がつかないうちに感染し、いつの間にか治癒していた。

川の水が当てにできない場合、井戸から汲み上げる地下水が注目される。西アジアの歴史時代に、井戸の記録はけっこう記されている。バビロンやカルフ（現代名ニムルド）などの都市では、王たちがわざわざ井戸を掘ったことを大げさに語っていて、古代の都市でも水問題は深刻であったと想像される。[18] また、先史時代の例として、私の発掘したサラット・テペ遺跡でも、ウバイド期の住居址から井戸らしき遺構を検出した（図3－10）。目の前にティグリス川の支流があるにもかかわらず、井戸が掘られていたということは、それだけ上水として井戸水が重視されていたことになる。川の水は灌

悠然と流れるユーフラテス川
（シリア、ディル・エッ・ゾール付近）

水源付近のティグリス川
（トルコ、「ティグリス・トンネル」）

図3－9　ユーフラテス川・ティグリス川

図3-10　サラット・テペの井戸状遺構

漑・家畜用、井戸（雨）水は飲料用と使い分けていたと考えられる。

古代西アジアの人々も、川の水を直接飲むのは不衛生であると経験的に知っていたからこそ、あれだけビールを生産していたとも推察できる。とくにメソポタミア地方では、ビールづくりの記録が楔形文字史料に豊富に残されている。ビールの起源については諸説あるが、確実な証拠が見つかっているのはウルク後期になってからである（次節「ビールとワイン」の項参照）。

上水とあわせて問題になるのが下水である。快適な都市の暮らしで、下水施設は街路とともに重要な骨格をなしている。都市化の嚆矢《こうし》となったメソポタミアの平原地帯では、常に水の恩恵にあずかるだけでなく、水のもたらすさまざまな問題にも向き合ってきた。メソポタミア平原に展開したサマッラ期の集落では早々と排水設備が認められるが、空き地に排水用の土管が埋められた程度にとどまる。都市化の始まったウバイド期でも、一部の集落で排水管は普及していたものの、いずれも計画的に配置された水利施設と呼べる本格的なものではない。

概して、約七〇〇〇年前のウバイド期の集落では、一般住居が建てられた後に、そのすき間をぬうようにして排水溝が掘られている。いずれも場当たり的な配置であり、計画的ではない。ところが、

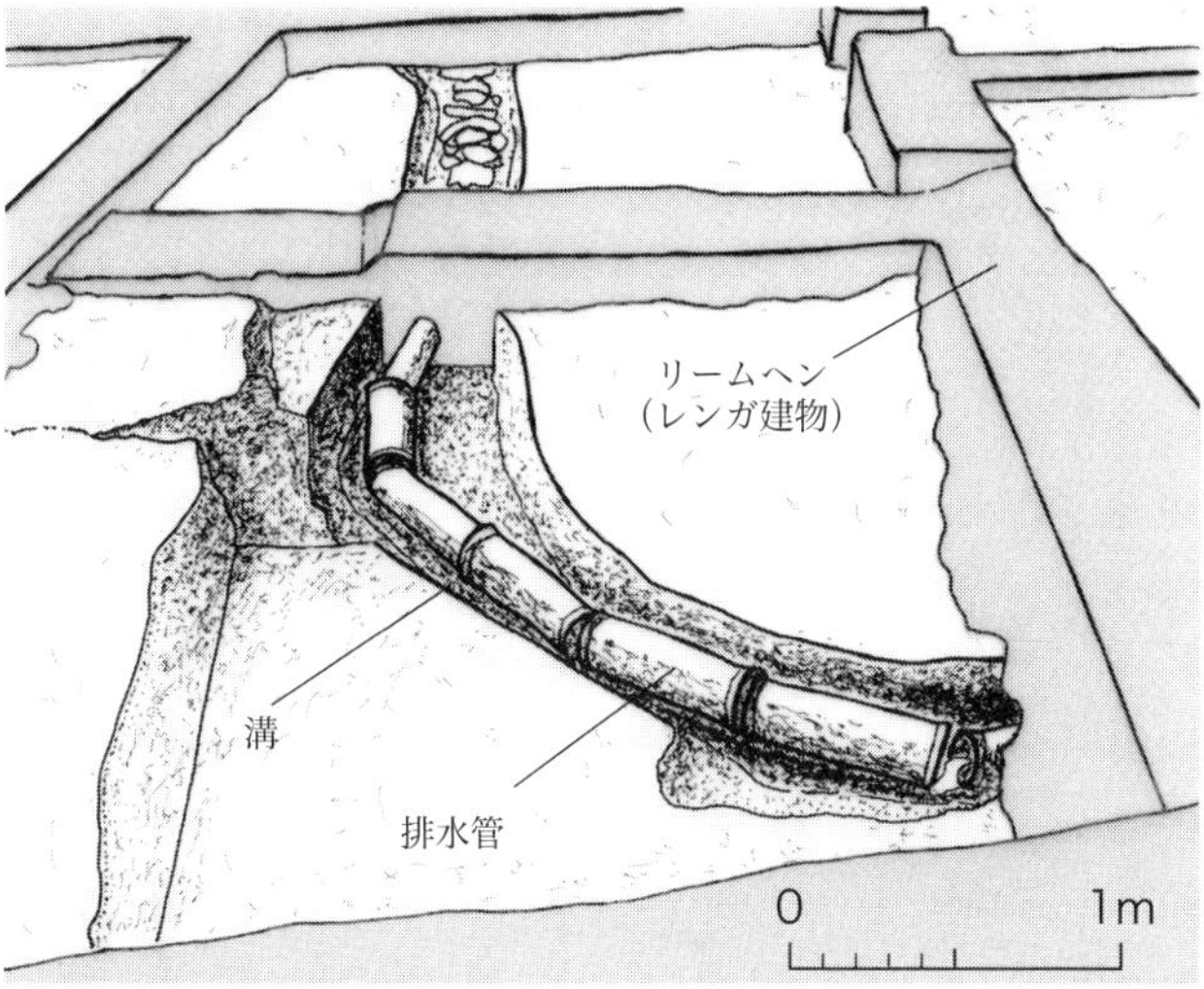

図3-11　ハブーバ・カビーラ南の水利施設（Strommenger 1980より作成）

約六〇〇〇年前のウルク期になると、その景色は少しずつ変化していく。先述のブラク遺跡では、約六〇〇〇年前の集落北端に立地する城壁の壁体間に、同東側の水溜まりへ流れ込む排水溝が認められ、直上は石膏プラスターで厚く覆われる。[19]その後（約五五〇〇年前）、シェイク・ハッサン遺跡では石敷の街路がつくられ、建物の壁沿いに排水溝が設置されている。[20]いずれも場当たり的ではなくなり、徐々に計画的な排水設備となってくる。

ウルク後期（約五三〇〇年前）に、城壁・街路と併せて水まわりの施設も明瞭になってくる。排水設備の計画的な配置はハブーバ・カビーラ南で登場する。まず最初に、街を南北に走る目抜き通りと主な街路が建設され、ほぼ同時に、街全体を覆うようにして排水網が張り巡らされる。地面を掘った溝に土管が埋設され、排水設備が家屋の建つ場所や街路を横切って配置されている（図3－11）。

つまり、ハブーバ・カビーラ南では、主要な通りや排水管が敷設された後に、リームヘン（断面が正方形の細長いレンガ）で規格化された建物がつくられたのである。ウバイド期において建物をつくった後の空き地に土管を付け足した場当たり的な処置とは異なり、ウルク後期の街路や排水設備は周到な計画のもとで建設されている。

図3－12　モヘンジョダロの水利施設（パキスタン、インダス文明の都市遺跡）

ハブーバ・カビーラ南は明らかに計画的につくられた街であり、とくに主要な通りと排水管が最初に設置されている点が重要である。ハブーバ・カビーラ南のモデルであるユーフラテス川下流域のウルク遺跡では、すでに都市計画の青写真が出来上がっていたことになる。五〇〇〇年以上も前に、都市計画に関する知識と技術がすでに成熟していたことはほぼ間違いない。計画的な街路と排水設備の配置は、西アジアの都市化においてもっとも重要な指標の一つになるというのが持論である。[21]

ウルク期に形成された集住空間において、ウバイド期に特有の場当たり的な排水管ではもはや不十分であった。工夫と改良の積み重ねの結果、周到に計画された排水網が敷設されていき、快適な暮らしの基盤が出来上がっていった。集落における生活環境をより良くするためには、冠水や生活排水に悩まされるといった不快な状態からいかに脱却するかが課題であった。さまざまな試行錯誤の結果、ハブーバ・カビーラ南で見られるような計画的な水まわりの設備が考案されていった。

前期青銅器時代までに、南メソポタミアではいくつかの都市が国家的な機能をもつようになる。いわゆるシュメール都市国家の分立段階（約五一〇〇〜四三〇〇年前）では、主要都市間が運河や水路によって結ばれて、都市内部にも水路や街路が設けられる。たとえば、ニップルでは街の中心に水路が引かれて、水路はユーフラテス川に沿って北西から南東方向へ延び、水路には生活排水が流されていたのだろう。

同じころ、インダス文明の都市モヘンジョダロでは、城塞部は計画的に排水施設が配置されている。狭い路地の中央に溝が敷設されたり、レンガで覆いがかけられているところも見られる（図3－12）。インダス川流域の都市では、水まわりを工夫した快適な空間が創設され、とくに生活排水を街の外に排出する仕掛けが考案されていた。

モヘンジョダロでは、飲料水の確保に井戸が多用されていた。市街地の住居の多くには井戸が掘られ、街全体でおよそ七〇〇もの井戸があったと推定されている。[22] 西アジアのメソポタミア地方と南アジアのインダス地方、いずれにおいても計画的な排水施設は下水専用であった。一般的に、古代の水利施設というと、後世のローマ時代の鉛管による上水道を思い浮かべるが、西南アジアにおける古代都市の水利施設は、井戸などによる上水、土管による下水を特徴としている。

3 庭園・酒宴・スポーツ

空中庭園

二〇〇七年、「アラブの春」到来の数年前、私はシリア国内のユーフラテス川流域を歩いて、都市化段階（約七〇〇〇～五〇〇〇年前）の遺跡を予備的に踏査した。南メソポタミアに出現したウバイド文化は、ザグロス山麓に沿って北上して北メソポタミアへ広がり、さらに方向を西に転じてシリア地方へ拡散していったという仮説が学界では支持されている。この北回りのルートだけでなく、かつて指摘されていたこともあるように、南メソポタミアからユーフラテス水系を遡って直接シリア方面へ拡散するルートもあったはずだというのが自説である。

そこで、都市化の足取りをたどるために、シリア国内のユーフラテス川沿いおよび同支流域に立地する都市化段階の遺跡を訪ね歩き、自身の足と目で土器資料をつぶさに観察することにした。これまでウバイド土器が出土しないとされてきた、あるいはそう思い込まれてきた地域を重点的に、未踏地も含めた計二〇ほどの遺跡を踏査した。成果として、これまで存在が不明だったラッカ市以南のユーフラテス川流域でウバイド土器を見つけることができた[23]。

現シリア、ラッカ市の近郊、ユーフラテス川とバリーフ川の合流点にテル・ゼイダーン遺跡がある。その遺跡に落ちていたウバイド土器の胎土（素地の土）に、白い鉱物の粒を顕著に観察することができた。この特徴は、ユーフラテス水系の上流にあるコサック・シャマリ遺跡の土器に共通している。ラッカの下流にある別の遺跡でも同じような胎土をもつ土器を確認できた。つまり、ウバイド文化がユーフラテス水系沿いに拡散したという説がより説得力をもつことになったのである。

　さて、この踏査中、ラッカ市内に住むシリアの知人らに日本で撮った家の写真を見せたところ、意外な反応が返ってきた。彼らは、人間ではなく、背景にある草木や花に興味を示したのである。海に近い実家の庭には、梛《なぎ》、酔芙蓉《すいふよう》、万年青《おもと》などがひしめくように植えられている。初夏のころに撮った写真を見たシリアの友人たちは、庭のうっそうとした草木に驚嘆の声を上げたのだ。

図3−13　シリア、コサック・シャマリ村での一時

　ラッカ市内に滞在中、何日かお世話になった知人宅は、鉄筋コンクリート三階建てで、地下室もある立派な邸宅である。中庭のない造りだったが、広い屋上には鳩小屋があり、日が沈むと通りに面した二階のバルコニーでまったりとチャイ（紅茶）を愉しんだ。バルコニーにはちょっとした灌木が植えられていた。ほかに、シリアのアレッポ市内で滞在したことのある家では、通りと壁を隔ててタイル張りの前庭があり、壁沿いのわずかな植え込みに灌木があった。村の生活においても、緑のある中庭はこの上ない憩いの場となっている（図3−13）。限られた体験ではあるものの、日本にくらべてシリアでは緑がまばら

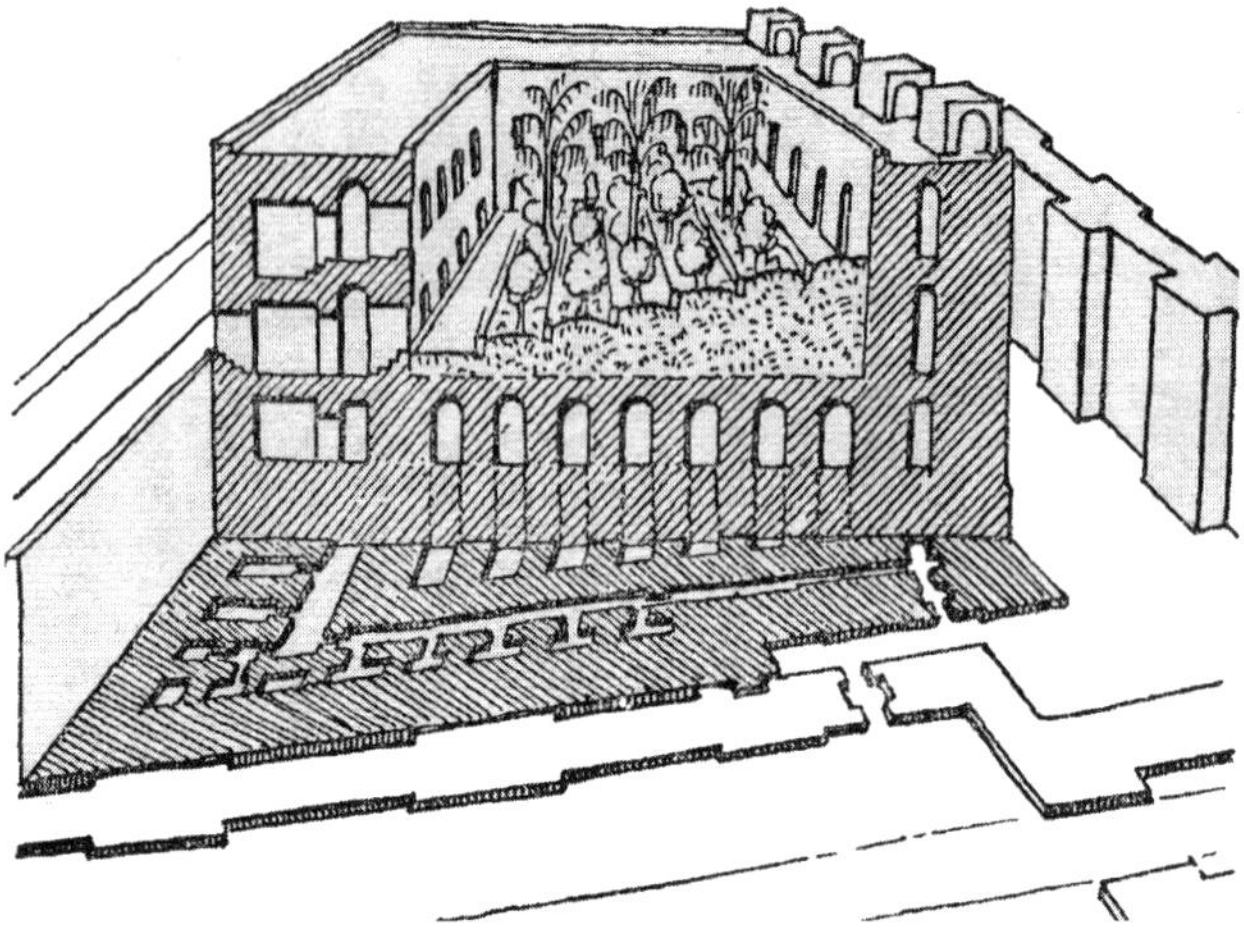

図3-14　バビロンの空中庭園（パロ 1959より）

に生えている印象が強い。

きわめて緑の少ない乾地で暮らすシリアの友人たちは、はるか彼方、日本の庭の草木に目を奪われてしまったのである。西アジアの乾燥帯で暮らす人々にとって、緑のある庭はこの上ない贅沢な眺めに映る。ふだん気のつかない点を指摘されてはっとした。

シリアやトルコでの調査を終えて帰国するといつも感じるのは、日本の緑の多さである。他方、西アジアでふつうに見かける草木の少ない乾いた景観は、現代に限らず古代からつづく乾燥気候の特性といえる。とくに、降水量が少なく、灌漑農耕を余儀なくされている南メソポタミア地方では、さまざまな樹木の生い茂る庭園は権力者だけが所有できる贅沢なオアシスであった。贅沢空間の典型例として、バビロンの空中庭園があげられる（図3－14）。

バビロン遺跡は、ユーフラテス川をまたぐようにしてつくられた都市である。約二五〇〇年前、新バビロニア帝国の首都として栄華を極めた。時の王ネブカドネザル二世に嫁いできたアミティス妃の実家は、緑豊かなメディア地方（イラン北部）であった。乾いた大地を流れるユーフラテスの辺で、妃は不慣れな都の生活に寂しい思いをしていた。そこで王は、妃の心を癒そうと、彼女の故郷の懐かしい風景に似せた庭園を拵《こしら》えたとされる。[24]

ただ、バビロンの空中庭園は実在したかどうかはわかっていない。約四〇〇〇年前のマリ（現代名テル・ハリリ）やウガリト（現代名ラス・シャムラ）では宮殿の中庭に庭園がつくられて、多彩な樹木や灌木が植えられ、鹿のような野生動物が放し飼いになっていたらしい。こうした庭園では、高貴な人々が饗宴やピクニックに興じたり、求愛までしたというくらいだから、かなりの広さがあった。

新アッシリア時代（約二七〇〇年前）の王たちは、名だたる都市に水と樹木をふんだんに駆使した庭を挙《こぞ》ってつくらせている。アッシュル・ナツィルパル二世は、北メソポタミアのカルフに人工的な風景を演出する庭を造園した。また、センナケリブは、ニネヴェにあった自分の庭園に導水するために、わざわざ小川の流路を変えて青銅製の揚水装置で庭園の最上部にまで水を汲み上げている。一説によると、このニネヴェの庭園こそが空中庭園のモデルではないかとされている。[25]

ビールとワイン

古代西アジアにおいても、お酒はささやかな気晴らしの一つであった。心身の疲れを癒してくれる飲酒は、当時から親しまれてきたお手軽な息抜きである。日常からの解放手段として、今と変わらぬ需要に支えられていた。とくに、都市ではビールとワインが飲まれていた。[26]

西アジアの中心に位置するメソポタミア地方は、ビールの原料となるムギ類の植生に有利であり、さまざまな種類のビールが開発されてきた。現在までにわかっているお酒に関する粘土板文書として、ワインよりもビールのほうが目立つ。絵文字的な記号や楔形文字の史料において、ブドウやブドウの木を示す語はあるものの、ビールを示す文字が圧倒的に多い[27]。ワインのつくり方についてはほとんど記録が残っておらず、ビールの女神ニンカシに相当するワインの神様もよくわかっていない。

ただ、ビールそのものは証拠として残りにくいため、遺跡でビールの存在を突き止めるのは難しい。イランのゴディン・テペ遺跡で、物々交換に利用されたと推測される土器の中に、'beer stone' と呼ばれるシュウ酸カルシウムから構成された残り滓が検出された。もともとゴディン・テペは、ワイン関連の遺跡として注目されていたが、容積五〇リットルほどの壺の中から偶然ビールの証拠が発見された[28]。今のところ、約五三〇〇年前のビール残滓が、直接的な証拠としてはもっとも古い。

都市国家の分立段階になると、南メソポタミアのラガシュ遺跡では、約四六〇〇年前の都市神を祀った聖域にビール工房が設けられ、メソポタミア最古級のビール醸造所であると推定されている[29]。メソポタミアの神殿には、たいてい厨房が付設されている。神は人と同じように食事をとると信じられていたため、神々の身の回りをお世話する神官たちが必要となる。神の召し上がる食事を毎度準備するために、調理場がもれなく神殿に併設されている。美味しい酒と食事を神々に堪能していただいた後、そのお下がりは神官たちだけでなく、下々にまでおすそ分けされる。美酒や馳走にありつけるという噂をききつけて、よそから人々が都市に殺到したにちがいない。都市で振る舞う美味い酒や食は、多くの「よそ者」を惹きつけて、ますます集住の度合いが強まることになる。

シュメール地方周辺の都市国家では、支配者たちが儀式や宴会でビールを飲んでいた場面が描写されている。ビールはシュメール語で「カシュ」と呼ばれ、その絵文字的な記号「kaš」はビールの入った壺の輪郭に由来している。シュメール語の記号「kaš-de$_2$-a 祝宴／婚礼の献上物」は、「kaš ビール」と「de$_2$ 注ぐ」から成り、祝宴や婚礼でビールが振る舞われていた様子がうかがえる。「kaš ビール」という絵文字的な記号の由来は「ka 口」と「aš$_2$ 欲する」であるという意見があり[30]、古代メソポタミアの人々がいかにビール好きであったのかがわかる。

ビールとならび、人気のあったのがワインである。一昔前まで、ワインよりもビールのほうが何となく古そうだとされてきた。だが、近年の研究成果によりその見方が逆転して、ワインのほうが数千年も古い歴史をもっていたことがわかってきている。イランの遺跡では、約七四〇〇年前の壺から酒石酸などのワインの存在を示す手がかりが見つかっている。さらに、ジョージア（グルジア）の遺跡では、栽培ブドウの種子だけでなく、ワインの存在を示唆する証拠が壺の破片から確認されている。約八〇〇〇年前に、西アジア北端の地でワインが生産されていたことはほぼ確かなようだ[31]。

都市化の本格化するウルク期になると、ゴディン・テペの市場などでワインをはじめとした奢侈品が取り引きされてくる。最古級の都市が誕生するころには、ワインが銅やラピスラズリをはじめとした各種資源とともにメソポタミアを中心に流通するようになる。ワインなどの嗜好品や遠隔地の貴重な資源が出回るころには、すでに交易ネットワークが出来上がっていた（次章参照）。

西アジアで根づいたワインづくりの伝統は、ウルク中期ごろ（約五五〇〇年前）までに整備された組織的な物流網に乗って、さまざまなモノ、人、情報とともに行き交うようになる。このころ、ブドウ栽培種がその栽培技術とともに各地に広まっていく。もともとナイル川流域には野生ブドウが自生していなかったため、約五〇〇〇年前にシリア・パレスティナ方面からエジプトへブドウ栽培とワインづくりがもたらされた。

シュメール都市国家では、ワインも儀式や宴会で定番のお酒だった。ワインはシュメール語で「ゲシュティン」と呼ばれ、その記号「ĝeštin」は長方形と矢印状の記号から構成されている。長方形は「木」、矢印は「ブドウの房」をそれぞれ示していて、両者の記号が組み合わさって「ブドウの木」となり、ワインそのものを示す絵文字的な記号としても使われた[32]。矢印状の記号「GEŠTIN」と「器 sila$_3$」が組み合わさった別の記号「GEŠTIN.SILA」には、「飲み会」という意味もあった[33]。

また、ゲシュティンの記号は、「ĝeš 木」と「tin 命」から構成されていて、「tin」には「活力」「健康」「治療する」といった意味があったという意見もある[34]。古代西アジアにおいて、ワインが人々の生きる力になった様子が伝わってくる。さらに、「ĝeštin-KA ビネガー」は、悪夢を祓うための儀式で用いられていた。古代西アジアでは、悪魔に取り憑かれて疾病するという考え方があって、医者の仕事はある意味で祈禱や厄払いといった呪術的な要素も大きかった[35]。たぶん実際の治療場面において、お酢の効能が経験的に知られていたと推考される。

神話とスポーツ

古代西アジアは多神教の世界であり、数多の神々が神話のモチーフとなっている。なかでも屈指の神話として『ギルガメシュ叙事詩』があげられる。シュメール都市国家の分立段階に、話し言葉が文字化されていく。そのころ、『叙事詩』をはじめとした数々のメソポタミア神話がシュメール語、のちにアッカド語で粘土板に記されることとなった。

シュメール王名表によると、ギルガメシュは伝説の大洪水後、ウルク第一王朝の第五代目の王とされ、治世は一二七年間とされる。実在した王か否かは議論がつづいているが、シュメール都市国家の伝説的な英雄として讃えられている。月本昭男が古バビロニア版『ギルガメシュ叙事詩』をわかりやすく訳しているので一部紹介しておく。

> 横暴なウルクの君主ギルガメシュを諌めるために、その対抗者として造られた野人エンキドゥは、聖娼に伴われて荒野からウルクに赴き、ギルガメシュに格闘を挑む。「国の広場で」繰り広げられる両者の格闘の激しさは、「敷居が震え、壁が揺れた」とまで表現されているが、雌雄の決着はつかなかった。憔悴した二人は互いを認め合う。そして、両者の間に深い「友情」が芽生えるのである。[36]

月本の訳にある「国の広場」とは、神殿の前庭や宮殿の中庭、あるいはいずれかに隣接した広場であったと推定される。ギルガメシュとエンキドゥは格闘の末、二人の間に友情が芽生えるという青春ドラマさながらの物語が『叙事詩』で展開していく。多くの研究者は、『叙事詩』に登場する二人の取っ組み合いをレスリング競技のルーツとみている。古代西アジアにおける最古級のスポーツがレスリングであり、ギルガメシュとエンキドゥの格闘場面こそ典型であるという。

約五〇〇〇年前以降、西アジアでは、都市国家の主要都市の文書庫などで出土する粘土板文書には、スポーツの場面が祭祀儀礼の一コマとして記述されていった。そして、円筒印章の意匠をはじめとした各種図像資料から、公衆の面前で行われた肉体的なパフォーマンスとして格闘技の存在を読み取ることができる。

円筒印章の研究を先導してきたD・コロンは、約五〇〇〇年前の円筒印章の意匠に、レスリングらしき格闘技の場面があると指摘している。[37] 現況においては、もっとも古い時代の資料としては、初期王朝時代のファラ遺跡で出土した円筒印章に、一対一で格闘しているレスラーの姿が描かれている。両者は互いの頭をぶつけながら、今でいうグレコローマンスタイルで組み合っている。アッカド王朝時代（約四三〇〇年前）の円筒印章にも、裸体の人物が取っ組み合いをしている姿が描かれている。[38] こちらはコブラツイストのように手足を相手に絡めている。

古代西アジアのレスリングは、裸の男性が腰にベルトや褌《ふんどし》のような布をつけて一対一で競い、互いのそれをつかんだりして、どちらかの体が地面につけば勝負ありとされた。約三八〇〇年前のマリ遺跡で見つかった「マリ文書」には、レスラー用のベルトを製作する専門工房が宮殿にあったと記録されている。[39] マリでは、宮殿の中庭あるいは神殿の前庭などでレスリングが演じられていたと思われる。

裸体で格闘するレスリングは、主要都市の神殿の前庭や宮殿の中庭などで神聖な儀式として行われ、主要都市以外では見物できなかったと想像される。さらに、裸体で闘技をするのは人だけではなかった。メソポタミア神話の中で、数少ない裸で描かれる神として「ラフム神」がいる。

ラフムは、もともとエンキ神（水の神、知恵の神）、のちにマルドゥク神（農耕の神）に関連する慈悲深い守護神であり、長髪、顎髭、裸体を特徴とする。だいぶ後世の資料となるが、新バビロニア時代の円筒印章には、ライオンを勇ましく持ち上げたラフム神が描かれていて、先行時代からの伝統であるレスリングの格闘場面を彷彿とさせる。[40] ラフムは、太い帯布を紐のようなベルトで巻き、キルト風の短いスカートを履いて、レスラーの恰好をしていた。

現イラク、バグダッドのイラク国立博物館には、さまざまなレリーフが収蔵されていたが、二〇〇三年三月に起きたイラク戦争により、残念ながら多くが略奪されてしまった。[41] 盗難文化財は一万五〇〇〇点を超え、そのうち三分の一程度しか返還されていない。[42] 混乱に乗じて、イラク国内の多くの遺跡も盗掘の被害に遭い、かなりの数の遺物が持ち去られてしまった。盗まれた収蔵品は、テレビなどのメディアを通した呼びかけに応じて、少しずつ返還されていった。国境で盗難品が奪還されたり、あるいはモスクを通して返還されて、博物館に回収されたという。

イラク国立博物館から盗まれてしまった収蔵品の一つに、中部メソポタミアのハファージェ遺跡で出土したレリーフがある。この初期王朝時代II期（約四七〇〇年前）の石灰岩製レリーフには、レスリングらしき格闘技が表現され、一対一の格闘場面が三組描写されている。発掘者のH・フランクフォートによると、一組のレスラー同士の格闘が時間的に順を追って三場面に分けられているか、もしくはレスリングの二場面とボクシングの一場面が示されているという。[43]

図3-15　ハファージェのレスリング格闘場面（Frankfort 1943より）

確実に、ボクシングの場面とされるレリーフは、ハファージェからディヤラ川を少し遡上したエシュヌンナ（現代名テル・アスマル）で出土している。[44] 約四〇〇〇年前の石板レリーフには、顎髭を生やした二人のボクサーが拳をクリンチしている姿が描かれている。ボクサーは裸ではなく、チュニック風の衣装をまとっている点がレスラーと異なる。レスリングにくらべてボクシングは、西アジアでは馴染みが薄く、どちらかというとギリシアを中心とした地中海世界のスポーツであった。

ハファージェでは、初期王朝時代II期のニントゥ神殿からたいへん興味深い銅製彫像が出土している（図3－15）。頭上に甕を抱く二体のレスラーは、ベルトもしくは褌のような腰布をつけて、互いのそれをつかみながら格闘している。[45] まわしを締めた相撲取りの取り組み場面に似ている。こうした特殊な遺物が神殿から見つかるということから、古代西アジアにおいてレスリングは大衆スポーツとして普及していたのではなく、都市国家の神事として奉納試合が行われていたのだろう。ベルトや褌のような腰布をつかんで相手を倒すルールは、ギルガメシュとエンキドゥの格闘場面に通じる。[46] どちらかが地面に倒されて、「敷居が震え」たり、「壁が揺れた」のである。

第四章 人と人をつなぐ——「都市化」の拡散

アルスランテペ遺跡の公共建築物群（右手奥が神殿）
ⓒ The archive of the Italian Archaeological Expedition in Eastern Anatolia (MAIAO), Sapienza University of Rome

都市で暮らす非食糧生産者は、何らかの形で扶養されている。都市あるいは都市周辺の小集落に生活する農民が余剰食糧を都市に納める。いったん都市の支配者層に納められた余剰食糧は、都市に暮らす他の非食糧生産者に再分配されていく。チャイルドの「都市革命」論以降、農民の生産した余剰食糧が都市の非食糧生産者を扶養する構図は、都市を支える経済的骨格として理解されてきた。

たしかに、この構図においては、都市の支配者層がその他の住民を支配して、都市は周辺の小集落を従えているかのように見える。だが、その実、大勢の住民や周辺の小集落なくして都市の存続はありえない。都市の維持には、都市内部の被支配者層をいかにして上手く取り込むのか、近隣周辺の一般集落とのつながりをいかに強固にしておくのかといった点が肝要となる。

支配者層と住民、都市と集落といった関係と同様に、地域間のつながりも重要であり、時間をかけて構築されていった。西アジアでは、すでに約七〇〇〇年前のウバイド期に、神殿で執り行われる祭祀儀礼が人々の生活を精神的に支えただけでなく、人々をつなぐ絆としても大きな役割を果たしていた。都市誕生以前、こうした祭祀統合社会において、神殿を軸にする祭祀儀礼が各地域に浸透していたため、都市化の拡散していきやすい土壌があらかじめ整っていたのである。

本格的な都市化が進行してくると、人々を惹き付ける特定の集落を軸にして、祭祀儀礼とは異なるつながりが展開していく。魅力ある集落を中心とする約六〇〇〇年前のウルク期の社会では、どのように人と人の絆が変化していったのか。本章では、再び西アジアの都市化に話題を戻して、ウバイド〜ウルク期に都市的集落（都市的な性格をもつ集落）から都市へと向かう過程、さらにはその先の都市国家へ進む途上で、人々の間の意思疎通がどのように変質していったのかを探ってみる。

1　「目」と「ヘビ」のネットワーク

目のシンボル

「目」には不思議な力がある。現代の街中でみかける歌舞伎役者風の「目」のポスターは、何となく「誰かに見られている」気にさせ、公共ルールの順守に一役買っている。古代においても、「目」のもつ力が注目されていた。

都市形成期の前半、これまで見てきたように湿気対策用の溝や土管といった水まわりの施設には、快適さへのこだわりが看取される。こうした物質的な問題解決とあわせて、精神的な快適さ、すなわち「心の拠り所」が神殿に求められていた。神殿を軸とする祭祀儀礼において、特定のシンボルが人々をつなぐ効果をもっていたようで、「目の文様」が一部の地域で流行っていた。

図4－1　ウバイド期の「目の文様」（Koizumi 1991; Oates 1987ほかより）

ウバイド期、北シリアをはじめとして、南東アナトリアや北メソポタミアにかけて、土器外面の彩文意匠の一つとして「目の文様」が分布していた。鉢や壺などに円文や同心円文が描かれ、各種円文は、器面に塗り残した無文帯で意匠を表現する「ネガティブ彩文」となっている（図4－1）。一部では、ネガティブではない「目＋まつ毛」文様も見られる。

ウルク期になると、「目」の意匠が土器以外の媒体に表現されていく。北シリアのブラク遺跡では、ウルク後期（約五三〇〇年前）の「目の神殿」から数千体もの「目の偶像」が出土している（図4－2）。偶像は、石灰岩やアラバスターなどの石製で、祭儀に伴い奉納されたと推測されている。[1]目の部分は貫通していないものが主流で、レリーフや彩色が施されたり、象嵌《ぞうがん》されている。北シリアのシェイク・ハッサン遺跡からは、ウルク中期後半（約五五〇〇年前）の小神殿から類似した偶像が出土している。状況証拠にもとづくと、これら目の偶像が祭祀儀礼に用いられていたことは明らかであり、先行するウバイド期に頻出していた「目の文様」も、何らかの祭祀儀礼に関連するシンボルとして類推できる。[2]

図4－2　ウルク期の「目の偶像」（Black and Green 1992より作成）

ウバイド期の目の文様は、北メソポタミア、南東アナトリア、北シリアといった北方の地域に限定され、南方のシュメール地方などではほとんど見つかっていない。「目」を共通のシンボルとする祭祀儀礼が北方地域に広がり、人と人をつなぐ統合的な求心力の役割を果たしていたと考えられる。広範に展開するウバイド文化が相互に近似していたのは、このような祭祀ネットワークを介した人と人の絆があったからにちがいない。

やがてウルク期までに、「目の文様」は「目の偶像」という姿に具現化され、視覚的な効果を発揮して人々のつながりに大きく影響した。目の偶像は、「誰かに見られている」的な感覚

図４－３　「ウルクの大杯」に描かれたイナンナ女神（Black and Green 1992より）

を引き起こしたり、現代の西アジア・エジプトに広く認められる「邪視除《よ》け」的な効果をもたらしたことであろう。

祭祀儀礼に関連するシンボルは、神の象徴化とも密接に絡んでいた。ウルク後期に、イナンナ女神を表徴する一連のシンボルが登場する。イナンナは愛・豊饒・戦いの神であると同時に、ウルクの街の守護神でもあった。メソポタミアでは、神の姿が直接的に造形されるよりも、アトリビュート（象徴的に特定の神を表す表徴）が際立つ。イナンナのアトリビュートは、神殿入口に立つ一対の門柱と吹き流しで表現される。直接、イナンナの姿を描かなくても、門柱と吹き流しのシンボルだけで女神の存在を示せる合理的な表現方法である。

ウルク遺跡のエアンナ地区では、神殿内の宝物庫からアラバスター製「ウルクの大杯」が発見された。大杯は第Ⅲ層（ジェムデット・ナスル期）で出土したが、本来は第Ⅳ層（ウルク後期）に帰属する。

外面レリーフには、イナンナ女神へ供物を奉納する場面が描かれている（図4－3）。女神の背後には、女神のアトリビュートとして吹き流しの付いた一対の門柱が立っている。

宝物庫からは、石製注口容器も共伴出土していて、胴部にロゼッタ花紋や目玉が貝などで象嵌されている（図4－4）。また、この街で出土したウルク後期の円筒印章の意匠には、「大杯」に描かれたのと同じ供物奉納場面とあわせて、門柱以外にロゼッタ花紋も散見される。さらに、南メソポタミア北部のアッカド地方にあるアグラブ遺跡（ジェムデット・ナスル期）では、神殿の門柱とともに目玉の表現された石灰岩製の円筒印章が見つかっている。[3]

図4－4　石製注口容器。高さ15cm（Oates and Oates 1976より）

これらの証拠にもとづくと、イナンナ女神のアトリビュートには門柱と吹き流しだけでなく、ロゼッタ花紋や目玉もあったことが見えてくる。これらのアトリビュートはウルク後期ごろから南メソポタミア周辺に普及していた。とくに、目玉はウバイド期の「目の文様」を想起させることから、イナンナ女神は北シリアなどの北方地域と関連していて、そのアトリビュートや神話形成の遡源として北方の目のシンボルが有力な手掛かりになると私は推理している。

「イナンナ」はシュメール語の読みであり、アッカド語では「イシュタル」と呼ばれる。イシュタル女神に関して、新バビロニア時代（約二五〇〇年前）の首都バビロンが注目される。バビロンの語源は「バーブ・イル（神の門）」あるいは「バーブ・イラーニ（神々の門）」であり、神々の名前が付けられた九つの城門のうち北門が「イシュタル門」となっている（図0－7参照）。バビロンは、アッカド地方のユーフラテス川下流域にあり、北の方角を意識してイシュタル門が設けられている。「神々の門」の配置を見ても、イシュタル（イナンナ）女神の故郷は北方にあったのだろう。

神殿の建築様式でも、イナンナ女神の祀られるウルク遺跡の神殿と似たプランが、ユーフラテス川水系の各地で確認されている。シュメール地方のウルクと同様に、北シリアのハブーバ・カビーラ南の神殿も、長辺側に入口のある平入りの参拝口と、折れ曲がった動線の進入路をもつ。南東アナトリアのアルスランテペ遺跡では、ウルク後期の公共的な施設群が見つかっている（本章扉参照）。その一つである神殿は、ウルクやハブーバ・カビーラ南といった街で確認されている神殿と同様に、平入りの参拝口と曲折動線の進入路となっている。[4]

アルスランテペの公共建築物では、外壁に神的な存在をイメージさせる像が描かれている。同遺跡を見学した際、その鮮やかな色彩で表現された幾何学文様に思わず息をのんだ。北シリアのブラク遺跡で大量に出土した「目の偶像」にそっくりな文様が壁一面に埋められているのだ（図4－5）。ブラクの立地するハブール川はユーフラテス川水系の一支流である。しかも、アルスランテペの神殿外壁に装飾されたものとほぼ同じ幾何学文様は、ウルク遺跡の神殿そのものにも認められる（図4－6）。

図4-5　アルスランテペの神殿壁画（トルコ・マラティヤ博物館にて復元展示）

図4-6　ウルクの神殿壁画（Curt-Engelhorn-Stiftung et al. 2013より）

つまり、神殿の建築様式や目の文様などから成る同質の祭祀儀礼が、ウルク期にユーフラテス川水系を軸にして、南メソポタミアから北シリア、南東アナトリアへと広がっている。「目」にこだわる祭祀儀礼のネットワークが人々を結び付けていたのである。ユーフラテス川水系を軸とする祭祀ネットワークを通して、目のシンボルがイナンナ（イシュタル）女神のアトリビュートへと昇華していったのであろう。「目の偶像」とイナンナの関係は今後も検証しなければならないが、「女神に見られている（護られている）」という感覚が人々をつなぐ上で効果的だったと考えられる。

ヘビのシンボル

ヘビは、古来より数々の神話的伝承に登場してきた。「創世記」で、イブをそそのかして「善悪の知識の木の実」を食べさせ、『ギルガメシュ叙事詩』で、ギルガメシュが苦労して手に入れた「若返りの草」をぜんぶ平らげてしまったのがヘビである（おかげでヘビは脱皮をする）。

古代西アジアの都市形成期に、北方地域で「目の文様」や「目の偶像」が流行っていたのに対して、南メソポタミアのユーフラテス川下流域や南西イランのスシアナ平原域では、「ヘビの文様」が普及していた。

エリドゥ遺跡の神殿（ウバイド4期）には、供物台より中空のヘビ形土製品が見つかり、ヘビを祀る儀式がウバイド期より確立されていたとされている（図4－7）。直後の神殿（ウバイド終末期）からは、ヘビ形レリーフの内面三ヵ所に施された浅鉢が出土している。ヘビ形レリーフの装飾された土器は、ユーフラテス川上流域の遺跡などで見つかっている、初期王朝時代（約四九〇〇～四三〇〇年

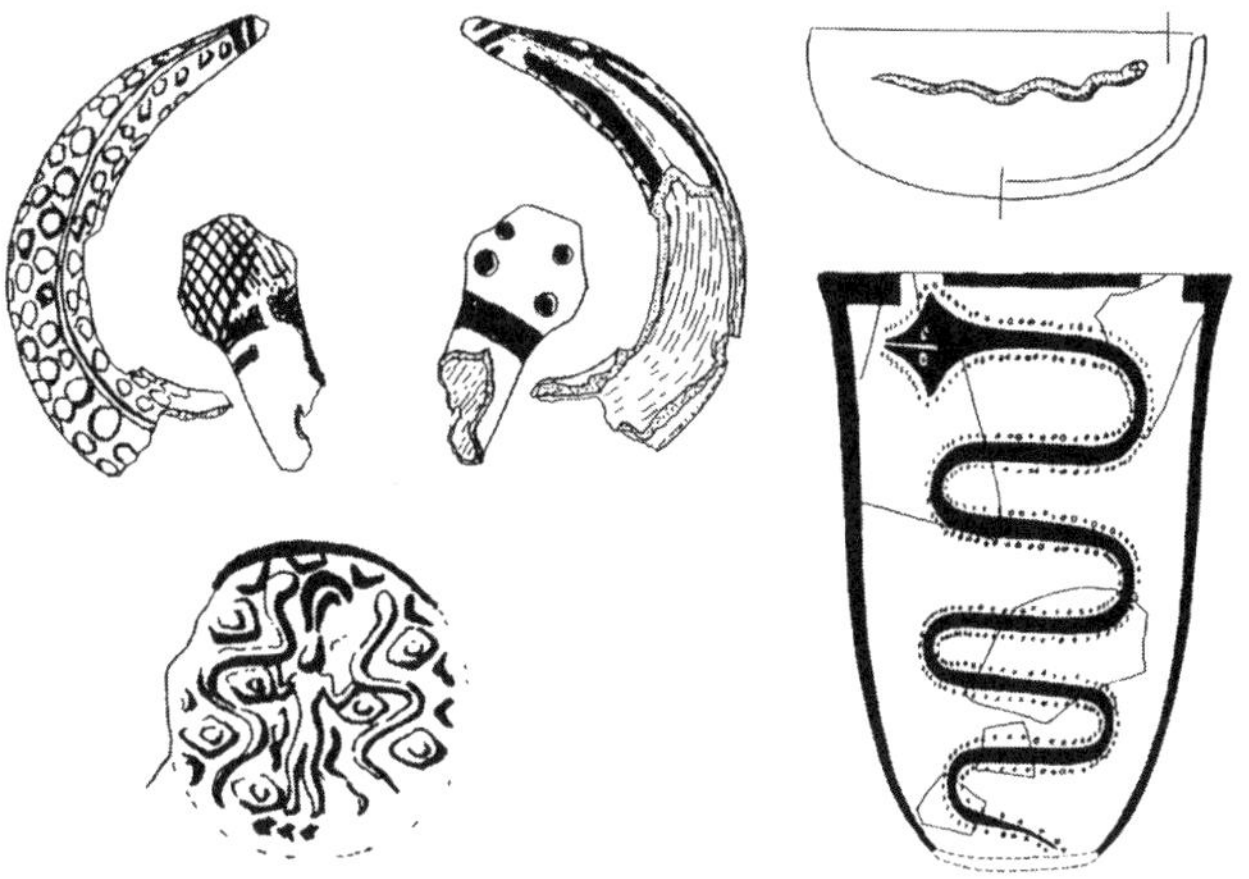

図４−７　ウバイド期の「ヘビの文様」(Hole 1984; Alizadeh 1996より)

前）の「ヘビ壺」（snake jar）へ系譜的につながるとされる。[5]

スーサなどの南西イランでは、ヘビ文様の彩色されたビーカー土器が見つかっている。いずれのヘビ文様も、スペード（鋤）形の頭部など酷似する（図４−７）。ビーカー器形とヘビ文様の組み合わせはスシアナ平原域に特有の傾向であり、エリドゥのヘビ形土製品やヘビ形レリーフ装飾土器に通ずる。スーサで出土したウバイド終末期のスタンプ印章の印影（判子の捺された粘土）には、ヤギの角冠を付けた人物がヘビを両手につかむ意匠もある。[6]

スーサなどで見つかったヘビの意匠は、エリドゥと同様の祭祀儀礼がスシアナ平原に普及していたことを示していて、ヘビをシンボルとした祭祀ネットワークがユーフラテス川下流域とスシアナ平原域に展開していたと想定できる。北方では目のシンボル、南方ではヘビのシンボルをそれぞれ媒介として、祭祀儀礼により人々が緩やかにつながっていたとみられる。この段階では、まだ本格的な物流や管理支配の構図は見えてこない。

南方で流行っていたヘビのシンボルは、北方でも確認されている。北シリアのコサック・シャマリ遺跡では、土器内面にヘビ形土製品の装飾された半球状鉢が出土している。同遺跡で出土したウバイド土器の多くには、北シリアから北メソポタミアにかけての他流域（バリーフ川、ハブール川、ティグリス川など）で見られない「高台《こうだい》」が底に装着されている。高台はウバイド期の古い段階から、南メソポタミアのエリドゥ遺跡などで頻出する特徴的な底の形態である。

ヘビ形土製品は、高台という土器の形態属性と併せて南方のウバイド文化に特徴的な要素であり、ユーフラテス川水系を軸として南北のウバイド文化が密接につながっていた様子を示唆している。もともと、南方で流行っていたヘビのシンボルが北方で飛び地的に認められるのは、祭祀儀礼を担う祭司自身が出張ってきたからであろう。

やがて、南メソポタミアでは、ウルク期になるとヘビの文様は彩文土器の意匠として表現されなくなる。相変わらず、ヘビ文や、スペード文との組み合わせが主流をなしていたものの、土器に代わって判子のモチーフとして目立ってくる。スーサで出土したウルク期のスタンプ印章の印影では、ヤギの頭飾りを付け、首から円盤をぶら下げた人物像が両手にヘビをつかんでいる（図2－4参照）。

こうしたヘビをつかむ人物像そのものが、後世のマルドゥク神の神話を形成するルーツになったという見解が多くの研究者に支持されている。[7] マルドゥクは、初期王朝時代以降に農耕神として崇拝されていたようで、ウル第三王朝時代にはバビロンの守護神として祀られるようになる。新バビロニア時代までに定着したマルドゥク神のアトリビュートは、畑を耕す鋤（スペード）であり、随神として龍とヘビの合成獣「ムシュフシュ」が足元にはべる図柄が目立つ。

スーサでは、ウバイド終末期の祭司の墓に副葬された土器に、鋤を手に握る人物像や、鋤そのものが祭壇に屹立《きつりつ》するモチーフが描かれた。これらの鋤の意匠は、ウルク期のスタンプ印章のそれときわめて似ている。一連のヘビや鋤に関連した意匠は、祭祀儀礼の場面を描写していたと考えられる。つまり、「ヘビ」と「鋤」は、都市化の過程で神話的伝承と絡みながら、農耕神マルドゥクの表現形態をつくりあげていったのである。

時間の経過とともに、シンボル的な意匠の表現されている媒体が変わっていった点も注目される。ヘビという共通の祭祀儀礼の伝統にありながら、ウバイド期からウルク期にかけてシンボル的な意匠を表現する場が土器から判子へ推移している。ヘビを表現する媒体として、日常生活で使われる容器から、物品の所有権を示す判子が好まれてくる。つまり、ウバイド期とウルク期で価値観が違ってきていて、都市化の本格化してくるウルク期の社会では、物品の流通や管理に関心が高まってきたのである。

西アジアの都市形成期、シュメール地方の周辺でヘビを素手でつかむモチーフが生まれたのは、都市誕生を捉えるうえで象徴的である。ヘビは、退治あるいは支配するべき対象として描かれていた。あちこちに出没するヘビを退治するという構図は、厳しい自然を制して都市をつくる行為を連想させる。人間にとって邪悪なヘビを押さえつける（支配する）モチーフが、やがて神々の頂点に立つことになるマルドゥク神のモチーフにつながっていく神話的な展開にも納得がいく。

2 資源の物流網

銅から錫へ

人と人がつながると、さまざまなモノも動く。西アジアの中心にあるメソポタミアは土と川から成る平原地帯であり、ビチュメン（天然のアスファルト）以外にほとんど資源がない。なにもなかったゆえに、西アジアの人々は遠隔地の多様な資源を渇望した。とくに金属資源への執着が強く、冶金の開発が著しい。

新石器時代（約九〇〇〇〜八〇〇〇年前）、銅や鉛が製錬されはじめる。[8] 北メソポタミアのテル・マグザリーヤ遺跡では製錬された銅製の錐、中央アナトリアのチャタル・ホユック遺跡からは製錬鉛製のビーズ、北メソポタミアのヤリム・テペ遺跡では製錬鉛製のブレスレットが出土している。どちらかというと銅は物を加工する道具として、鉛は身を飾るアクセサリーとして利用されていった。

自然銅の利用は、先土器新石器時代に始まるが、明確な製錬による銅生産はいわゆる銅石器時代になってからである。この時代は、技術史的な時代区分において石と銅を道具として用いた時代であり、なかごろのウバイド期（約七〇〇〇年前）に銅製品や銅工房があちこちで登場して、銅製錬が本格化する。土器の初現期が約九〇〇〇年前に遡るという近年の研究成果に照らし合わせると、[9] 粗製土器の登場した段階の金属製錬はよくわかっていない。たしかに、土器の焼成技術と冶金の開発が関連していたかどうかは、専門家の意見が分かれるところである。しかし私は、土器を焼き上げるときの火力の維持や調節といった経験的な焼成技術が、銅などの冶金にも応用されていき、互いに影響し合いながらそれぞれの工芸技術が相補的に進展していったと考えている。

両者に共通するのが焼成温度である。銅製錬には八〇〇度程度の温度が必要であり[10]、相応の火力を出す技術が求められる。一方、ヘマタイトなどの鉱物を顔料として彩文を土器の表面に定着させるためにも、かなりの高温が必要となる。私は、彩文土器の焼成実験を通して、ウバイド彩文土器の焼成には、昇焔式土器焼成窯（上下二室構造の窯）において九〇〇度台を一定時間維持する必要があるという成果を得ている[11]。また、胎土（素地の土）のX線回折（XRD）により、ウバイド彩文土器の胎土から八七〇～九一〇度前後で生成されるゲーレン石という輝石類の鉱物を突き止めている。ウバイド彩文土器が九〇〇度前後で焼成されていたことはほぼ確実であり、銅製錬に必要な温度に十分達している。

銅石器時代の銅製錬に関して、銅鉱石や産地付近で製錬された粗銅は、メソポタミア平原方面へ運ばれた。アナトリアやイランなどの鉱石の採掘地から見て、メソポタミア平原地帯への玄関口に位置するアルスランテペ、ハジュネビ、ガブリスターンなどの都市的集落では、約六〇〇〇年前のウルク期に冶金工房が目立って現れる。こうした工房址では、冶金の証拠となる地床炉やフイゴの羽口《はぐち》などとあわせて、地金や鉱滓も見つかっている[12]。

一般的に、金属器の生産は、採掘された鉱石を近場で加工する山元製錬が主体だったとみられる。鉱石の採掘場所は平原ではなく山間である。それぞれ入手できる燃料を比べてみると、平原では収穫後の麦藁や家畜の糞、灌木など、山間では樹林を伐採した薪がそれぞれ用いられたと考えられる。山間の鉱石採掘地では、周囲に樹林がある程度生えていて、製錬に適した薪炭を容易に入手できるため、銅鉱石が粗銅に製錬されたのだろう。その後、銅鉱石と粗銅がメソポタミア平原へ搬入されて、都市的集落の工房で金属製品へと再製錬されたという段階的な銅製錬の工程を想定できる。

西アジアでは、後期銅石器時代（約六〇〇〇～五一〇〇年前）に銅製錬の技術が発展していき、砒素銅やエレクトラム（金と銀の合金）などが鋳造されてくる。後期銅石器時代の工房では、メソポタミアの近場で産出される銅鉱石から高品質の銅を得るために、別の鉱物を意図的に混ぜ合わせたと推察される。

本来、高品質の銅を抽出するために別の鉱物を混ぜるという試行錯誤が、各種鉱物を掛け合わせる合金技術を高めることにもつながった。古代西アジアの都市的集落の工房は、さながら化学実験室のように稼働していた。工房にもたらされる多様な鉱石が坩堝や吹き床式の炉で溶かされ、銅の選鉱とあわせて、より強度の高い合金の組み合わせが追究されて、失蠟法などの鋳造技術も編み出されていく。

都市的集落や都市の生産域では、土器工房と冶金工房が互いに近接して配置される傾向がある。北イラン、ガブリスターンの生産域で見られたように、街路を挟み土器工房群と銅工房群が配置されている。[13] 陶工・冶金工らは、お互いに有益な情報やコツを伝え合って、燃料の選択に始まり、煙の色や炎の微細な変化にもとづいた燃料投入・送風のタイミング、酸化還元の調節など、それぞれの焼成技術に活かしていったのであろう。

約五〇〇〇年前になると、ついに銅と錫の合金である錫青銅が開発される。手近に産出されていた銅と、さまざまな鉱石の組み合わせが試みられていった結果、もっとも効果的なのが錫であることがわかった。西アジアで最古級の錫青銅は、アッカド地方のキシュ遺跡（現代名ウハイミル）で、初期王朝時代ⅢB期（約四四〇〇年前）のA墓地に副葬された斧である。この青銅斧には、錫が一五・五パーセント含まれていることから、錫青銅の製錬技術においてまだ初歩的な段階にあったと推定されている。[14] こうした銅と錫の出会いによって青銅器時代の幕開けとなる。

錫青銅の原料となる錫は、比較的メソポタミアの近場で採掘できた銅とちがい、かなり遠方に行かないと手に入らない。良質な錫の産地は、イラン東部からアフガニスタンにかけての地域に限定される。[15] したがって、メソポタミアの支配者たちが東方の資源を開発するには、陸上交易網の整備を待たねばならなかったのである。

舟から車へ

シリアやトルコで発掘をしていると、近くでロバの鳴く声を耳にすることがよくある。この世の終わりかというくらいに、何とも物悲しい声で鳴いている。頑固なロバが鞭で打たれる光景は、およそ五五〇〇年前にまで遡り、ロバの家畜化は車輪の開発とともに青銅器時代の幕開けに大きく貢献していた。

西アジアでは、新石器時代から連綿とつづく冶金術の伝統のもとで、貴重な鉱石をもとに金属器が生産されていった。とくに、銅石器時代に鉱石や金属器などの流通経路として活用されたのが、ティグリス・ユーフラテス大河とその支流域による河川ルートならびに水系をまたぐ陸上ルートである。舟を使って「銅」を運び、車を駆使して「ラピスラズリ」や「錫」を運びこんだ。都市的集落で製品化された金属器は、再び交易網に乗って都市をはじめとする消費地へ流通していったとみられる。

交易品は、金属資源にとどまらない。ウルク後期（約五三〇〇年前）に、西アジア各地に出回る特別な飲み物としてワインがある。近隣の良質なブドウ産地、いわゆる優れたテロワールにおいて上等のワインがつくられ、南メソポタミアの都市に搬入された。おもに支配者層が、ガラス製のワインボトルならぬ土製のワイン壺に詰められた高級ワインを嗜んでいた。

前出したイラン山間部、ケルヘ川流域のゴディン・テペ遺跡は、ウルク後期ごろの物々交換の市場として賑わう都市的集落であった。ゴディンで出土しているロープ状装飾の施されたワイン壺とほぼ同じ器形の土器が、同じケルヘ水系のスーサ遺跡でも認められる[16]。この出土状況は、ワイン壺がゴディンからケルヘ川を伝ってスーサの街へ運ばれていたことを示唆している。ゴディンの地元で栽培されたブドウからワインが醸造された後、ワイン壺がスーサなどの消費地に流通していったと考えられる[17]。ゴディン・テペは、ウルク後期にスシアナ平原や隣接するメソポタミア平原南部への流通中継地として機能していた。

ほかに後世の金属資源に関する例として、古アッシリア時代（約四〇〇〇～三六〇〇年前）では、現イランとアフガニスタンの国境付近で産出される良質の錫が首都アッシュルに輸入されていた。錫はアッシュルを経由して、さらにアナトリアの都市カニシュ（現代名キュルテペ）まで輸出された。その際、搬入されていた錫は鉱石の状態ではなく、冶金工房で製錬されたインゴット（鋳塊）であった。インゴットに鋳造されることで、錫地金が効率良く運搬されるようになる。古代西アジアでは錫にとどまらず、製品化される前段階の各種金属の塊が運搬効率を重視した形状に鋳造されていた。

遠く離れた地域からもたらされる貴重な金属資源、ワインなどの嗜好品が流通するということ自体、その社会では物流網が組織的に機能していたことを示す。威信財をはじめとする富は、たいてい遠方から交易によってもたらされる。既存の祭祀ネットワークを基盤として、ウルク中期後半までに都市的集落を結節点とする交易ネットワークが確立されて、その延長線上に都市が出現する。交易網の整備は都市化の付帯事象であり、交易ネットワークなくして都市は成立しなかった[18]。

都市化に関連する交易の拡充は、輸送手段から見るとさらに捉えやすい。ウバイド期には舟形模型が出土していることから、すでに物流の動脈として水系が活用され、舟による河川交通が盛んになっていたと考えられる。ウルク期になると、舟形模型に加えて車輪のついた車形模型も登場してくる。つまり、それまでの水系を軸とした物流にとどまらず、いくつかの水系をまたぐ陸上ルートが開発されて、より広範囲の交易ネットワークが整備されていった。

舟から車への転換点となるウルク中期後半には、粘土板に記された絵文字的な記号や円筒印章の印影に、橇《そり》あるいは車輪のついた橇が登場する（図４－８）。南東アナトリア、北シリア、北メソポタミアといったステップ平原の地勢では、荷車や橇が輸送手段として好都合であった[19]。ちょうどそのころ、ガウラ遺跡などで荷車の模型品が現れてくる。

実際の車輪は未検出だが、その開発には土器製作技術の発展が絡んでいたと私はにらんでいる。約五五〇〇年前のウルク中期後半までに、土器製作技術はロクロ盤の開発により飛躍的に生産効率が向

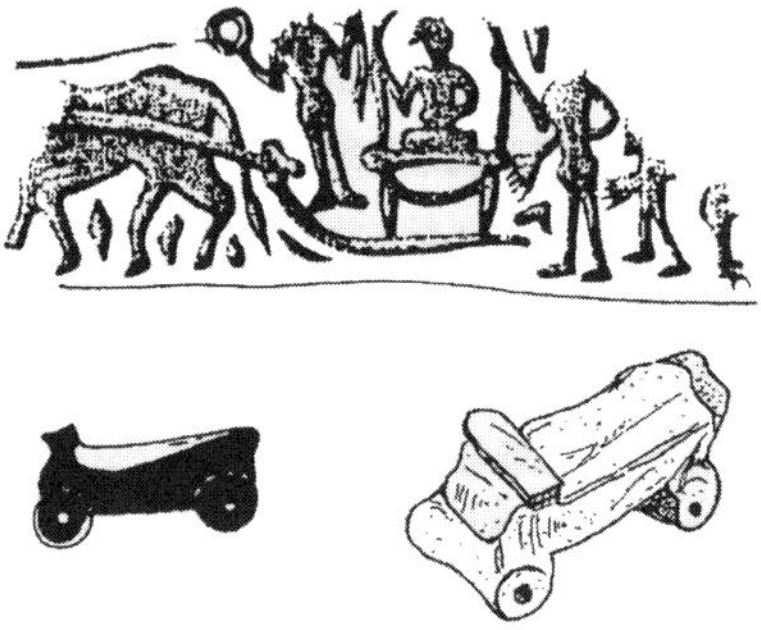

図4－8　（上）ウルク期の円筒印章印影、（下）ウルク期の荷車模型（Frangipane 1997; Speiser 1935より作成）

上して、大量生産が可能になっていた。日用品としての土器が大量に生産されて、都市的な性格の強まった集落に住む非食糧生産者が扶養されていた。被扶養者のなかには、物資の運搬を専門にする者がいたと思われる。土器づくりの水挽き成形用に高速回転のロクロ盤が発明されると、その技術が異分野へ応用されて、運搬人あるいは商人の使う荷車が開発されていったのだろう。つまり、ロクロ盤をたてに起こすと車輪になるのである。

同時に、野生ロバが家畜化され、橇や荷車の牽引に利用されはじめる。中部メソポタミアのテル・ルベイデ（ウルク中期）や、ハブーバ・カビーラ南（ウルク後期）などでは、家畜化されたロバの骨が検出されている。[20] また、パレスティナ地方の墓からは、籠を背中に積んだロバ形模型が出土して、ロバが荷物の運搬に利用されていたことを示す。[21] さらに、ロバの引く荷車の車輪らしき土製品がウルでも見つかり、荷車はロバの家畜化とともにウルク期後半の発明とされる。[22]

ウルク中期までには、車輪の開発やロバの家畜化と歩調を合わせるようにして、河川ルートとは別に陸上ルートの開発も進んでいく。ガウラ遺跡（X－Ⅷ層）で目立って出土しているラピスラズリは、アフガニスタンのバダフシャーン産であることから、遠方の資源がメソポタミアに輸入されるために陸路の確保が不可欠であった。イラン〜アフガニスタン方面の錫輸入は、ウルク期の陸上ルートの整備が前提であり、青銅器時代は車輪の開発とロバの家畜化によって到来したといえる。

ウルクワールドシステム

都市化の推移とともに、舟や車を駆使した交易ネットワークを経由して、西アジア周辺からラピスラズリやワインなどがシュメール地方に運ばれた。都市の誕生後、国家的な組織が確立されると、ほぼ同じルートをたどって錫も搬入されていった。こうした状況の説明を目指した、野心的なモデルがかつて注目を集めたことがある。

交易についての議論は、欧米の学界が先導していくつかの解釈モデルを生んできた。一九六〇年代、イギリスの考古学者C・レンフリューらによる黒曜石の交易モデルに始まり、七〇年代にはアメリカの人類学者G・ジョンソンが地理学の中心地理論を考古学モデルに応用している。一九九〇年代前半、西アジア考古学界に火をつけたのが、アメリカの考古学者アルガゼの「ウルクワールドシステム」である[23]。

一九九〇年代初頭までに、メソポタミアの周辺地域では、ダム建設に伴う緊急発掘調査や、紛争地から疎開してきた調査隊の活動などにより、南東アナトリア、北シリア、北メソポタミア、南西イランといった広範な地域に及ぶ同質なウルク文化の考古資料が急増してきた。そこで、これらの膨大な資料を総合的に解釈するモデルが必要とされた。

ウルクワールドシステムは、ウルク文化が拡大（エクスパンション）する過程で、「中心」としてのウルク期の社会が「周辺」地域を支配する構図を大胆に強調したモデルであった。ウルクワールドシステムは、すでに人類学で示されていた「権力」、「管理」、「支配」による「複雑化した社会」の捉え方と同路線にあるが、アルガゼは社会変化の第一要因として交易を重視していた。以下、ウルクワールドシステムについての小稿から要点を抜粋する。[24]

アルガゼによると、「周辺」におけるウルク期の集落は、既存の交易路上の重要な結節点に立地し、「包領」「駐屯地」「前哨地」の三階層に分類される。包領は、北メソポタミアを横断する東西陸路や河川の南北水路の交差地に立地する大規模な地方都市であり、ハブーバ・カビーラ南などが想定されている。駐屯地は、メソポタミア平原の主要交易路沿いに立地した小規模な中継地で、前哨地はイラン高地などの山間で孤立した小規模の前線基地（ゴディン・テペなど）とされる。

ウルクワールドシステムでは、「周辺」に配置された交易拠点を媒介にして、「中心」であるウルク期の社会が必要資源を獲得していき、国家形成（本書で説く都市化に相当する）に拍車がかかっていったという。「中心」と「周辺」の交易関係は本質的に不平等であり、前者の政治組織は発展途上にあった後者から、最小限の労力で最大限の資源を獲得していったとされる。アルガゼは、地域文化の枠組みを越えた経済的な「従属」と「支配」の関係を軸として近代史を読み解いたI・ウォーラーステインの「世界システム」論を修正して、近代国家成立よりはるか昔のウルク期に当てはめようとしたのである。

すぐさま、一九九〇年代末にこの解釈モデルへの反動が起きる。ウルクワールドシステムの主要概念において、「中心」として設定されたシュメール地方のウルク期の社会は良くわからないままであり、不透明なウルク期の社会が「周辺」地域を支配するという構図が描かれていた。各方面の研究者からもっとも批判が集中したのは、「中心」が「周辺」を一元的に支配するという捉え方であった。

ウルクワールドシステムの提唱後、南東アナトリアや北シリアなどにおけるさらなる調査成果の蓄積により、南メソポタミアのウルク文化が北方へ拡大していった様子が次第に明らかにされていった。結論として、北方諸地域におけるウルク文化の拡大は、ウルク中期後半に初現していて、すでに北方の在地社会の一部は複雑化していたことが明らかにされてきている。

こうした新資料に立脚して、南方の「中心」に対して北方の「周辺」社会は、けっして後進地域ではなく、独自の交易網を整備していたことも指摘されている。つまり、ウルクワールドシステムの根幹を成していた、先進の南メソポタミアのウルク文化と後進の北方の在地諸文化という構図、あるいは「中心」が「周辺」を支配しつづけていたという不平等な関係だけでは説明しきれなくなっている。それほどまでに、ウルク期のメソポタミア周辺地域は複雑化していたのである。

ウルクワールドシステムへの反動として、同じ考古学的な事象が異なる視点で再検討されていった。[25]「中心」と「周辺」の関係は、南方ウルク文化と在地文化に置き換えられて、両地域間の非対称な経済的関係は多様性の一つとして再解釈されていった。南方ウルク文化の一元的な支配に代わって、在地文化の地域的な機能や役割が注目されて、南方ウルク文化と在地諸文化の関係が競合や模倣などの対等な関係で捉え直されていった。かつて、周辺地域がウルク文化の植民地と呼ばれることもあったが、今ではほぼ死語になっている。

3 多様なコミュニケーション・ツール

物流の担い手

現在、「ウルクワールドシステム」という見方は影を潜めて、「ウルク文化の拡大（エクスパンション）」という従来の見方に戻っている。多くの研究者は、ウルク文化の拡大において、南メソポタミアから人々が周辺地域へ移動したとみている。彼らの想定する人々の移動は、本書で主張してきたウバイド終末期の「よそ者」の出現に符合する。移動したのは、定住民だけではなかった。

都市間の交易において、遊牧民の役割は以前から注目されてきた。荒れ果てた土地を苦もなく通り抜けられる遊牧民のおかげで、遠隔地の資源開発が始まったという意見がある。[26] また、黒曜石の交換研究にもとづき、荷物を運ぶロバやラクダが登場する以前に、ヤギ・ヒツジの移牧ルートが日常的に使われていたことから、すでに新石器時代に交換網がある程度整備されていたともいわれている。[27] 交易の場面において、遊牧民たちは、消費地の都市的集落に暮らす定住民とコミュニケーションを取りながら、物流を担っていたようである。

都市化の本格化するウルク期（後期銅石器時代）になると、人口動態はさらに際立ってくる。とくに、ウルク遺跡周辺に人口が集中していったという見通しは、R・アダムズによるセトルメントパターン（集落内や集落間における空間利用の傾向）研究から指摘されている。[28] アダムズは、シュメール地方の北部にあるニップル・アダブ地域を通っていた旧ユーフラテス川の流路が移動したため、同地域の村落が放棄されて、ペルシア湾に近いシュメール地方の南部のウルク遺跡周辺へ人口が流入していったと想定している。[29]

ただし、すべての移動人口がウルク遺跡周辺へ流れ込んできた証拠はなく、別の場所へ向かった人々もいたはずである。こうした人の移動は、都市部と周辺地域（郊外）、あるいは定住民と遊牧民という関係で議論されてきている。いったい誰が、なぜ故地を離れて拡散していったのか。この点に関して、S・ポロックは示唆に富む説を展開している。

ポロックは、ウルク遺跡周辺の人口が減少していった背景として、都市の抱える宿命、すなわち集まりやすい空間は離れやすい場でもあるという構造的な要因をあげている。そこでは、ウルクの街に人口が流入していっただけでなく、流出していった人口もあったと推測している。彼女によると、ウルク期の社会の下層階級の人々が、都市での抑圧的な生活に耐えかねて郊外へ飛び出し、周辺地域へ拡散していったという。[30]

彼らはどこへ向かったのだろうか。ここで定住民の遊牧民化が視野に入ってくる。消えた住民の行き先について、M・ギブソンやアルガゼは、農村での生活から離脱した人口の一部が遊牧民や沼沢地の居住者になったため、考古学的記録に残りにくくなったと指摘している。[31]さらにアルガゼは、シュメール南端のエリドゥやウルの周辺でかつてH・ライトの行った一般調査の成果を踏まえて、エリドゥ－ウル地域で居住地を失った定住民が、内陸寄りのウルク遺跡へ集住した結果、ウルク後期に爆発的な都市化が進行したと主張している。[32]この見解は、メソポタミア低地の耕作地における冠水や塩害化により、「よそ者」と化した農耕民が魅力ある集落へ移住するという私見と合致する。

定住民との関わりで、遊牧民が交易の仲介者になる可能性は、以前から指摘されてきた。たとえば、イラン高原の遊牧民の調査などにもとづいて、イラン高原の商人を介在とした長距離交易によるメソポタミアとインダスのつながりが論じられている。J・フェイファーは、遊牧民がメソポタミアの都市へ頻繁かつ不定期に来訪したため、穀物・土器・金属製品といった交換品を大量に生産して準備しておく必要が生じたと述べている。[33] 本格的な都市化の段階で、内的な発展だけでなく外部からの影響や圧力が都市化に拍車をかけたという見方は、「よそ者」説に通じるところがある。

やはり、シュメール地方内部の人口増減だけで、ウルク遺跡の都市化を議論することには限界がある。シュメール以外の地域からも多くの人々が移住してきた結果、ウルクにおける都市化に拍車がかかったと推理できる。前述の藤井は、西アジアにおける「よそ者」の供給源は個々の小集落にあり、耕作地や家畜などの家産世襲の形態が固定化したことにより、次男以下が潜在的な「よそ者」層として浮動しはじめたのではないか、という興味深い見解をのべている。[34]

近年の研究動向として、古代西アジアの定住民と遊牧民は対立関係にあったのではなく、むしろ相互依存の関係にあったという見解が強調されている。銅石器〜青銅器時代の遊牧民は定住民と争っても何も利益はなく、遊牧民による定住社会への大規模な侵略があったかどうかは怪しいという。[35] また、前期青銅器時代（約五〇〇〇〜四〇〇〇年前）のマリ遺跡などで見られる円形に復元されたプランの街並みは、南メソポタミアで定番の農耕に依存する人口集住型の都市とは異なり、牧畜を主な生業とする半遊牧民の集会場だったのではないかという意見さえ出ている。[36] 定住民と遊牧民・移牧民とのコミュニケーションは、都市の誕生・発展を考えるうえで重要な視点となっている。

記憶補助装置「トークン」

交易ネットワークができあがると、都市的な性格の強まった集落には貴重な資源だけでなく、人や情報も集まってくる。有力な都市的集落の指導者たちは、増大する情報の記録・保管方法を考案する必要に迫られた。こうした場面で、人間の記憶力の限界を補う装置が考案された。孔のあいた「トークン」を紐でつないで、その結び目を粘土の塊「ブッラ」で封印したり、「トークン」の格納された粘土の「封球」が開発されたりして、文字記録システムの発明に向けた第一歩が踏み出されたと考えられている。都市誕生前に、コミュニケーション・ツールの祖型が準備されていたのである。

古代西アジアで、「トークン」と呼ばれる小さい遺物の起源は、約一万年前の先土器新石器時代にまで遡る。トークンは記憶補助装置として使われたと主張したのが、アメリカの考古美術学者D・シュマント＝ベッセラである。彼女の仮説によると、当初はプレイン・トークンと呼ばれる土製品が主体で、おもに幾何学形（円錐形や球形など）を呈する（図4－9）。トークンは、種類と数によって特定の事物を数えるための計算具として使われていた。楔形文字研究の中田一郎らが彼女の論考を詳細に訳しているので、ここで紹介してみる。[37]

トークンの計算具としての使用法は、歴史時代の文字史料と考古資料の共伴出土にもとづいて推定された。一九二五年、イラク北部のヌジ（現代名ヨルガン・テペ）遺跡が発掘されて、三五〇〇年ほど前の数千枚の粘土板文書が見つかった。その中に、「卵形の中空粘土板」が含まれていて、オッペ

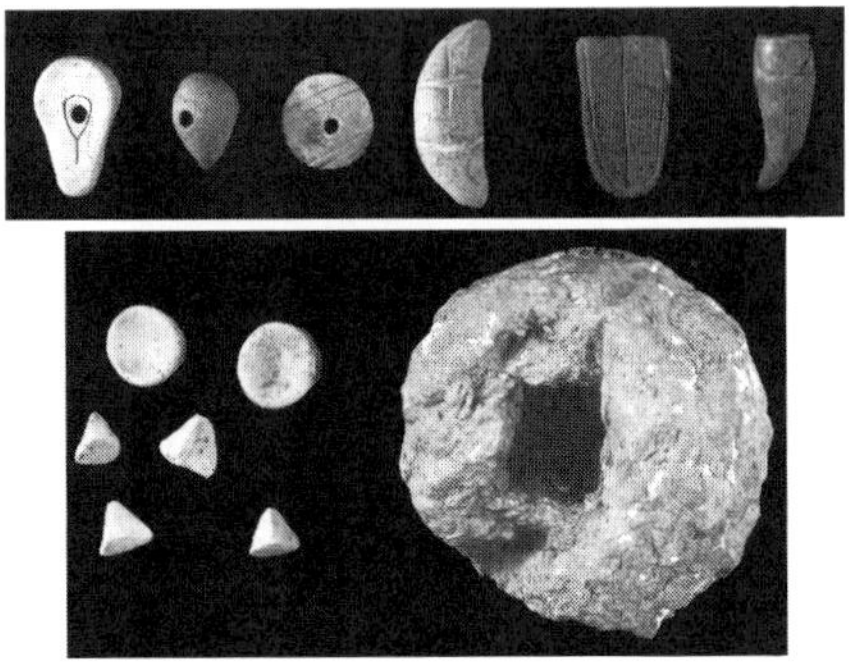

図4－9　（上）コンプレックス・トークン、（下）封球（直径7.0cm）と格納されていたプレイン・トークン（Nissen et al. 1993より）

ンハイムがこれを分析した。その結果、中空粘土板には、個人の所有するヒツジ・ヤギの種類・頭数が記されていて、中にこれらの家畜と同数の小型製品、すなわちトークン（報告者は「石」と表記）が収納されていたことがわかった。「石」一つが具体的な家畜の一頭を示すと類推されたのである。

ヌジ出土の別の粘土板文書（中空ではなくタブレット）には、ほぼ同内容の記載が認められている。たぶん所有者は、粘土板文書に記したヒツジの頭数と同じ分のトークンを中空粘土板の中に収納して、文字の読めない羊飼いにヒツジとともに託したとみられる。当時の社会で読み書きのできる人間は書記などに限定されて、都市部であっても識字率はかなり低かったと想像される。王たちも読み書きが苦手だったようで、ウル第三王朝時代（約四一〇〇年前）のシュルギのように、識字や書字に長けていた王は自らの読み書き能力をわざわざ自慢していたほどである。

シュマント＝ベッセラは、オッペンハイムの研究をさらに深めて、歴史時代をはるかに遡る新石器時代からすでにトークンが計算具として使われてきたと唱えた。彼女によると、ウルク中期（約五五〇〇年前）には新たにコンプレックス・トークンが登場した。トークンの形態が多様化・具象化されて、刻線や凹みによりマークが付けられていった（図4−9）。コンプレックス・トークンは、孔があけられていることが多く、紐を通せる構造になっている。穿孔トークンをつなぐ紐の結び目は「ブッラ」と呼ばれる粘土の塊で封印されていて、計算具を保管するための工夫がなされていたという。

同時に、ウルク中期にはブッラと異なる「粘土封球（中空の球状土製品）」も登場し、中にトークンが収納されていた（図4−9）。封球の外面にトークンを押捺してから、その中にトークンを収納して、商品の送り状として使っていたらしい。粘土封球の解明には、フランスのP・アミエの研究が特筆される。

イランのスーサ遺跡で出土した封球には、小型土製品が収納されていて、彼はこれらを「カルクリ（計算具）」と考えた。ルーヴル美術館に収蔵されているスーサ出土の完形の封球は、X線写真によりトークンが格納されていることがわかっている。上述の卵形の中空粘土板は、封球とほぼ同じ機能をもっていた。シュマント＝ベッセラによると、封球にはおもにプレイン・トークンが収納されて、穿孔されたコンプレックス・トークンと同様に、計算具を保管する目的があった。

さらに、シュマント＝ベッセラは、封球外面のプレイン・トークンの押捺痕が数詞の起源となり、捺しても複雑な形態を表現しにくいコンプレックス・トークンが、絵文字的な記号として粘土板に線描されていったと主張している。彼女によると、当初は封球外面へのプレイン・トークン押捺は補助的なもので、トークンの収納された封球そのものが記録媒体であったが、やがてトークンの捺されただけの粘土板へ記録媒体が変化したという。

つまり、プレイン・トークンを捺してボールにしまう手間から解放されて、プレイン・トークンをタブレットに押しつけるだけの単純作業へ変わったのである。もちろん、コンプレックス・トークンから絵文字的な記号への変換に関して批判はあるものの、「文字記録は抽象的な計算の副産物である」という彼女の仮説は、絵文字的な記号の起源を考えるうえできわめて示唆に富んでいる[38]。

ウルク中期ごろの西アジアでは、車輪の開発とロバの家畜化によって陸上輸送手段が確立されて、交易ネットワークが整備されていく。それに同調するようにして、穿孔トークンをつなぐ紐の結び目をブッラで封印したり、粘土封球にトークンを収納したりして、計算具の保管が改良されていった。こうして、都市の誕生する前の段階（先史時代末）でコミュニケーション・ツールが準備されていき、文字記録システムの発明に向けた大きな一歩が踏み出されたのである。

備忘録から意思伝達ツールへ

どの時代でも、物忘れ防止のために用意するメモは、およそ手の平くらいの大きさに落ち着く。古代西アジアの経済記録文書としてもっとも普及していた粘土板の大きさは、現代のメモ帳（ブロックロディアNo.11など）にほぼ相当する。備忘手段として、手の平大の粘土板は記憶力を補ううえで最適な大きさであったようだ。

都市級の街をつくるのに、口頭指示だけでは心許ない。共通認識の記号があると、作業効率は格段に高まる。持ち場の作業の進行状況を把握しながら、建設現場全体の指揮を執るためには、迅速な情報伝達と記録が不可欠となる。都市建設段階には、絵文字的な記号が使われるようになっていた。ウルク後期（約五三〇〇年前）の都市誕生までに、話し言葉としてのシュメール語の一部が記号化に成功して、コミュニケーション・ツールとして一歩前進したと私は考えている。

記号の描き方として、生乾きの粘土板に、葦などの先の尖った棒状の筆記具（スタイラス）を押しつけて、絵文字的な記号を表現する。絵文字的な記号の字体は、基本的に直線と曲線の組み合わさった図形であり、表語文字（ロゴグラム）であったと考えられている。記号の一画一画は、筆記具で継ぎ足しながら粘土の上に線描されていたことから、絵文字そのものではなく、絵文字的な記号、すなわち楔形文字の祖型とみなされることが一般的である。

ウルク後期に登場した絵文字的な記号は、たいてい数詞を伴い、おもに行政的な経済記録文書として用いられた。そこには、ヒツジの頭数、ビールやワインの入った壺の個数、労働者の人数、土地の面積などが記されて、いわゆる備忘録として使われた（図4-10）。当初期の粘土板文書は、現代の物忘れ防止用のメモ帳とほぼ同じ手の平大であり、備忘録の大きさは時代を超えて似ている。

図4-10　絵文字粘土板（Nissen et al. 1993より）

ウルク遺跡では、ウルク後期からジェムデット・ナスル期（約五三〇〇〜四九〇〇年前）に、五〇〇〇枚を超える粘土板文書（「ウルク古拙文書」と呼ばれる）が見つかり、約九割が行政的な経済記録文書であった。他方、一割程度の語彙リストも確認されている。語彙リストは辞典として活用されて、読み書きの不得意な書記の初心者などへの普及教育を目的としていたとされる。[39]

ウルク後期に都市が誕生した後、ジェムデット・ナスル期に都市国家が分立する。このころには、南メソポタミア周辺に絵文字的な記号が急速に普及していく。各地で見られる字体にはほとんど差がなくなることから、文字記録システムの普及教育の成果であるとみる研究者もいる。つまり、いくつかの都市国家では、当初から国家主導のもとで書記の養成所が設けられ、識字・書字の訓練がなされていたというのだ。当時の書記の卵たちは、初級課程で葦の筆記具を使った簡単な線や図形を学び、上級課程に進むにつれて複雑な字体や長い綴りを習得していったとされる。[40]

粘土板の形態にはいくつかの種類がある。たいていは手の平程度の大きさで、隅丸の煎餅形（不正楕円形）を呈して、おもに物品の納入や分配などの経済活動が記録されている。他の特異な形態として、隅が直角の矩形を呈する粘土板には金属の取り引きなど、大判で厚めの粘土板には耕地への播種がそれぞれ記録されていたという。[41] 粘土板文書の内容を読まずとも、外形や規格からその種類を容易に識別できたのかもしれない。ここにも西アジア独特の合理性がうかがえる。

都市国家の分立段階になると、メモ書き程度の備忘録では不足となる。都市国家の中心として機能する都市には洪水のように人、モノ、情報が押し寄せて、絵文字的な記号では処理しきれなくなる。より正確に意思伝達するには、話し言葉のシュメール語で用いられる接尾辞（日本語の「てにをは」に相当する助辞）を表記する文字記録システムが必要になる。そこで、語の表す意味ではなく「音」が注目されて、一定の記号で特定の助辞の音価を表すようになる。こうして一部の表語文字の表音化が始まり、徐々に絵文字的な記号が本格的な楔形文字へ洗練されていったと考えられている。[42] つまり、西アジアにおける歴史時代の始まりは時間をかけて進んでいったことがわかる。

同時に、ジェムデット・ナスル期では、粘土板に書き込まれた記述に間違いのないことを証明するために、円筒印章などが粘土板に捺印されている。約五〇〇〇年前の都市国家の分立しはじめた段階から、文字の記された粘土板文書に図像が捺印されていたが、やがて初期王朝時代II期（約四七〇〇年前）までに、捺印システムは文字記録システムから分離していく。粘土板には文字を記して、荷札や収納用品といった他の粘土の媒体には判子を捺すようになる。この段階で、捺印により示される図像の補完なしに、文字だけで十分に情報を伝えることが可能になったのである。

約五三〇〇年前、ウルク後期の都市が誕生したばかりの段階では、都市はウルクとハブーバ・カビーラ南に限られていて、意思疎通の点において絵文字的な記号で十分であった。だが、ジェムデット・ナスル期に、シュメール地方周辺でウルクをはじめウル、ニップル、ラルサ、キシュなど複数の都市国家が分立する段階になると、従来の絵文字的な記号だけでは十分なコミュニケーションが取れなくなった。つまり、古代西アジアでは、都市国家の出現によって、文字記録システムの完成に向けた需要が急速に高まったといえる。

第五章 神を頂点とした秩序——都市の「陰」の部分

最古のアルファベット字音表複製
（ウガリット遺跡出土、約3400年前）

都市とは、出身の異なる人々が共存しつつ、さまざまな考え方や行動が衝突する場である。多様な価値観であふれるコミュニティを効率的に束ねるためには、従来からの祭祀儀礼による緩いつながりでは限界がある。そこで、利害の対立を調整する仕組みが徐々に求められていく。これまで本書でたどってきた、古代西アジアにおける新たな秩序の出現過程をまとめておく。

後期銅石器時代(約六〇〇〇~五一〇〇年前)、かつて平等主義的であった社会では、「よそ者」の出現により多様な価値観がぶつかり合うことになった。もはや祭司たちに導かれた緩いつながりでは社会を維持することが難しくなる。魅力ある都市的集落では、多様な人々が共存していくために、当事者の納得できる仕組みが求められていった。そこで、コミュニティでもっとも信頼できる祭司たちに問題解決が任されることになる。やがて、祭司たちの役割が専業的な職能へ昇華していき、もめ事の処理を担っていた祭司が指導者として台頭した。

まもなく、祭祀ネットワークを基盤とする交易ネットワークが確立されてくると、都市的集落にもたらされる多くの富は指導者のもとに集中していった。コミュニティの指導者は、祭司から世俗的な立場の人物へ移行していた。最終意思決定者の立場が聖から俗へ推移するとともに、コミュニティの調和を保つ仕組みが祭祀儀礼による緩い統合から、政治的な支配へ向かっていった。その新たな秩序は、巧妙に創出された構造を呈していた。

　本章では、都市化における政治的な支配構造の形成、モニュメントや都市域の巨大化、実効支配領域をめぐる戦争など、都市の「陰」の部分について掘り下げてみる。

1　政治的な支配構造

新たな秩序の形成

　洪水や嵐といった自然の猛威に対して、人は抗いがたいものを感じる。天災の原因は、「神」のご機嫌をそこねたからだという考えが古代西アジアにはあったようだ。そこに気付いた施政者は、「神」と「人」の間に厳然たる線を引いて、「神」を頂点とする秩序を形成した。自らが「神」の代理として、都市を支配する巧みな構造をつくりあげていったのである。

　これまで、西アジアをフィールドとする考古学において、都市誕生プロセスはおもに社会の複雑化を切り口として研究されてきた。西アジアでは、約七〇〇〇年前のウバイド期からウルク期にかけて社会の複雑化が本格的に進行して、ウルク後期（約五三〇〇年前）の都市誕生へつながる。約二〇〇〇年間における複雑化の進行を追究することが都市化の研究に直結している[1]。

先のウルクワールドシステムの背景には、人類学で編み出された「複雑化した社会」を権力や支配の視点で捉える傾向があり、近年の首長制や初期国家をめぐる研究に通底する。[2] このモデルへの反動として、「中心」が「周辺」を支配する構図に代わり、メソポタミアのウルク期の社会と周辺地域の諸社会との対等性などが議論されてきた。とくに、社会の複雑化の要因を「競合」から捉える流れが目立つ。南メソポタミア南部のシュメール地方では、「対等の政体」が乱立して互いに競合していき、シュメール地方の社会全体が変化していったというレンフリューらの論調が主導的である。[3]

シュメール地方における競合関係は、国家的な組織に発展する都市国家の段階になってから起きる。それ以前の都市化段階ですでに、メソポタミアや北シリアなどのウルク期の社会では政治的な支配化の傾向が出てきている。都市誕生までの過程における支配化や権力志向と、都市誕生後の成熟過程(都市国家への発展)における政体間の競合を分けて議論する必要がある。

都市誕生前の支配化はいくつかの段階をへていった。まず、集落に特定の指導者が登場してくる。経済活動を意のままにできる指導者の系譜は、ウバイド終末期のドア封泥(部屋の扉を封印する粘土塊)を伴う倉庫の出現にまでたどれる。余剰財を保管する倉庫の開閉を任された管理者が、ドアを判子で封印して、適時開封する権限をもっていた。当初、封をする判子は、コミュニティでもっとも信頼されていた特定の祭司に預けられ、その人物がコミュニティの指導者になっていたと推察される。

つぎに、ウルク期になると、異なる立場の指導者の登場が墓制から観察できる。北メソポタミアのガウラ遺跡では、神殿だけでなく軍事施設や行政施設なども出現して、祭祀、軍事、行政など多様な職能に分かれてくる。神殿以外の施設に関連する特異な構造の墓には、棍棒頭、金製品、ラピスラズリ製ビーズなどの威信財（コミュニティにおける地位や職能を示唆する財物）が副葬されて、他者との差が強調されている。これは、ウルク前期ごろ、多様な役割が社会的地位を伴う職能に分化していき、祭司に代わる世俗的な指導者による支配が芽生えていたことを示唆している。

　威信財の本格的な普及は、南メソポタミアのウル遺跡の共同墓地にも認められ、銅製の槍先や、石製の棍棒頭などの副葬が際立つ。ウルでは、ウルク前期までに特定の役割が社会的地位を伴う職能に分かれて、とくに軍事の職能を有する人物には相対的に高い地位が付与されていたと見られる。

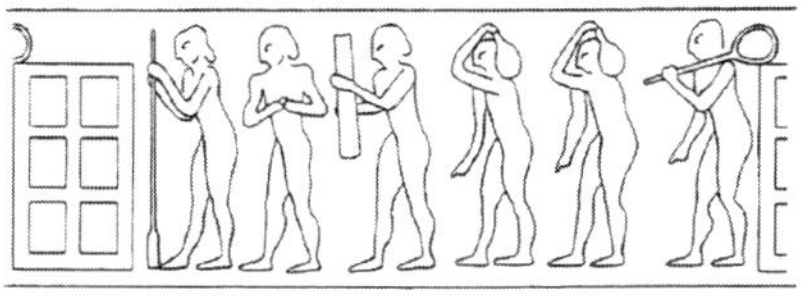
図5－1　ウルク期の労働場面（Englund 1998より）

　やがて、ウルク後期末には、ウルク遺跡の祭祀儀礼に関連した建物に、銅と銀の合金で鋳造された鏃《やじり》が奉納される（本章第3節にて後述）。この合金鏃は威信財あるいは儀器（祭具）として特別に扱われている。おそらく、ウルク後期には軍事の職能を有する人物の社会的地位がもっとも高くなり、最終意思決定者としてコミュニティを支配するようになっていたのであろう。
　以降、コミュニティの経済活動が管理支配されていく。前出のポロックは、ウルク後期までに、大規模な専業工人を雇用する階層的に組織化された経済体制が構築されたと想定している。大規模な経済活動の証拠は、おもにウルク後期からジェムデット・ナスル期（約五三〇〇～四九〇〇年前）にかけての古拙文書と印章の意匠に拠っている。これらの資料では、階層的に組織化された労働場面が繰り返し表現されている（図5－1）。そういった粘土板文書や印影はウルク遺跡に集中していて、他の遺跡ではほとんど確認されていないという。シュメール地方の高度に専業化かつ中央で管理された生産体制はウルク遺跡に限定されていた、という彼女の主張に私もまったく同意する。[4]

同時に、ポロックは、ウルク期の経済活動の描写において、専業あるいは中央集権的な側面以外にも注目している。もともと、メソポタミア地方における河川の氾濫や豪雨などの予測不能の天候不順は、神々のきまぐれによって引き起こされていたと昔から考えられていた。彼女は、こうしたメソポタミアの風土に根ざした思想を引き合いにして、施政者たちの権力維持装置としてイデオロギー的な側面を注視している。ポロックは、神殿やモニュメントを中心とした都市には、社会的格差や不平等を覆い隠す巧妙なからくりが創出されていたとしている。[5]

「勝ち組」の出現

私は彼女の学説を敷延して、次のように考えている。ときに河川の氾濫は、街を飲み込む大洪水となる。メソポタミアの両大河の下流域に位置するシュメール地方は、「ノアの箱船」の原型となる洪水伝説が生まれる自然環境にあった。降雨の少ない乾燥帯での生業経済は、河川の高低差を利用する灌漑農耕に依存していたため、毎春の洪水は深刻な被害をもたらす。予測できない天変地異を少しでも和らげるために、ふだんから祭司たちが中心となって神々のご機嫌を取りながら儀礼を行ってきた。ゆえに、ウバイド期（約七〇〇〇年前）以降、神殿で執り行う祭祀儀礼は、過酷な自然環境に囲まれた都市的な性格をもちはじめた集落を存続させるためにどうしても必要だった。

ウバイド終末期になると、「よそ者」の出現とともにコミュニティの構造に変化が生じて、特定の祭司が指導者となる。まもなくウルク期には、交易活動の活発化にともない、祭司とは異なる世俗的な立場の指導者が登場して、余剰財を集中管理するようになる。都市的な性格の強まるウルク後期までに、交易ネットワークにより集積していく富に支えられながら、世俗的な指導者はコミュニティを統治する合理的な仕組みを思いついた。施政者は、乾燥気候と洪水という厳しい環境で都市的集落を存続させるために、自然現象は神意によるものとして神を頂点に据えた秩序を創り出し、神殿を主役に見せかけて経済を動かすという着想を得た。

つまり、古代西アジアにおいて、ウルク後期ごろに、世俗的な指導者は神と人の間に厳然たる線を引いて、抗うことのできない新たな秩序をつくりあげることで、神の代理として君臨する「勝ち組」になったのである。おそらく施政者は、有り余る富で神に仕える祭司たちを上手く取り込んだり、もしくは自らが祭司の長を兼ねたりして、コミュニティの支配者になったと推測される。

神殿経済と書記

神殿が実質的に都市の経済を動かしていたという議論が、これまで楔形文字史料による研究で主導されてきた。シュメールの社会・経済に関する学説として、古代メソポタミアの都市は神殿を中心とする経済活動によって維持されていたという「神殿経済論」（temple-state hypothesis）がかつて流布していた。神殿経済論は、シュメール地方のギルス遺跡（現代名テロー）におけるバウ神殿で発見された約一六〇〇枚の粘土板文書「ラガシュ文書」にもとづいている。

神殿経済論とは、シュメール地方周辺で都市国家の分立する段階に、ほとんどの耕地は神殿の所領であり、神に仕える神官たちが経済を取り仕切っていたという仮説である。都市や都市国家は神の領地であり、施政者の権威は、神の家である神殿を管理することで示された。この説は、初期王朝時代（約四九〇〇～四三〇〇年前）のメソポタミア社会に関する研究を方向づけることになった。[6]

しかし、神殿経済論の基礎史料は、約四六〇〇年前のギルスの街に限定された記述にある。また、歴史時代の都市国家の経済状況が、そのまま先史時代の社会経済にもあてはまるのかは未検証である。こうした「旧説」の呪縛からの脱却が課題となっている。

神殿経済論への反論として、M・ファン・デ・ミーループは、ウルク遺跡でウルク後期末～ジェムデット・ナスル期の神殿中心の社会が、わずか数百年で世俗的な要素の強い社会へ転換したと述べている。[7]また、シュメール語研究の前川和也は「ラガシュ文書」に記された「家」は「神殿」のことではなくて、「行政的」な組織を意味すると洞観している。[8]

自説は、ミーループや前川の主張に近く、世俗化の起きた時期をもう少し古く設定している。約五三〇〇年前の都市誕生段階（ウルク後期）、西アジアの中心にあるメソポタミアではすでに世俗的な支配の仕組みが整い、施政者はあくまで神殿を前面に出して、自らは控えめにいた。政治的な支配化が進む過程で、意思決定は特定の個人に集中していく。施政者は神殿を主役に見せかけながら、街を政治的に支配していった。祭司たちはあくまで表向きの役者であり、最終意思決定は世俗的な支配者の掌中にあったと私は考えている。

都市神を祀る神殿を維持・管理するのが祭司であったのに対して、都市国家の分立以降、国家のさまざまな事業・運営に携わっていたのが書記である。都市国家の分立段階になると、王と呼ぶに相応しい人物が街の支配者となり、本格的な宮殿で生活しはじめる。宮殿の主である世俗的な王は、多くの書記たちによって支えられていた。さらに、都市国家群の統一される領域国家の段階になると、ウル第三王朝時代の粘土板文書には、宮殿などに勤務していた書記たちの活動記録が豊富に残されている。書記の間にも地位の格差が生じていて、出世した書記の判子にその違いが現れている。ここで同時代の書記の実態を紹介してみる。[9]

約四〇〇〇年前、書記たちは自分の職や地位を示す印章（判子）をもっていて、物品の受け取りや文書の証明時に捺印していた。判子には、その所有者名（書記本人の名前）だけでなく、父親の名前と職業も記されていて、当時の社会は父系制であった様子が見えてくる。父親がどういう職に就いているかによって、その人物の信用度が測られていた。良家に生まれた子息は平凡な家の出身よりも出世の機会が多かったらしい。親を見て子を評するところは、現代社会にも通じる。

書記が就職や転職をすると、新しい判子をつくることになった。たいていは大量生産された廉価版の印材に、ありふれたデザインの文字を記した判子であった。高価な貴石を特注できるのは、ほんの一部の階級（高位の書記）に限定されていたらしい。既製品にしか手が出ない書記階級（圧倒的多数）と、特注品を手に入れられる高位の書記階級間に明確な格差があった。こうした格差は、現代に例えるならば、量販店で吊るしのスーツしか買えない平社員と、テーラーでオーダーメードできる管理職との差に置き換えられる。今から四〇〇〇年前、西アジアではすでに厳然たる格差があった。

ウル第三王朝時代、書記たちは宮殿、神殿、工房などで働いていた。とくに王宮に勤務する王直属の書記が世の中の動きを掌握していたようで、最終意思決定は宮殿の主である王に集中していた状況がうかがえる。宮殿勤めの書記と並んで、地方都市の知事付きの秘書（書記）も高位であった。
神殿付きの書記は、農耕地の測量をはじめ、灌漑用水路の維持、労働者の配置、収穫物の保管、農耕具の管理などを任されていた。工房でも多くの書記が働いていて、宮殿あるいは神殿に帰属する各種工房の帳簿をつけていた。貴金属の冶金、ラピスラズリの加工、籠網づくり、縄づくりといったさまざまな工房で、書記たちは原料の仕入れと生産品の納入を記録していた。別途、織物生産、舟づくり、土器製作、物流部門にも、それぞれ独自の書記が働いていた。
そのころのシュメール地方では、学術的な粘土板文書にセム系の書記名が記されることがある。これは、アッカド地方のキシュからシュメール地方のシュルッパク（現代名ファラ）へ派遣された若い書記たちが、自分たちの名前をサインしたものらしい。B・フォスターによると、彼らはシュメール人の知識階層の家庭で神秘的なシュメール語を教わり、若者にありがちな得意げな気持ちで自分のセム系の名前を粘土板にサインしたという。[10]
彼によると、教養を身に付けるために古代ローマの若者がアテネに派遣されたように、キシュの若い書記がシュルッパクへ送り込まれていた。要するに、古代メソポタミアでは、書記の卵たちがシュメール語を習得するために他の街へ留学していたというのだ。古今を問わず、いったん外地に出てから戻ってくると箔がついて、出世の道が開けていたようだ。

宮殿の出現

古代西アジアで都市国家の分立段階には、神殿で祭司たちが儀礼を仕切り、宮殿では世俗的な支配者が権威をふるっていた。両者は、立地と規模において卓越していたが、同じ場所に建て替えられるかどうかという点で異なる。神殿は、街中の限られた場所いわばパワースポットに継続して立地する傾向が強いのに対して、世俗的な支配者の居館である宮殿は移転することがあった。

神殿の初現は、ウバイド1期（約七五〇〇年前）に遡るのに対して、宮殿の出現はかなり遅れる。今のところ、初期王朝時代中ごろ（約四五〇〇年前）に、南メソポタミアのキシュで検出された宮殿（Palace A）が最古級とされる。しかし、ハブーバ・カビーラ南の例を考慮すると、宮殿の初現はウルク後期（約五三〇〇年前）にまで遡る可能性がある。

最古級の都市ハブーバ・カビーラ南では、市域南方に小丘テル・カンナスが位置し、市街地と異な

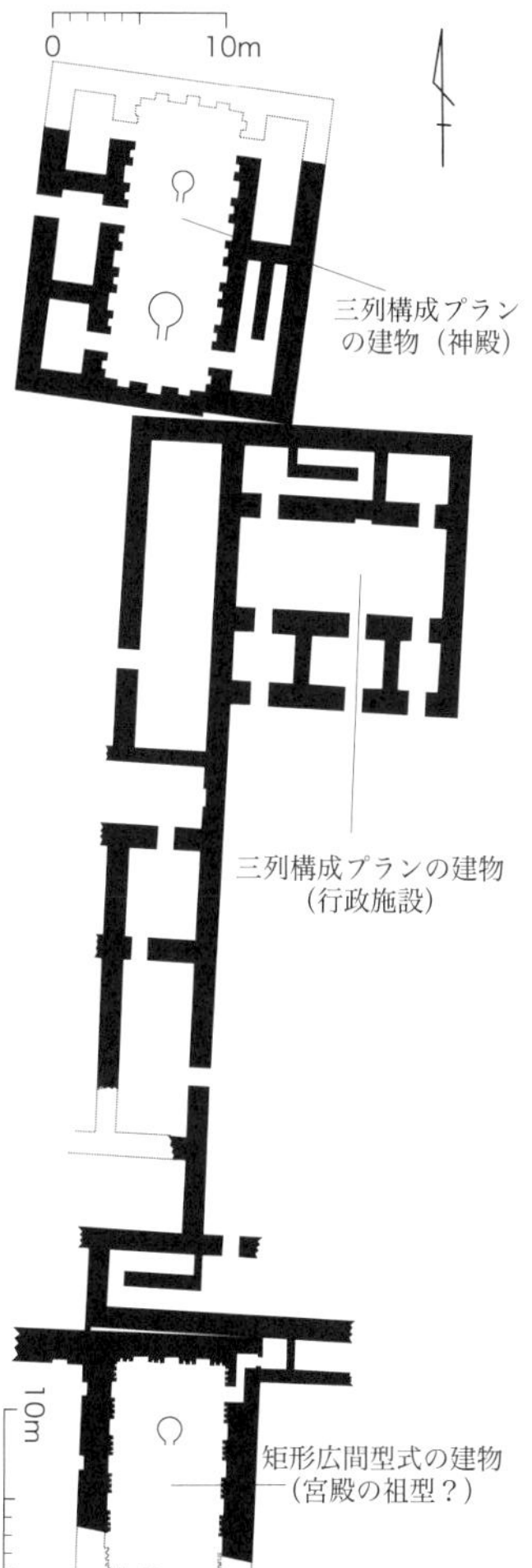

図5－2　ハブーバ・カビーラ南の神殿・行政施設など（Strommenger 1980より作成）

る特殊な施設群が祭祀・行政の機能を果たしていたとされる。[11] 小丘の北側には、三列構成プランの二棟の建物があり、やや離れた南側には、仕切りのない広間を有する建物が一棟ある（図5－2）。前者のうち北端の建物が神殿であり、中央広間の内側に控え壁が設けられている。

小丘の南側にある矩形広間型式の建物は、報告者が示唆しているような行政施設にとどまらず、支配者の居館（宮殿の祖型）として機能していたとも推定できる。同建物は、目抜き通りから見ていちばん奥まった所に配置されているだけでなく、小丘の北側にある神殿とは明らかに異なる建築様式を示している。神殿は、ウバイド期から継承された三列構成プラン、長辺側に入口のある平入り、折れ曲がった進入路の曲折動線を示しているのに対して、矩形広間型式の建物は、壁が厚目で、内側に手の込んだ控え壁が配されている。

ハブーバ・カビーラ南の神殿・行政施設では、絵文字（的な記号の）粘土板や数量を表すトークンの押捺されたブッラ、ドア封泥なども多数出土している。[12] こうした証拠の組み合わせは、他の先行期の遺跡には見られなかった行政機構の存在を示していて、ウルク後期に政治的な支配化がかなり進行していた様子がうかがえる。このころ、都市級の街において世俗的な支配者の居館として宮殿の祖型が初現したと考えられる。

私は、ハブーバ・カビーラ南において、これらの建物が出現した状況を以下のように推考している。都市的集落で台頭してきた世俗的な指導者は、神を頂点とした秩序のもとで、経済活動を巧妙に操作する支配構造を確立していった。テル・カンナスの北側にある三列構成プランの建物は神殿として、隣接する別の建物は行政施設として、同南側に立地する矩形広間型式の建物は居館として使い分

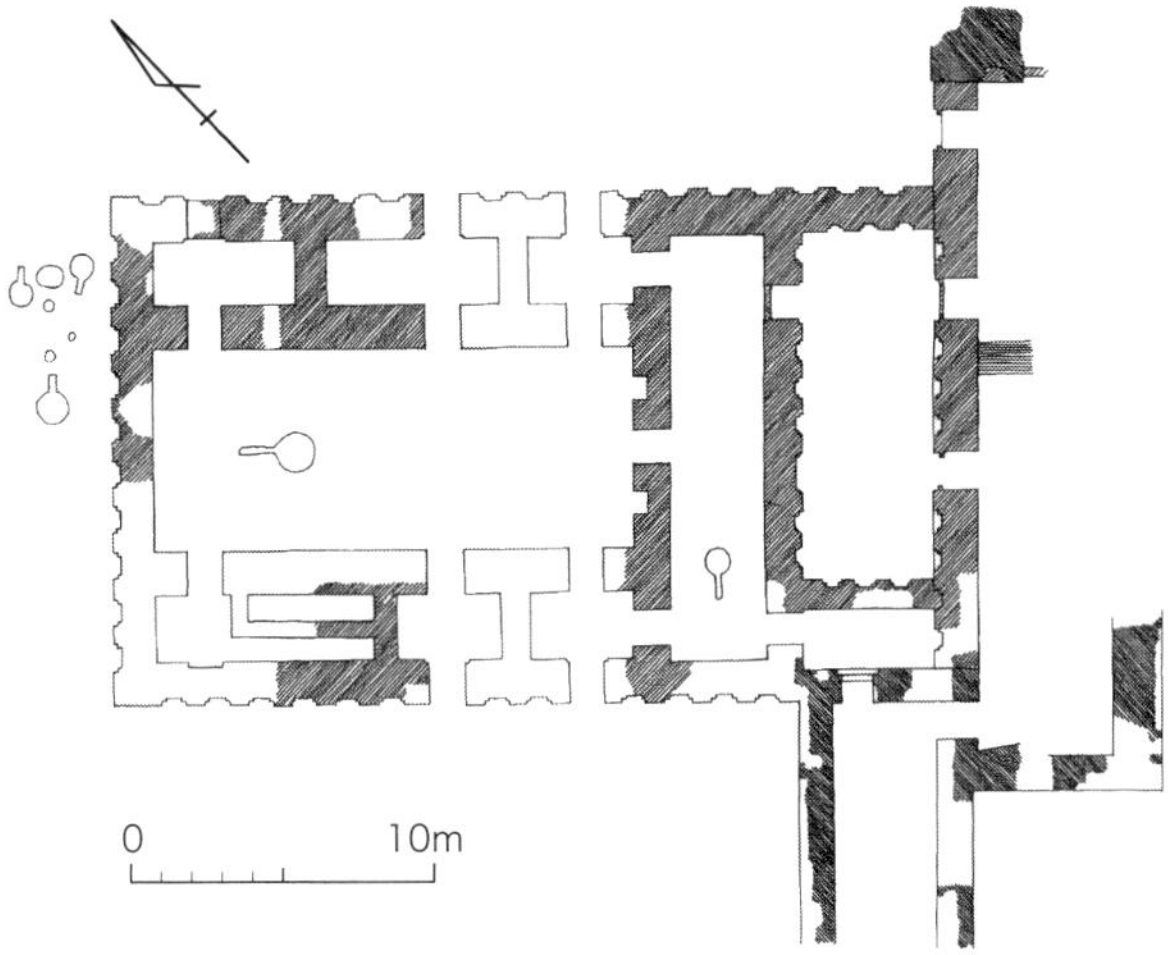

図５−３　ウルク、エアンナ聖域の矩形広間建物（UVB XXIII 1967より）

けていた。街の施政者は、神殿を主役に見せかけ、隣接する施設で行政を執り、自らは奥まった宮殿の祖型に控えながらすべてを支配していたのである。

ハブーバ・カビーラ南の手本となったウルクでは、エアンナ地区に正方形広間型式の建物（神殿E）が確認されている。同広間は一辺二〇メートルあり、ハブーバ・カビーラ南の矩形広間（約一二×六メートル）に比べて大きい。どちらかというとウルクの正方形広間には謁見的な機能が想定され、むしろ矩形広間建物（神殿F）の方が宮殿の祖型だったかもしれない（図５−３）。エアンナ聖域において、後者は前者よりも奥まった場所に立地している状況は、ハブーバ・カビーラ南と同様である。さらに、ウルクの矩形広間型式の建物は、ハブーバ・カビーラ南の矩形広間建物と比較すると、矩形広間プラン、厚目の壁、広間内側の手の込んだ控え壁といった点で酷似している。

　都市の誕生とともに宮殿の祖型が出現したのならば、その最終意思決定者はどのような人物であったのか。これまで広く支持されてきた見解として、ウルク遺跡の都市支配者は「エン en」(シュメール語で支配者を示す称号)と呼ばれ、この人物がイナンナ女神と密接に関係する祭司(神官)王であったとされてきた。その背景には、ウルクの街の中心に配置されていた公共建築物はすべて神殿であり、同聖域で見つかった粘土板文書は当然のことながら、先の「神殿経済」に関連するものだという見解があった。

　こうした従来の神殿中心の都市支配の見解に異議を唱える研究者は多い。ウルク遺跡を発掘してきたドイツの考古学者H・ニッセンは、エアンナ地区の公共建築物すべてが神殿であったわけではないと主張している。[13] エアンナ地区に神殿以外の建物があったのかどうかという点について、発掘担当者の間でさえも意見が分かれていて、[14] 議論に決着はついていない。

「大切なモノ」の保管場所

　ここで視点を変えて、大切なモノの保管場所から支配者の姿を類推してみよう。コミュニティにおいてもっとも大切なモノは財貨である。ウルク期までに、ドアを封印する倉庫が出現して、余剰物が財貨(余剰財)として集中管理されていく。倉庫の管理を任された者、すなわちドア封泥用の判子を所有する人物は、当初の祭司から世俗的な立場の指導者をへて支配者へと推移していった。

　初期王朝時代までに、世俗的な立場の支配者が恒常的にその力を発揮する場として、キシュなどで宮殿が定型化されていく。宮殿において、支配者が財貨管理を一手に引き受けるようになり、やがて余剰財以外の財貨として貨幣が登場する。西アジアで最古の貨幣は、アッカド王朝時代（約四三〇〇年前）に遡る銀のリング・インゴットである。

粘土板文書に記された史料には、アッカド王朝時代から古バビロニア時代（約四〇〇〇〜三六〇〇年前）にかけて、「har」あるいは「šewerum」という楔形文字が頻出する。これらは特別な取り引きの場面で、貴重な物品の対価として支払われた「銀のリング」を示すことが知られている。[15] 具体的な使用法としては、インゴットの端部を折り、秤に乗せて量ったとされる。これは、実質的な秤量貨幣の最古の形態として重要である。

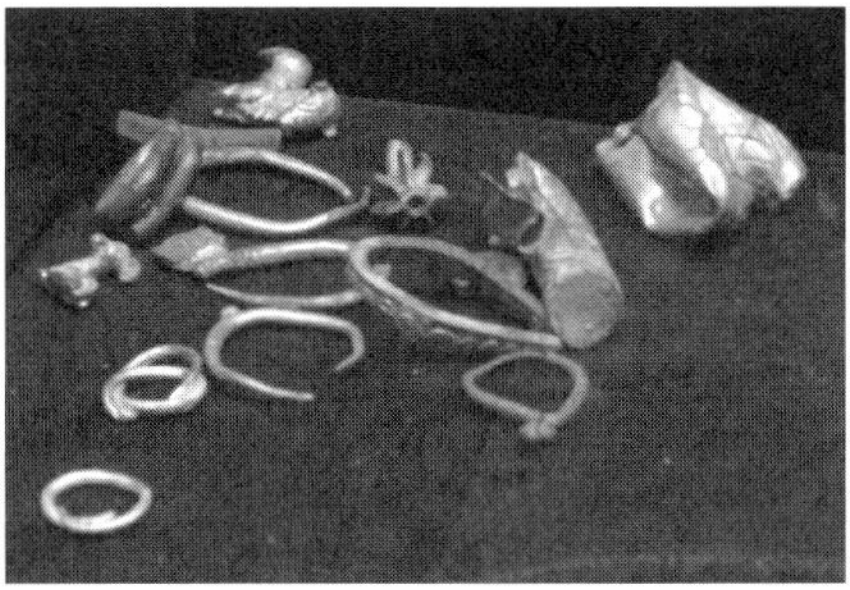

図5－4　銀のリング・インゴット（ダマスカス国立博物館にて）

一般的に、古代の貨幣は「金貨」「銀貨」といった本格的な鋳造貨幣すなわちコインとして知られている。西アジアでは、リディア王国（約二六〇〇年前）で最古の銀貨が発明されたが、実はそれよりも二〇〇〇年近く前に、リング・インゴットが秤量貨幣の祖型として利用されはじめていたのである。銀のリング・インゴットは、南メソポタミアのウルをはじめとして、中部メソポタミアのハファージェ、北メソポタミアのテル・タヤ、北シリアのマリ、ブラクなどの都市遺跡で検出されている（図5－4）。いずれも指輪状あるいはゼンマイ状を呈して、携帯に便利な形状である。

財布のない時代、貨幣を紛失しない最良の方策として、支配者層は銀のリング・インゴットを指輪としてはめて、肌身離さずもっていた。ほぼ同時代のエブラでは、貨幣は宮殿に保管されていた。もはや、祭司たちの従事する神殿の脇室などではなく、世俗的な支配者の居館である宮殿に財貨が保管されるようになった。一番大切なモノの保管場所がどこにあるかによって、最終意思決定者の姿が見えてくる。宮殿の主である世俗的な支配者は、神殿の陰に控えることなく、表舞台に出て経済を仕切るようになっていた。アッカド王朝時代に政治的な支配構造はおおかた完成したといえる。

2 巨大化する都市

都市記号とジッグラト

街で一番重要かつ目立つのは、ひときわ高い基壇の上に建立された神殿である。古代西アジアの都市は「神」のための街である。都市国家の分立段階では、街の主の祀られる神殿の輪郭が記号化されて、他の街と区別されるようになった。やがて、領域国家の段階になると、神殿の進化形としてジッグラト（聖塔）という巨大モニュメントが登場してくる。

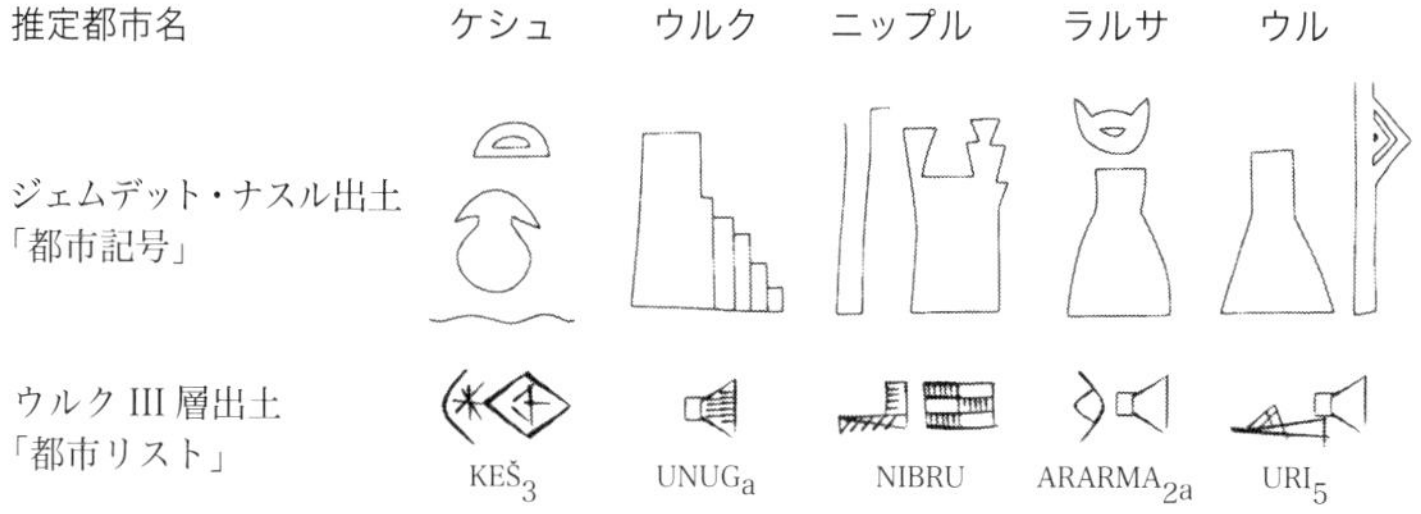

図5-5　都市記号（Matthews 1993より作成）

最古級の都市が誕生した後、約五〇〇〇年前までにエリドゥ、キシュ、ウルク、ウル、ニップル、ラルサなどの都市を中心とする国家が出現する。都市国家の分立段階、いわゆるシュメール都市国家の時代の幕開けである。ウルクの街と同様、新興の街でもウバイド期から人々は居住し、ウルク期までに都市的集落として発展して、前期青銅器時代前後（約五〇〇〇～四〇〇〇年前）に都市へ急成長した。

都市国家の分立段階（ジェムデット・ナスル期）になると、都市の急増に伴い、都市を認識するための記号が考案される。メソポタミアでは都市の中心に神殿が建立され、それが街のランドマークとなっていく。神殿の輪郭などを象徴化したものが、都市記号（都市シンボル）として採用されている（図5-5）。

たとえば、ウルの都市記号は、基壇上に建てられた神殿の輪郭とともに、神殿入口の門柱が象徴化されている。実際の神殿では一対になっていた門柱は、記号では片方だけに省略されて、その先端に旗が付けられている。シュメール語の都市名「$uri_{2/5}^{ki}$ ウル」は、都市記号の「urin 門柱」が由来となっている。[16]

また、ラルサの街の記号は、基壇の上に建てられた神殿と、地上

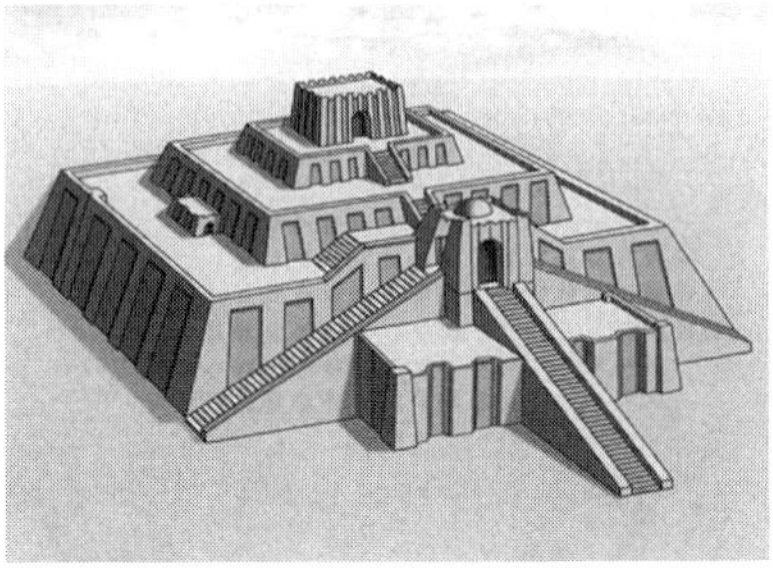

図5－6　ウルのジッグラト復元図（岡田2000より）

に現れた太陽「bàbbar 日の出」を示している。ラルサは太陽神ウトゥの街であり、太陽神が祀られていた神殿は「é-bàbbar 白い家」と呼ばれていた。[17]

さらに、ウルクの街の記号は、神殿が何層にもわたって上塗り（改築）されているようなイメージを与えている。何代にもわたって神殿が建て替えられてきた様子が記号化されたのであろう。シュメール語の都市名「$unug^{ki}$ ウルク」は、「ug̃a$_3$/un 人」と「ig 扉」が由来になっているという見方もあり、[18] いかに大勢の人々がウルクの街に集まっていたのかが伝わってくる。

つまり、都市国家の段階に、基壇にそびえる神殿の輪郭が街の記号になった。象徴化において、建物以外の特徴で他の都市とのちがいが強調されている。神殿の輪郭を基礎にして、祀られていた神を示す事物や施設などの付加物が、街の個性として表現されている。まもなくして、記号は粘土板上で九〇度左回転されて、都市名として表記されていった。古代メソポタミアの都市名の表記は、基壇上の神殿と付加物の組み合わさった記号に由来していたのである。

ウル第三王朝時代（約四一〇〇年前）には、ランドマークとしての神殿の進化形が出現する。数段の基壇上に神殿の建つジッグラト（聖塔）である。ジッグラトという言葉そのものは、アッカド語で「頂上に一つもしくは複数の神殿が設置された階段状ピラミッド」を意味する。もっとも残りの良いジッグラトは、ウル第三王朝時代のウル・ナンム王がウル遺跡に建造したものである（図5‐6）。

西アジアでは、古い神殿がいったん取り壊されて整地された後、同じ場所に新しい神殿が建てられる。もともと比高差のあるところに建っていた神殿は、建て替えの連続によりいっそう「上へ」伸びていく。先行期の神殿の瓦礫が基壇となり、最新版の神殿が基壇の上に積まれていく。都市国家の段階には、かなりの瓦礫層が累積していたため、基壇頂上に建つ神殿へのアクセスには長い階段が必要となる。やがて、都市国家群が統一される領域国家の段階になると、基壇にそびえる神殿の形態が進化していき、ウル第三王朝時代にジッグラトという巨大なモニュメントが登場する。

約四〇〇〇年前までには、ウルを典型例として、主要な都市のテメノス（聖域）にジッグラトが建立されるようになる。ジッグラトの出現は、視覚的効果として強烈な街の焦点をもたらすことになり、都市プランの在り方を大きく変えていった。たいていジッグラトは、すぐそばに都市神を祀る神殿を伴い、独立した前庭をもつ区画の中に建てられている。街を守護する都市神は神殿に祀られて、ジッグラトは都市神の神殿を補助する役割があったとされる。[19]

ジッグラトの起源に関して、おもに三つの仮説がある。[20]一つ目は、農作物の保管施設としての利用が想定されている。毎春、雪解け水がユーフラテス・ティグリス両大河を下り、南メソポタミアの平野は洪水で溢れる。そこで、ムギ類をはじめとした穀物を冠水から避け、保管するためにつくられた設備がジッグラトだったという説である。

二つ目は、出身地の山岳地に似せてつくった人工の山という説である。シュメール人の出身は、南西イランの山岳地帯であったとされる。故郷から遠く離れて暮らしていたシュメール人は、自分たちの出身地の山に見立ててジッグラトをつくったというものだ。

三つ目は、ジッグラトは天に通ずる階段であるという考え方で、もっとも広く受け入れられている。ジッグラト頂部の神殿は、祭司が神々に近づける場所として配置されたという説である。ジッグラトに隣接して都市神を祀る神殿が配置されていることから、神が天からジッグラトに降りてきて、隣接した神殿に入る（居る）と想像されている。

ジッグラト内部はエジプトのピラミッドと異なり、たいてい排水用の縦坑以外に部屋や空間はつくられていない。外側に階段やスロープが設けられていること自体、頻繁な昇降を示唆していて、明らかにピラミッドと違う。さらに、ウルのジッグラトに見られるように、ジッグラト外面は焼成レンガで被覆され、基底面付近はビチュメン（天然のアスファルト）が塗られて耐水構造になっている。

ジッグラトなどの基壇頂上にそびえる神殿は、洪水時に人々の緊急避難所としても利用されたであろう。遠目に見ると、洪水に覆われた平原に屹立する神殿は、あたかも海原に浮かぶ舟のごとく映り、洪水伝説の「箱船」の景色となる。洪水伝説は、大河の氾濫時に人々がジッグラトなどの基壇頂上へ避難する光景がもとになり、その描写が物語の一部として伝承されていったのかもしれない。

都市の規模と人口

『旧約聖書』の「ヨナ書」に登場するニネヴェの街は、端から端まで歩くのに三日もかかったとされる。この規模は、一つの「都市」としてはにわかに信じがたいものの、「都市国家」の全体として見直すと至極妥当な大きさとなる。

ウルクの街は、シュメール地方の拠点集落として出現した後、当該地域で唯一の都市へ成長する。ウルク前～中期に本遺跡の面積は約一〇〇ヘクタール（ほぼ東京ディズニーランド＆シーに相当）であったが、ウルク後期には約二五〇ヘクタール（皇居の二倍より小さめ）へ増大する。後期銅石器時代の南メソポタミアで、ウルクの街に対抗しうる大規模な遺跡は他に見つかっていない。

後期銅石器時代の初頭、いかにしてウルクの街が一〇〇ヘクタール級の都市的な性格の強い集落へ成長していったのかは良くわかっていないが、その発展が群を抜いて速かったことはたしかである。西アジアのなかでも、南メソポタミアのシュメール地方における社会発展の速さという特質は、都市誕生に向けて有利に働いていたと考えられる。この点において、前述のアルガゼの説いた「中心」と「周辺」の格差を、「中心」の優越性として読み替えることができる。

約六〇〇〇年前にはじまるウルクの街の巨大化は、近隣の都市的集落のさらなる都市化にも少なからず刺激を与えた。今のところ、後期銅石器時代の都市としてはウルクとハブーバ・カビーラ南の二例しか確認されていない。前期青銅器時代になると二〇前後の主要な都市が現れて、固有の領土をもつ都市国家として互いに競合する。新たに登場する都市の規模は、都市国家の形成とともに拡大していき、やがてはウルクの街の規模を超えるものも現れてくる。都市国家の中心となる都市の規模に関しては、さまざまな発展過程をたどっている。[21]

すでに、ウバイド期から居住利用されていたウルでは、徐々に規模が拡大してく様子が認められる。ウルの街の規模は、初期王朝時代Ⅱ期（約四七〇〇年前）に約二〇ヘクタール（東京ドームの四倍強）だったが、約六〇〇〇年後にウル第三王朝の首都として栄えるころには六〇ヘクタール（皇居の半分弱）に拡大する。

シュメール北端に位置するニップルの街は、ウバイド期に小規模集落として居住利用が始まった。ウルクの街が都市として拡大するころには、ニップルも約五〇ヘクタールにまで規模が大きくなる。その後いったん規模が縮小して、初期王朝時代に再び四〇〜五〇ヘクタール、ウル第三王朝時代は約一五〇ヘクタール（皇居より大きめ）にまで拡大した。

青銅器時代以降、ウルクの街の規模を超える都市が出現する。キシュはジェムデット・ナスル期から居住されはじめ、初期王朝時代には約五五〇ヘクタール（皇居の四倍弱）の規模に達する。鉄器時代の例として、新アッシリア時代（約二七〇〇年前）のニネヴェは、全長約一二キロメートルの城壁で囲まれ、街の面積は約七五〇ヘクタール（皇居の五倍強）に相当する。新バビロニア時代（約二五〇〇年前）のバビロンは、全長約一八キロメートルの城壁で囲まれ、街の面積は約九七五ヘクタール（皇居の七倍弱）となる。こうした超弩級《ちょうどきゅう》の都市は、銅石器時代の集落が青銅器〜鉄器時代に大規模な都市計画のもとで巨大化したものである。いずれもシュメール地方よりもアッカド地方（南メソポタミア北部）やアッシリア地方（北メソポタミア）に目立っている。

限られた例ではあるが、シュメール地方で銅石器時代（ウバイド期前後）からすでに居住利用されていた集落は、都市的集落の段階をへて都市に成長していった。その発展過程は、ウルクの街の拡大・縮小にほぼ同調していて、ウルクの街の規模を超えることはなかった。周囲から影響を受けながらも、自ら緩やかに成長していったという傾向がある。他方、アッカド地方やアッシリア地方で青銅器時代以降に出現した都市は、ウルクの街をしのぐ大規模なプランで計画的に建設されている。完成された都市計画が、強大な権力のもとで実現された印象を与えている。

都市の人口密度に関して、フランクフォートが都市遺跡で発掘された居住域の住居址をもとに計算している。彼は、初期王朝時代のトゥトゥブ（現代名ハファージェ）、アッカド王朝時代のエシュヌンナ、古バビロニア時代のウルで発掘された住居址とその面積を検証した。いずれの遺跡でも、約一エーカー（約四〇〇〇平方メートル）に二〇軒の住居址が確認され、一軒の住居址の平均面積が約二〇〇平方メートルとされる。一軒に六～一〇人の大人が生活すると仮定して、一ヘクタール（一万平方メートル）当たり三〇〇～五〇〇人の人口密度になる。

フランクフォートの試算した値は、現代イスラーム都市のアレッポとダマスカスでの人口密度、一ヘクタール当たり四〇〇人にほぼ等しい。また彼は、「ヨナ書」に記されたニネヴェの巨大さを疑問視している。同書で、ニネヴェはとてつもなく大きな街として描かれていて、端から端まで歩くと三日かかるとされるが、実際のニネヴェ遺跡は城壁内の長軸は五キロメートル前後しかない。街の人口も一二万人と記されているが、これは明らかに誇張された数字であるとフランクフォートは指摘している[22]。

ニネヴェの街の規模に関して、私はフランクフォートと異なる見解をもっている。もし、旧約の記述が「都市」ではなくて、「都市国家」全体を指していたとすると、諸点においてつじつまが合ってくる。一日で約二五キロメートルを歩いた場合、三日で横断できる距離は約八〇キロメートルになる。これは初期王朝時代のラガシュ国の大きさにおよそ相当する。都市国家ラガシュは、南北約八〇キロメートル、東西約四〇キロメートルに広がり、国土面積は約三〇万ヘクタール（ほぼ東京都の一・五倍)、人口は約一二万人と推定されている。[23] したがって、ヨナ書に記されたニネヴェの大きさは、街だけの範囲ではなく、街を中心とする都市国家全体の領域を示していたと推定できる。

かなり大雑把ではあるが、一つの街だけで形成された都市国家は一日で横断できると仮定するならば、その領域はおよそ二五キロメートル径となる。一方、ラガシュのように、三つあるいは四つの街が連合して形成された都市国家の場合、領域はおよそ五〇～一〇〇キロメートル径になり、実効支配域を横断すると二～四日かかる計算になる。ヨナ書にあるように、街の端から端まで歩くと三日かかるというのは、後者の事例に当てはめると案外妥当な距離となる。

なお、ウル第三王朝時代、シュルギ王の治世において、王が腰布を巻いて宮殿の中庭で徒競走をする場面がある。実際には対戦相手はいなかったようで、王の走った距離が国家の領土を象徴的に現す神事であった。[24] ウル第三王朝時代は、都市国家の分立段階とは異なり、複数の都市国家が支配下に組み込まれた領域国家であり、端から端まで数千キロメートルに及ぶ。これだけの距離を実際に走行することはできないので、宮殿の中庭を駆け抜けて代替したとみられる。

3　戦争のはじまり

になる。

「国家形成」と戦争

「国家」の定義は多様な見解に分かれ、「国家形成」はときに「都市化」と混同されてしまうこともある。自説として、古代西アジアでは都市と国家は同時に登場しなかった。都市が誕生した後、その都市を軸として国家的な仕組みが構築されていき、実効支配領域をともなう都市国家が出現することになる。

つまり、国家とは、複雑に発展していった都市社会がたどり着いた到達点であり、国家なしに都市は存在しうるが、都市の存在しない国家は西アジアでは考えにくい。

ウルク後期、シュメール地方にはウルクの街しかなかったため、ひとり勝ち状態の「都市」には国家的な権力は未熟な状態であった。まもなくして、ライバルの都市が多数出現することで、互いに競合するようになり、本格的な権力をともなう「都市国家」へと発展したのである。

古代西アジアにおける都市誕生プロセスの研究では、「都市＝国家」論が一九六〇年代よりアメリカの学界を中心に普及してきた。とくに、前出のアダムズ以降、メソポタミアを中心とする西アジア地方の都市化について、「国家形成」の視点で議論される傾向が強くなる。「国家形成」の概念は、本書で説く都市化にほぼ相当する。

国家形成の動因として、人口圧が引き金になった紛争や戦争を想定する見方がある。紛争や戦争の仕組みに刺激されて、強力な行政組織が成長していったというものである。こうした議論の多くは、継続した人口増加が新たな食糧生産手段をもたらすというE・ボスラップの人口圧論に依拠している。[25]

代表的な例として、アメリカの人類学者R・L・カーネイロの説がある。彼は南アメリカのアマゾンやペルーでの事例をもとに、古代の紛争や戦争が国家形成の動因になったという仮説を立てて、西アジアへの適用も試みている。

カーネイロの「制約説」(Circumscription Theory)によると、初期国家に至る社会はいずれも、山、海、沙漠などの自然環境によって制限された農耕地に成立していた。限られた土地利用において、人々は新たに農地を開拓することが難しいため、むしろ既存の農地を奪う方向へ進んでいった。つまり、地理的に制約された地域では、人口圧の増加による食糧資源の不足を補うために、限られた農地の獲得をめぐって近隣地域と紛争をおこすようになったのである。争いに勝った軍事指導者は、多くの可耕地を報酬として得ただけでなく、負けた側の集団を社会的に低階層の労働力として支配していった。こうした階層化の過程をへて、中央集権的な国家組織が形成されていったという。[26]

古代西アジアでは、都市化の最終段階(ウルク後期)までに、カーネイロの戦争による国家形成論に見られたように、隣接するコミュニティとの紛争が目立ってくる。こうした対立や紛争は、突如として顕在化したのではない。先行する「よそ者」の出現が伏線となっていて、ウバイド終末期以降、どことなく不穏な時世に移行しはじめていった。

南メソポタミアのウルク遺跡では、ウルク後期までに本格的な城壁が構築されたと推定される。北メソポタミアのガウラ遺跡では、ウバイド終末期からウルク前期併行にかけて、出身の異なる「よそ者」の活発化とともに、集落入口を防御する軍事施設が大量の土製投弾などを伴って出現してくる。北シリアでは、ウルク前期にブラク遺跡で城壁が初現して、ウルク後期までにハブーバ・カビーラ南で本格的な城壁が出現する(図0-2、3参照)。

ほぼ同時に、アナトリアやレヴァントなどでも、集落を囲う本格的な防御用の城壁が登場してくる。トルコ南部のメルシン遺跡では、集落縁辺に連なる小部屋の外壁が幅一・五メートルあり、集落を囲む防御施設として機能している。これらの小部屋には、弓を射るための窓が二つずつ配置され、土製あるいは石製の投弾も見つかっている。[27]

さらに、北東ヨルダンのジャワ遺跡では、ウルク後期に並行するころ、約九ヘクタールの集落が高地と低地に分けられてそれぞれ城壁で囲まれている。[28]同時に、イスラエルのテル・エラニ遺跡では、見張り台を伴う三メートル幅の城壁が現れて、イスラエルで最古級の防御施設とされる。[29]

これらの城壁の多くは、後期銅石器時代の終わりごろ（都市化の最終段階）に集中して、メソポタミアだけでなく、北シリア、南東アナトリア、レヴァントなどにも現れた。防御施設の出現は、社会的な緊張の高まりに起因していて、それまでの平和的あるいは平等的な性格とは違い、戦争や対立という面が強く浮き出ている。ウルク後期までに、特定の都市的集落では、良からぬ「よそ者」、すなわち「ならず者」への対策などで、自衛のための城壁が建造されていった。西アジアの中心地域における情勢変化に同調して、近隣地域も緊張関係に巻き込まれていったと考えられる。

武器の開発

六〇〇〇年前ころから、社会的緊張の高まりがメソポタミアとその近隣地域に波及して、あちこちで防衛用の壁や施設が構築されていった。それに合わせて自衛のための武器も開発されていく。ウルク遺跡では、ウバイド終末期の段階で、銅製の槍先や磨斧、棍棒頭などが副葬されていて、集落を護る軍人の職能が生じていた。武器類の出現は先行期には見られなかった新しい一面である。「ならず者」が特定の集落に侵入してきた際、自衛のために使われたと推定される。

ただ、いずれも小型の規格であり、これだけでは当時の社会に戦争が起きていたことにはならない。その証明には、戦闘用の各種武器をはじめ、戦争を起こす国家的な権力、戦時に街を護る堅固な城壁、戦後処理としての捕虜・奴隷の収容施設など、さまざまな事象がそろってこなければならない。先述したように、西アジアでは約六〇〇〇年前に防御施設としての城壁が出現するが、各種武器、権力、捕虜や奴隷などに関する証拠は見出しがたい。どうやらウルク前期ごろまでは、小競り合い程度の衝突にとどまり、大がかりな戦《いくさ》の鬨《とき》の声は上がっていなかった。

戦闘用の各種武器は、軍事施設とともに約五五〇〇年前には大方そろってくる。北シリアのシェイク・ハッサンでは、ウルク中期後半の城壁内側で堅牢な施設から銅製の槍先や短剣が出土し、ウルク後期のハブーバ・カビーラ南では銅斧が出土している。[30] 南東アナトリアのアルスランテペでは、ウルク後期の建物から、二一本の銅製の剣と槍先が見つかっている。

南メソポタミアのウルク遺跡では、ウルク後期末のエアンナ地区に立地するリームヘン（断面が正方形の細長いレンガ）製の建物から、銅と銀の合金で鋳造された鏃《やじり》が出土している。この合金鏃は威信財あるいは儀器として奉納された。直後のジェムデット・ナスル期のウル遺跡では、銅製の槍先が見つかっている。南西イランのスーサ遺跡ではウルク期併行の層位から骨鏃、ジェムデット・ナスル期相当の層位から銅製の槍先がそれぞれ確認されている。

これらの武器は、ウバイド終末期の副葬品にくらべて、規格が大型化したり、種類が多様化している。一部を除いて、ほとんどは武器として製作されたと見受けられる。ウルク中期後半以降、シェイク・ハッサンやアルスランテペなどで、各種武器が収納される施設や部屋が現れる。武器の普及とあわせて、こうした武器庫の出現も先行期には見られなかった特異な傾向である。小競り合いの段階を超えた、いわゆる戦争を始める舞台があらかた整ってくる。

たしかに、ウルク中期後半までに武器が開発されていたものの、負けた側の捕虜を扱う施設の証拠に乏しく、権力をもつ支配者の影も薄い。いろいろな観点から、ウルク中期後半は戦争前夜の段階であったと推察される。ようやくウルク後期になって、西アジアで本格的な戦争が起きた可能性が高い。この見通しを補うものとして、アナトリア地方の冶金の進展が参考になる。

銅石器時代では、銅が冶金の主役であった（前章2節の「銅から錫へ」参照）。依然として錫と合体するには至らず、いわゆる青銅器時代に錫青銅が出現するまで一〇〇〇年ほど時間を要する。この間、西アジアの人々はさまざまな試行錯誤を重ねて、各種合金を開発していった。錫鉱石に比べて近隣で採れる銅鉱石をもとにして、優れた製品の開発を目指して冶金術が進展していったのである。

南東アナトリアのハジュネビ遺跡では、ウルク文化の波及前から在地の銅器生産が専業化されていたが、おもに鑿《のみ》などの日用品やピンなどの装飾品が鋳造されていた。二〇〇キロメートル以上も離れた鉱山から銅鉱石が搬入されて、ハジュネビの工房で鋳造された銅インゴットがメソポタミア方面に輸出されたとされる。[31]ウルク中期ごろには、武器製造に関する証拠がほとんどなく、同時期の冶金はもっぱら日用品や装飾品の製造に向けられていた。

つまり、ハジュネビなどの南東アナトリア地域では、ウルク中期（約五五〇〇年前）までに武器が本格的に生産されることはなかった。アルスランテペで見られるように、銅鉱石の鋳造による武器開発はウルク後期（約五三〇〇年前）に活性化してくる。こうしたアナトリアの事例からすると、銅石器時代を通して西アジアでは冶金術が発達していき、同時代の終わりごろに銅製の槍先や剣などの各種武器が本格的に生産されていったという流れを想定できる。

社会的緊張の高まり

各種武器の登場は、当時の社会がそれだけ緊張した状態に追い込まれていたことを示す。先行するウバイド期は武器を必要としない社会であったため、工芸技術の進展が武器の開発につながることはなかった。ところが、後続のウルク期になると、あると便利な道具類づくりを目指していたはずの冶金術が、いつの間にか戦場で敵を倒すための兵器開発に直結していく。これはまさに、快適な暮らしを追求する都市を創出したことで、副産物的にもたらされた「陰」といえよう。都市の創出が戦争の招来と表裏一体をなす、という宿命的な構図が古代西アジアでは看取される。

戦争が起きると、負けた側の捕虜が勝った側に連行される。ウルク遺跡で見つかった円筒印章の印影は、戦争に負けた捕虜が後ろ手に縛られて命乞いをしている場面と解釈されている（図5－7）。類似資料は、南西イランのスーサ遺跡でも出土していて、城塞のような施設と弓矢が戦争の場面を想起させる。[32] こうした図像資料は、都市をめぐる攻防戦が当時の典型であった様子を示唆している。一方、ウルク出土の印影を戦争の場面と見ない解釈もある。後ろ手に縛られている者たちは外国風の髪形をしていないことから、メソポタミア人の債務不履行者に対してお裁きが与えられていて、神殿に

図5－7　戦争に負けた捕虜（Postgate 1992より）

対する納税あるいは賦役を強制する社会的な仕組みが読み取れるという。[33]

命乞い、お裁きいずれにしろ、ウルク後期の社会ではそれまでにない緊張関係のたかまりを感じ取れる。極度の社会的緊張から勃発した戦争は、わずかな居住適地や資源をめぐる所有権が火種となっていた。この状況は現代となんら変わらない。快適な暮らしの望める土地や、貴重な資源とその利益をめぐる争いがつねにくすぶってきたのである。以下、私の考える古代西アジアにおける戦争開始のシナリオを整理しておく。

かつて、ウバイド期には武器を必要としない平和的で平等的な社会が展開していたが、ウバイド終末期の「よそ者」の台頭に起因して、集落間の社会的緊張が徐々に高まってくる。当初「よそ者」は、拠点的な集落で交易の担い手などとして互恵的に共存していた。しだいに、良からぬ「よそ者」、すなわち「ならず者」が現れて、一部の魅力ある集落を脅かすようになり、防御施設が必要とされてくる。

ウルク中期後半になると、交易や市場の活性化により、良からぬ「ならず者」との接触機会がいっそう増えて、簡易な防御施設だけで都市的集落を護ることが難しくなる。自衛対策だけでは集落の防御は不足となり、長距離の交易ルートの保守も必要となって、本格的な城壁の建造とともに武器の開発が進行していく。城壁や武器によって護るのは住民や余剰食糧だけでなく、遠隔地から運んできた貴重な資源や、それを原料として生産された優れた製品も含む。

そして、ウルク後期には社会的緊張が極度に高まり、都市的集落の人や資源などの富を護るために、「ならず者」やその予備軍的な存在を先に叩く攻撃的な側面も付加されていく。権力をもつ支配者によって、武器の開発とともに攻撃力を備えた軍隊組織が形成されていき、敵の攻撃を想定した堅固な城壁が建設されていく。戦争により生じる捕虜は連行され、勝者の奴隷となる。戦争を示唆する一連の証拠はウルク後期にそろってきていることから、西アジアでは約五三〇〇年前に本格的な戦争が起きはじめたといえる。

当時、南メソポタミアのシュメール地方で唯一の都市ウルクは、同格に競合しうる敵対勢力がなく、ひとり勝ちの状態であった。ただ、ウルクの街に脅威がもたらされていたことはたしかなようである。ウルクの街を脅かしていたのは、おそらくシュメール地方あるいは周辺の都市的な性格の強まってきた集落であったと思われる。

今度は、ジェムデット・ナスル期から初期王朝時代前半にかけて、こうした有力な都市的集落が都市国家の中心的な都市へと成長していき、互いにシュメール地方の覇権を争う展開になる。都市国家の林立する戦国の世となり、日々、領土拡張をめぐる争いが繰り広げられていく。とくに、先行期からつづいてきた冶金術の進展によって、より耐久性の強い物づくりの開発が、殺傷能力の高い本格的な武器の生産へとつながる。本来ならば、快適な暮らしを追求するはずの技術開発が敵を倒す兵器を産み出してしまったのである。残念ながら、西アジアで戦争に縁のない都市を見出すことは難しい。都市の誕生によって創り出された快適さという「陽」とあわせて、戦争という「陰」も生まれたのである。

都市国家の分立段階では、本格的な武器が開発されるとともに軍事組織も拡充されていった。前川によると、初期王朝時代Ⅲ期（約四六〇〇年前）のラガシュの社会階層は、可耕地を割り当てられた層と割り当てられない層に分かれて、さらに前者は「専門的技能をもたない人々」と「専門的技能をもつ人々」に細分されるという。「専門的技能をもたない人々」は、農閑期に運河の開削・維持といった事業や対外戦争に従事したとされる。前川は、集団組織は軍事組織にも転化して、シュメール都市国家の支配者は集団組織の最高編成者であると同時に軍事司令官でもあったとみている。[34]

シュメール都市国家では、平時における土木作業員が有事に兵士となった。言い方を変えると、都市国家を護る兵士たちは、日常において運河や城壁などの工事も担わされていたと考えられる。現代の日本に例えると、災害対策として適所に土嚢を積んだり、道路や橋脚を補修したりする自衛隊の役目に相当する。シュメール地方の洪水対策に動員された兵士たちの姿に、迷彩服を着た自衛隊の勇姿が重なってくる。

終章 都市と権力——国家的な組織による秩序の維持

パルミラ遺跡全景。最古の都市から約3000年後のローマ時代、シリア沙漠に建設された隊商都市。軸線方向や、目抜き通りと神殿の配置などに西アジア的な特徴も認められ、古代都市を研究するうえで重要な遺跡だが、2015年にベル神殿などがISに破壊された。写真は1987年の撮影。

古代西アジアの都市化とは、より快適な暮らしの追求そのものであった。生活環境の改善に向けた都市化のあゆみは、七〇〇〇年前に芽生え、二〇〇〇年をへて都市として開花した。

定住生活をもとに農耕牧畜が進み、土器の普及により生活範囲が拡大すると、日々の暮らしをより良くするために、物的にも心的にも快適さへのこだわりが強まっていった。余剰食糧の豊富な魅力ある集落で、多様な価値観をもつ人々が集住しながら、暮らしやすさの指向性が見事に結実して都市誕生につながった。

終章では、西アジアで都市が誕生した後の都市国家や領域国家への推移について、文字記録、冶金などをもとに論じる。銀を入手した都市の支配者は権力を掌握して、新興の街との競合を通して、国家的な仕組みを構築していった（シュメール都市国家の分立）。国家的な機能を円滑にするために、文字記録システムは必須となる。つぎに支配者は、都市国家を存続・拡張させるために、国家権力を行使しながら青銅製の武器を本格的に生産するようになっていった。こうした歴史的背景を踏まえながら、西アジア特有の都市国家における権力の掌握について検証してみる。

そして、隣接地域のエジプトやインダスだけでなく、日本とも比較しながら、都市や国家の在り方についても論じてみる。それぞれの環境や風土に根ざした諸都市の独自性や共通点を浮き彫りにして、西アジアの都市とはいったい何であるのかを考察して、本書のまとめとしたい。

文字記録と冶金

西アジアにおける都市誕生は約五三〇〇年前に遡り、今のところ最古級の都市はウルクとそのコピーであるハブーバ・カビーラ南の二つしか確認されていない。この段階では、絵文字的な記号による備忘録で十分であった。数百年後、固有の領土をもつ二〇前後の主要な都市国家が分立する段階になると、状況が変わってくる。支配者は国家の存続と拡張に向かうことになり、そのための権力行使には正確な意思伝達が欠かせなくなる。とくに、都市国家の中心にある都市では、今まで以上に大勢の「よそ者」が集住するようになったため、正確な意思伝達のツールとして文字記録システムが不可欠になったと考えられる。この五〇〇〇年前あたりから、いわゆる歴史時代の始まりとなる。

西アジアの中心に位置するメソポタミアは、周囲から容易に進入することのできる平原地帯であり、古くからさまざまな集団が進入してきた。豊富な食、美味い酒、さまざまな職にあふれる都市に魅せられて「よそ者」が集まってくると、今度は都市で多様な集団が共存できるよう、居住空間が巨大化していく。都市国家の中心となる都市では、大勢のよそ者たちを受け入れる空間的な奥行きが備わっていただけでなく、価値観の異なる者同士の意思伝達も工夫されていった。

出身が異なり、考え方も違うと、会話と絵文字的な記号による意思疎通には限界がある。そこで、いろいろな出身地や考え方の人々が集まる空間で、それぞれの意思をより正確に伝える表現方法がおのずと求められていった。絵文字的な記号を発展させた、話し言葉をほぼすべて表記できる文字記録システムである。こうした工夫は一般の集落ではけっして起こりえず、多様な価値観のぶつかりあう都市においてこそ、より正確なコミュニケーション・ツールとして発明された。

文字と同様に、国家的な権力と密接な関係にあったのが冶金である。とくに、銀の灰吹きという画期的な冶金の開発は、西アジアにおける都市の成長と足並みをそろえている。銀の開発は、銅石器時代を通して継続されてきた銅などの冶金へのこだわりが基礎になっている。西アジアでは、より高品質な銅を手に入れるために試行錯誤が重ねられてきた。その過程で、銅鉱石に混じって採掘された鉛鉱石から、わずかな銀の成分を抽出する灰吹き法があみだされていったと思われる。

約五三〇〇年前のウルク後期に、南メソポタミアのウルクで都市が誕生した直後、北シリアでウルクを模倣したハブーバ・カビーラ南がつくられた。後者は金属資源の開発に有利な地にあり、とくにユーフラテス川上流域近くの南東アナトリア地方に、銀成分の含まれた方鉛鉱の産地がある。ハブーバ・カビーラ南の工房では、方鉛鉱から銀を抽出する灰吹きの証拠が見つかっている[1]。この街は銀をウルクへ搬出するうえでも要地にある。街の北東側にあったと推定される波止場から、灰吹き法で製錬された銀がユーフラテス川を下ってウルクの街へ運ばれたと考えられる。

初期王朝時代（約四九〇〇〜四三〇〇年前）に、都市に「銀の倉庫」がつくられ、物々交換において銀の重さが基準になる。アッカド王朝時代（約四三〇〇年前）までには、銀のリング・インゴットが最古の貨幣として一部で流通しはじめて、国家的な組織の支配者の居る宮殿に保管されるようになる。古代西アジアにおいて銀と都市は不可分の関係にあり、銀の所有は権力の掌握に直結していた。

銀に遅れて開発される青銅も、権力の増長に大きく絡んでいる。西アジアで都市が誕生した後、銅石器時代を通した銅冶金の改良の末、青銅が発明された。錫青銅の製錬には銅以外に錫が必要となり、多数の銅産地にくらべて、限られた良質の錫産地へのアクセスが課題であった。錫青銅の開発には国家的な組織が関与していたと推考される。銅や錫の輸送経路の確保、冶金工房の維持や管理、青銅製品の流通や保管など、素材の搬入から生産と流通まで、一連の作業を滞りなく回していくには、単なる一都市や都市的集落（都市的な性格をもつ集落）では無理である。そこには政治的に組織化された仕組み、いわゆる国家の存在と、それによる権力行使が前提となる。

こうした冶金と国家的な権力の密接な関係は、正確な意思伝達のもとで成り立っていた。都市国家の分立段階では、もはや単語と数詞を並べるだけの記憶補助装置だけでは国家的な組織の運営が成り立たなくなっていた。余剰食糧や商品の納入・供出、耕地や放牧地の掌握、労働力の確保など、さまざまな行政活動を円滑に進めるためには、効率的な記録・検索・伝達装置が求められた。一度記録した文書は適宜検索されて、読み返されたり、関係者に伝達されていたはずである。

都市国家の中心的な都市では、国家的な組織を維持するための仕組みとして、こうした文書行政が工夫されていった。ただ、初期王朝時代の都市国家では、国家的な組織の構造については不明点が多く、行政システムが都市国家間でどこまで似通っていたのかは良くわかっていない。都市国家間に共通する統一された文書行政システム、すなわち本格的な官僚制は、ウル第三王朝時代（約四一〇〇年前）のシュルギ治世時に確立される。

ウル第三王朝時代は、都市国家群の統一された領域国家の段階であり、文書行政システムが完成されるだけでなく、都市のランドマークとしてジッグラトが屹立するようになる。ジッグラトの出現は、それまでの平面的な広がりを基調とした街並みに厚みが加わり、都市全体がより立体的な構図へ膨らんでいく。都市神の祀られている神殿や、権力者の居館である宮殿にくらべて、ジッグラトが突出して高いという点が特徴である。都市民だけでなく、遠方からの訪問者にとって、神殿や宮殿よりも、ジッグラトが巨大モニュメントとして強烈に印象づけられることになる。

巨大モニュメントには、支配者である王の強大な権力が象徴されている。ウル第三王朝時代の領域国家の王は、主要都市でジッグラトを建造することにより、支配者としての力を誇示している。ウルク後期の都市誕生段階は無論のこと、ジェムデット・ナスル期から初期王朝時代にかけての都市国家の分立段階でも成しえなかった大事業は、都市国家群の統一された安定した社会においてようやく達成された。

ジッグラトの出現は、街の引き締まった構図を創り出し、見る者へかなりの威圧感を与える。巨大なモニュメントには、都市支配者の権力が浮き出ていて、逆らう意志を萎えさせるのに十分な迫力がある。ジッグラトの存在は、ウルク後期以降に現れた政治支配化の極みであり、神を頂点とした秩序の維持装置として絶大な威力を発揮したといえる。そこでは、互いの信頼関係にもとづいて緩やかにつながっていたころの残像は消え去り、世俗的な支配者による権力が堂々と露出している。

こうした都市の「見せ方」には、建物の外観において、宮殿の主である王の存在を矮小化させる効果もある。突出したジッグラトに対して、宮殿は相対的に目立たなくなっている。つまり、見た目の建物の大きさで差をつけることで、実質的な支配者である王の権力の大きさを控えめに演出していたと推定される。

力を誇示するだけでは、広大な領域の支配を維持するのは難しい。モニュメントと街区の計画的な都市プランからは、快適な街づくりとともに、巧妙に隠された支配者の権力欲が伝わってくる。そこには、神殿を主役に見せかけて支配者の居館（宮殿の祖型）を控えめにするといった、都市誕生時の独特な構図と同じ演出効果がもたらされている。メソポタミアを中心とした西アジア世界では、時代を通して神と人の間で線引きが徹底している。[2]

エジプトとインダス

都市誕生後の推移は、宮殿と文字に明瞭に現れている。西アジアでは、都市化において神殿が中心だったが、都市誕生とともに宮殿の祖型が出現して、都市国家になると宮殿が表舞台に出てくる。文字については、都市誕生で絵文字的な記号が発明されて、都市国家になると文字記録システムの需要が高まり、領域国家の出現までに楔形文字が完成する。このように西アジアのフィールドでは、都市化、都市誕生、都市国家の分立、領域国家への統一という発展プロセスを時間的にたどりやすい。

他方、同じオリエント世界のエジプトでは、都市化現象をある程度追うことはできるが、都市誕生そのものを捉えることが難しい。西アジアに比べると、エジプトのフィールドで集落の検出例は極端に少ない。ナイル川流域の自然堤防の上や低位沙漠の縁辺に形成された集落が、ナイルのもたらす沖積土に埋もれてしまったり、洪水によって壊されてしまったため、検出することが困難であると多くのエジプト学者は想定している。

しかし、エジプトにおいて、検出できる遺跡の「難しさ」は慎重に読み取る必要がある。西アジアでは、河川流域の微高地といった立地環境でテル（テペ）型の遺跡が豊富に形成されている。人々の暮らしていた住居が廃絶され、レンガ壁や礎石が瓦礫と化し、日常品としての土器や石器などとともにその場にたまっていく。こうしたゴミが、後世の風や川によって運ばれてくる土砂も合わさって堆積していき、丘状の遺跡（テル）が形成される。河川の近くで、周囲よりも小高いところに立地するという点では、両者に大きな差はないように見受けられる。むしろ、遺跡の確認におけるエジプトと西アジアのちがいは、集落の居住期間の長短にあると私は捉えている。

西アジアでは、他に居住適地の選択肢に乏しかったため、同じ土地に継続して暮らしていくほかなかった。その結果、数千年にわたって同じ微高地が断続的に居住利用されていき、大量の建材や土器類が集積していく。西アジアでは比高差が数メートルで起伏の少ない小集落から、数十メートルの高さの大集落や都市に至るまで、おもにテル（テペ）型の遺跡として残っている。西アジアでの居住面は重層的に「上へ」伸びて、時間的な変化を捉えやすい。

他方、エジプトでは、居住適地の選択肢に恵まれていたせいか、一ヵ所にこだわる必要がなかったとみられる。エジプトでは、西アジアに比べて短期間で居住地が推移していった結果、比高差の目立つ遺跡が少ない印象を与えている。どちらかというと、エジプトの居住堆積は「横へ」広がる特徴を示す。エジプトでは、西アジアの後期銅石器時代（約六〇〇〇〜五一〇〇年前）にほぼ並行する先王朝時代、ナカダ文化において都市化が進行していった。都市的集落として、ナイル川中流域に立地するヒエラコンポリス遺跡が代表的である。本遺跡は、ナカダ文化の中ごろ（Ⅱ期）に一〇〇ヘクタールを超え、西アジアのテルやテペの形態とは異なり、ひたすら「横へ」広がる大集落であった。

一方で、同じ場所で長期間居住の継続した希有な例として、ナイル川上流のエレファンティネ遺跡がある。[3] 同遺跡は、ヌビア地方との玄関口に立地する象牙などの交易拠点として、ナカダⅡ期から約四〇〇〇年間にわたって利用された都市的集落である。古王国時代には、城塞を中心にして二ヘクタール近い範囲が城壁によって囲まれ、やがてその広さは倍増していく。城塞を取り囲み、平行四辺形を崩したプランは、オッペンハイムの呼ぶ「城塞都市」を想起させる。中洲に立地していたため、他に居住適地を求めにくく、西アジア的な「上へ」伸びる居住堆積となっている。

さらに、下エジプトのデルタ地帯で近年発掘されたテル・エル＝ファルカ遺跡は、比高差約五メートル、面積四ヘクタール以上の都市的集落である。ナカダⅡ期から初期王朝をへて古王国時代に至る約一〇〇〇年間の居住堆積が確認されている。エレファンティネほど「上へ」伸びず、どちらかというとヒエラコンポリスのように「横へ」広がる。エジプトの都市的な性格をもつ集落は、先王朝時代から「横へ」広がる傾向があり、西アジア的な「上へ」伸びる堆積とは異なり、時間的な変化を捉えにくい。必然的に、長期間に居住された遺跡として検出することが難しくなる。

文字の進展も、都市―絵文字的な記号、都市国家―表音化、領域国家―文字完成という西アジア的な流れと、エジプトのそれは異なる。ナカダ文化の終わりごろのナカダⅢ期（約五三〇〇〜五〇〇〇年前ころ）になると、社会の仕組みが劇的に変わる。統一王朝の直前段階という脈絡で、同時期の後半は原王朝とも呼ばれる。このころに文字資料が飛躍的に増えて、とくにアビュドス遺跡では土器表面、ラベル、封泥などに記された最古級の資料がまとまって見つかっている。

ナカダ文化に詳しい高宮いづみによると、初期のヒエログリフは絵文字だけでなく、すでに表音文字も含まれていて、王名表示や経済管理を目的としていたらしい。[4]エジプトでは、社会の複雑化が進行している段階（ナカダⅡ期）に文字の祖型があみだされたようだが、詳細についてはまだよくわかっていない。原王朝の段階（ナカダⅢ期後半）に、王号や経済記録などのために文字記録システムが出現する。その変化が著しいため、西アジア的な文字出現のあゆみとはかなり様相が異なる。

総じて、エジプトの都市化は、西アジアと違って、本来は都市的な空間を必要としない風土に、国家的な政体が創り出された印象が強い。エジプトでは、定期的に氾濫するナイル川が生活の基準となり、豊かな食にあふれた集落が各地に展開していた。同時に、開放的な西アジアのメソポタミア平原と異なり、ナイル川は南北に伸びて一つの閉鎖的な環境をつくり出している。「よそ者」の進入ルートが限られているため、玄関口となるメンフィスやエレファンティネなどの拠点を押さえておけば統治しやすいという地勢的な要因も、統一王朝の出現に有利に作用したのかもしれない。

約五三〇〇年以降、西アジアに誕生した都市の支配構造あるいは秩序維持の仕組みがエジプトに何らかの影響を与えたと私は考えている。エジプトでは、あえて都市をつくらずとも、ある程度の快適な暮らしを手に入れることができた。そこでは、つねに都市的集落を脅かす「ならず者」や、互いに競い合う政体など、西アジアほどの刺激にさらされる機会が少なかった。エジプトは、都市や都市国家を創り出す積極的な動機に欠けていたのである。

B・トリッガーの指摘しているように、エジプト各地の都市が未発達のうちに統一国家が形成されたため、ナイル川下流域に及ぶ広大な地域を支配する領域国家が早々と出現することになった。[5]つまり、都市的集落がエジプト各地に展開していた段階（ナカダⅡ期）の終わりごろ、西アジア的な都市における秩序維持の仕組みに影響されて、在地の風土になじんだ都市化が未熟なまま、原王朝（ナカダⅢ期）が出現することになった。そして、地勢的な要因もあり、一気に統一王朝（初期王朝）へ羽ばたいたと想像される。エジプトの王朝の出現過程では、快適な空間を追求するよりも、国家的な権力の維持へのこだわりが目立つため、「都市なき文明」のようなイメージがもたれるのであろう。

西アジアの近隣で、エジプトと並んで参考になる地域が南アジアである。当地では、インダス川流域に古代文明が栄え、その中心的な街であるモヘンジョダロ遺跡では、城塞マウンドを構成するプラットホームが焼成レンガ製の擁壁によって補強されていた。モヘンジョダロやハラッパーなどの内陸部の都市は、城塞部と市街地の分離したプランを示しているのに対して、ドーラーヴィーラーやロータルといった沿岸部の街は、一体型プランとなっている。後者のプランは、西アジア特有の「城塞都市」から何らかの影響を受けた可能性がある。

インダスの都市プランは、直線的な目抜き通りに直交するような形で、幅の狭い通りが家屋の建ち並ぶ区画に沿って縦横に張り巡らされている。ところが、インダスの都市プランを細かく見ると、不規則に街路が配列されているところもある。日本の藤原京、平城京、平安京のような碁盤目状に整然と配された都城とは異なることがわかる。直線的な目抜き通りを軸にして、不規則な街路を配置するという点においても、インダスとメソポタミアの都市プランは類似している。

インダス文明の諸特徴について、いまさらメソポタミアからの影響説を持ち出すことは少々ためらわれる。しかし、メソポタミアからの影響という視点でインダス文明のさまざまな側面を見つめ直すと、結構すっきりするところもある。インダス考古学の父、M・ウィーラーの唱えた西方からの「アイディアの「飛翔」説は、あながち的外れとは言い切れない。少なくとも、大まかな都市の輪郭や街並みづくりにおいて、インダスと西アジアの類似点に留意するべきであろう。

インダスでは、都市プランにおいて快適な空間への追求がはっきりしているものの、国家的な権力の影が見えてこない。とくに、文字の進展において、西アジアやエジプトとの差が明白である。西アジアでは、図像の補完なしに情報を伝える文字記録システムが独り立ちして、都市国家の運営に欠かせないツールとなる。エジプトでは、王号や経済管理を表記する文字とともに王権の儀礼場面を伝える図像の組み合わせが、王権の維持に不可欠の表現方法となる。インダスでは、判子などに記される文字と図像が未分化のまま、文字記録システムが未熟な段階にとどまっている。文字、図像のいずれも中途半端な状態で、秩序や権力の維持装置としては不完全であった。インダスに都市はあっても、国家の姿が見えてこないゆえんがここにある。

なぜ都市は生まれたのか——西アジアと日本

現代の日本では、都会を少し離れると、郊外にあふれんばかりの緑が広がる。はるか前から、年間を通じて多雨気候の日本では、人々の暮らしは森林に囲まれ、里山の草木に溶け込んできた。そこには遠い先祖の見慣れてきた自然の緑が広がっていた。一般的に、日本での暮らしは、自然に包まれてきたというイメージがある。

西アジアの都市化議論で、社会変化の動因としてかつて流行っていた人口圧論には、自然環境の変動が大きく影響していた。欧米では、自然環境は克服するべきものという観念が根強い。自然環境に対峙する空間として、都市や文明が位置づけられてきた。レンフリューは「文明とは、人間が自然だけから成る原初の環境から自己を切り離すために作り上げた自作の環境である」としている。[6]

レンフリューの説く文明は、ほぼ都市と同義的に捉えることができる。つまり、都市とは、人間が自然環境から隔離された空間として人工的に創り上げたものであり、都市での暮らしはつかみ取ったということになる。彼の言説は、欧米研究者の都市そのものに対する目線を如実に表している。そこには、自然環境と調和した暮らしを享受する、という日本人的な感覚との「ずれ」がある。

都市の成立においても、西アジアと日本に大きな違いがあった。多様な地理的環境の西アジアのなかで、都市化の中心的な役割を果たしたのが南メソポタミアのシュメール地方である。半沙漠に近い乾燥した風土で、人々は快適な暮らしの場を勝ち取っていった。環境と対峙する人工的な空間は、自然環境に順応した暮らしからはほど遠い。シュメール地方では、厳しい乾燥気候のもとでの暮らしを快適にするために、どうしても都市的な空間の構築が必要であった。

一方、われわれの遠い先祖が暮らしていた日本には、水と緑があふれ、あらかじめ快適な場が整っていた。恵まれた自然環境と調和してきた人々にとって、あえて快適さを追求する必要はなかった。極端な言い方をすると、ある程度辛抱すれば自然の恵みに満ちた暮らしが得られたので、あえて都市的な空間を造りだす動機が生じなかったのである。日本で西アジア的な都市を生み出す発想の乏しかった背景には、こうした環境と人との関わり合いのちがいが多分にあったと推察される。

海進現象においても、西アジアと日本には大きな差がある。西アジアにおけるペルシア湾の海進現象は、約六〇〇〇年前の日本列島における縄文海進の絶頂期にほぼ同調している。日本列島では、縄文海進により水産資源が積極的に利用されるようになり、縄文時代前期に関東地方などで貝塚が形成されて、多様な環境で集落が展開していった。

地球規模で起きた温暖化が、アジアの東と西で異なる活性化をもたらした点は興味深い。日本列島では水産資源の利用が加速し、各地で定住化が進んで人口が増加していったものの、決して都市化への道を選択することはなかった。ここが西アジアと決定的に異なる。管見では、縄文時代前期の集落内で、西アジアに見られるような都市化現象は観察されていない。

西アジアにおけるペルシア湾の海進は、シュメール地方の耕作地に重大な影響をもたらした。冠水や灌漑排水の脱塩機能の低下などにより、塩害の問題が深刻化していった。つぎつぎと耕作地が放棄されていき、南メソポタミアの沖積低地で暮らしていた人々は、「よそ者」として他の居住適地へ移ることを余儀なくされた。六〇〇〇年前ごろに起きた一連の変化は、余剰食糧の豊富な魅力ある集落へと「よそ者」を惹きつけることになり、この刺激により都市化が進行していった。

私は、約六〇〇〇年前の汎世界的な海進現象が、アジアの東と西で人々の暮らしにまったく異なる影響を与えたと考えている。東アジアの日本では、潜在的に利用可能な居住候補地が豊富にあり、水産資源の積極的な活用により持続性の高い生業活動があちこちで展開していった結果、居住適地が限定されることなく、多様に遺跡が形成されていった。エジプト同様に、日本での居住も「横へ」広がる傾向となり、西アジア的に居住面が重層的に「上へ」伸びることはほとんどなかった。[7]

他方、西アジアのメソポタミア低地では、招来された塩害の問題を克服するために、わずかな居住適地の選択肢がさらに絞られてくる。可耕地が海水面の変動から影響を受けにくく、塩害に耐えうる集落、農耕以外の補完生業も可能な集落などが候補となる。居場所を失った「よそ者」は、こういった魅力ある集落へ移住することになり、都市化にいっそう拍車がかかることになったのである。

西アジアの過酷な地で、人々はわずかな居住適地に集住しながら、さまざまな創意工夫をしていった。限られた微高地での暮らしは「上へ」伸びていき、テル（テペ）型遺跡が形成されていく。とりわけシュメール地方における社会発展の速さという優越性は、都市誕生の追い風となった。

都市誕生後、神を頂点とする秩序の維持や、国家的な組織の運営のために、文字記録システムが発明されるとともに、都市国家の領土を存続・拡張させるための本格的な武器が開発されていった。その後、西アジア世界は、領域国家のもとで度量衡が統一されて、貨幣（銀のリング・インゴット）が流通し、まもなくして官僚制が整備され、ついに法典の出現へと至る。通時的に見て、西アジアにおける展開の速い社会変化は、他のアジア地域と比べてきわめて特異である（二二三頁の略年表参照）。

西アジアでは、都市国家の分立段階以降、隣接したコミュニティとの対立が目立ってくる。とくに、シュメール地方では、都市国家が乱立して、互いに権力行使と領土拡張をめぐり競合する。都市国家の出現する直前の都市誕生の段階では、格差や支配といった「陰」の部分はどちらかと言うと控え目だった。そして、快適さや便利さという「陽」の空間が完成したことにより、支配者の権力行使の舞台が整う。強大な権力を掌握した都市の支配者は、国家の存続という大義のもとで青銅製武器を開発して、戦争を拡大していく。もはや、陰惨な「陰」の部分が憚ることなくさらけ出されている。

なぜ西アジアで都市が生まれたのか。メソポタミアを中心とした西アジアの風土は、日本の柔和や協調といった気風とはまったく異なる。都市誕生の背景には、環境に根ざす暮らしの在り方が強く影響していた。限られた居住適地で快適な空間を追求する姿勢は、過酷な環境でさまざまな価値観の人々が共存できる空間を生み出すことになった。対立や競合を本質とする西アジアゆえに、主義主張の異なる集団が互いに自滅せずに生き残る知恵として、「陽」と「陰」の調和が保たれた都市が創り出された。そして、国家的な組織のもとで、支配者は強大な権力を行使して国土の拡張へと走っていったのだ。

おわりに

　西アジアでの考古学調査はつねに闘いである。発掘現場の気温は五〇度を超え、灼熱の陽射しが容赦なくシャツを突き抜けてくる。トレンチの中では砂嵐のシャワーを浴び、汗だくの身に群がる虫たちを払いのけながら、ひたすら図面を取りつづける。本当に古代人が居たのかと思いたくなるような場所に、遺跡がたいてい残されている。帰国するたびに、日本の緑の多さと街のきれいさに安堵する。もちろん、劣悪な環境で調査をつづけることができるのは、理解のある家族に支えられて、志を共にする仲間に恵まれているからにほかならない。

　かくも過酷な西アジアの地に、世界最古の都市が誕生した。快適さへの渇望は、現地調査で数ヵ月も暮らせば容易に実感できる。このまま埋もれたくない！　現代ならば、乗り合いバスに飛び乗り、街に出ればいい。だが、古代では他に適地がなく、住みつづけるしかなかった。厳しい環境のもとで、より良い暮らしを手に入れたい。西アジアにおける都市づくりへの飽くなき追求は、恵まれた風土の日本では生まれにくかった。

　都市の起源を探っていくうえで、西アジアとエジプトのちがいよりも、日本とエジプトの類似が浮き彫りになった。豊かな環境ゆえに、日本とエジプトいずれも都市的な空間を積極的に求める動機に欠けていた様子は新鮮に映った。厳しい環境だからこそ、もっといい暮らしを手に入れたいという強烈な欲求が、西アジアでは際立っていたのである。なお、浅学にて日本は別として東アジアの状況に疎く、今回は言及することが叶わなかった。いずれ、汎アジアの目線で古代都市を比較してみたい。

現在、西アジアは残念な意味で耳目を集めてしまっている。化石燃料の獲得を発端として、さまざまな宗教、宗派、民族などが複雑に絡み合いながら、終わりの見えない不幸な戦いがつづいている。もともと、西アジア諸国と国境を接していない日本は上手く立ち回っていたはずなのに、いつの間にか迷走しはじめている。遠い日本からやってきたというだけで、ある程度の安全が保障されていたころとは様変わりしてしまった。もはや邦人はもてなすべき賓客ではなくなりつつある。

二〇〇三年に起きた、イラク戦争直後のバグダッド国立博物館の略奪が想起される。文化財の盗難流出が相次いだ背景として、パンを食べるために文化財を盗むという貧困問題が指摘された。にもかかわらず、文化財を護ってパンを食べられる世の中に変えていく課題は先送りにされ、たまったツケが噴出してきている。柔らかいパンをたらふく食べ、まったりとチャイを愉しむ。そんな平凡な暮らしが壊されてしまっている。

現地の政治情勢は、考古学のフィールドにも甚大な影響を与えている。イラクの隣国シリアでは、二〇一一年三月以降、「アラブの春」に触発されて発生した反政府デモを皮切りに、一部の武装勢力なども加わった内戦状態に陥っている。もともと、イラクで調査を断念した各国の研究者がシリアへ疎開していたが、疎開先からも避難せざるを得なくなってしまった。現在、多くの研究者は、相対的に治安の落ち着いている北イラクのクルド人自治区周辺へ転向してきている。考古学は身体を張った現場の学問であり、発掘調査はつねに現地の政治情勢に左右されて、研究者も漂流している。

昨今のイラクやシリアでは、報復がエスカレートして歯止めがきかない。ここまで追いつめられてしまった現状に終止符を打てるのは、良くも悪くも国家権力しかないだろう。国家を動かすのは人である。施政者の勇断による「和の連鎖」に一縷の望みをかけたい。ぜひとも、調和と共存の足跡が、西アジアの地に残っていることに気づいてほしい。古代の人々は知恵を絞り、工夫を凝らして、少しでも快適な空間を構築していった。対立と競合を風土とする西アジアで、いかにして価値観のぶつかり合いを和らげて、共に暮らす道を歩いてきたのか。手掛かりはすぐそこに埋もれている。

最後に、遅筆の私を温かく見守っていただいたスタジオ・フォンテの赤羽高樹氏に感謝申し上げたい。一〇年前、東京大学の鈴木董先生（現名誉教授）が、拙著『都市誕生の考古学』（同成社）を書き直して、多くの読者に目を通してもらえるようにと勧めてくださったのが、本書を執筆するご縁となった。鈴木先生から赤羽氏をご紹介いただいたが、シリア、エジプト、トルコ、イラクでの調査や実験考古学が重なり、ずいぶんと年月が経ってしまった。講談社選書メチエの担当者は井上威朗氏から青山遊氏へ変わり、最後は梶慎一郎氏にお世話になった。井上、青山両氏は辛抱強く愚稿を待ってくださり、梶氏からは叱咤激励をいただいた。この場を借りて厚く御礼申し上げたい。

扉写真は岡田保良先生（国士舘大学）、伊藤重剛先生（熊本大学）、マルセッラ・フランジパネ先生（ローマ・ラ・サピエンツァ大学）からお借りしたので感謝申し上げる。注記のない写真は筆者が撮影した。なお、本書にはJSPS科研費25370891の助成を受けた研究成果の一部を載せてある。

二〇一六年　一月

注

[序章]

1 Hours et al. 1994に基づく。本書の遺跡名などについては、基本的に日本オリエント学会 二〇〇四の文献に準拠した。
2 西アジア考古学勉強会 一九九四
3 Childe 1950: 9-16
4 小泉 二〇一三
5 小泉 二〇〇一、二〇一〇b、二〇一三
6 Bar-Yosef 1986; 藤井 二〇〇〇
7 Pigott 1996: Fig.9
8 Kohlmeyer 1997: 447; Pernicka et al. 1998: 124
9 Pernicka et al. 1998: 130, 132
10 Charvát 2002: 197, 200
11 都市国家の分立や、領域国家への統一については、前田二〇〇三の文献を参照。
12 Muhly 1997: 9-10
13 Leick 1988: 176
14 糸賀 一九七七、五七一―五七八頁

[第1章]

1 Matsumoto and Yokoyama 1995; Fukai et al. 1970; Nishiaki and Matsutani 2001
2 Matsumoto and Yokoyama 1995: 28
3 Roaf 1989; Tobler 1950
4 小泉 二〇〇一、一二六―一三〇頁
5 Potts 1997: 125
6 Alizadeh 1996: Fig. 26-VII-2
7 ヘロドトス 一九七一 I、一九四節
8 Powell 1996: 102
9 小泉 二〇〇一、一二八頁
10 小泉 一九九八、二〇〇一、二〇〇三
11 Tsuneki et al. 2007
12 Koizumi 1991; Thuesen 2000; Mallowan and Rose 1935; Woolley 1955; Safar et al. 1981
13 Safar et al. 1981: 119, 125-141
14 Woolley 1955: 89, 92, 97
15 Roaf 1989: 139
16 Kramer 1980: 321
17 Roaf 1989: 138
18 松本 一九八八、六五―六八頁

19 小泉　一九九八、二〇〇一
20 Hammade and Koike 1992; Thissen 1988; Schwartz 1988; Tobler 1950
21 Tobler 1950: 44, Pl. XIX; Jasim 1985: 28, Fig.26
22 Fukai et al. 1970: 13-14, 29-30; Matsumoto and Yokoyama 1995: 23-27
23 Akkermans 1989: 341-353, 363
24 Moorey 1994: 165
25 Wright and Pollock 1987: 321-324
26 Roaf 1995: 427
27 ロイド&ミュラー　一九九七、一四頁
28 曲折動線あるいは曲がり軸は、古代メソポタミア建築に詳しい岡田保良による「建物の入口から中の主室あるいは祭壇に至るために直角に曲がる必要のある動線」という定義に従っている（岡田　二〇〇〇、一三三頁）。
29 小泉　二〇〇一、四二―四三頁
30 Merpert and Munchaev 1993
31 Safar et al. 1981: Figs. 62, 63
32 Tobler 1950: 121-122, Table E
33 Kamada and Ohtsu 1991: 221-222, Fig.3

［第二章］

1 Thompson et al. 1998: 1863; Burroughs 2005: 47-48
2 Butzer 1995: 127, 134
3 Lambeck 1996: 49-55
4 Sanlaville 1989, Fig.7; Hole 1994: 129, Fig.5
5 海進期、東京湾沿岸部に環状集落が点在して、内陸部には小規模な集落が展開した（谷口　二〇〇九、一二頁）
6 Algaze 2001a, 2008
7 この主張はウルクワールドシステムに対する批判後にアルガゼが修正した意見であり、後述するレンフリューらによる「対等の政体」が競合しながら社会全体が発展するという議論に同調している。
8 Sanlaville 1989; Hole 1994; Algaze 2001a, 2008
9 Woolley 1955: 87, 88; Vanden Berghe 1987
10 小泉　二〇〇一、五〇―五一頁
11 Boserup 1965; Van De Mieroop 1997: 28
12 小泉　二〇〇〇b、二〇〇一、Koizumi and Sudo 2001
13 Majidzadeh 1989: 160-164
14 Strommenger 1980: 36-39, 55-60

15 Sürenhagen 1974/75: 47-49, 78-80
16 Strommenger 1980: 55-60, 76-77; Kohlmeyer 1997: 447
17 Postgate 1990: 103-104
18 Trigger 2003: 121
19 Childe 1950: 7-8, 16; Redman 1978: 223-224
20 Tobler 1950: 16
21 Safar et al. 1981: 126, Fig.113-11~13
22 Hole 1983: 320
23 Tobler 1950: 69, 71, PLs. XXII, XXIII
24 小泉　二〇〇六a、一七頁
25 Esin 1994: 66-69; Rothman 2002: 83; Alizadeh 1994: 43
26 Rothman 1994
27 Boese 1995: 123, Abb.4
28 Frangipane 1994: 125; Kohlmeyer 1997: 447
29 Rothman and Peasnall 2000: 109
30 Rothman 1994: 118
31 Weiss and Young 1975: 14
32 Badler 1996: 52-54; 小泉　二〇〇〇a、二二八頁

[第三章]

1 Postgate 1992; Stone 1995; Van de Mieroop 1997
2 Oates and Oates 1997: 287-289
3 Oppenheim 1964: 130
4 Sürenhagen 1986: 18
5 Possehl 2002: 185
6 Wright 2010: 82
7 Possehl 2002: 69
8 Possehl 2002: 80
9 近藤　二〇一一、七一—七四頁
10 Pollock 1997: 290
11 Frankfort 1950: 111
12 Pigott 1999: 111
13 Stone 1995: 239-240, 245
14 Sürenhagen 1986: 19-22
15 Frankfort 1950: 111
16 二〇〇九年六月、東京で開かれた「広場研究会」（空間メディアプロデューサーの平野暁臣氏を中心とする）に参加した際、会場にてご教示いただいた。
17 Frankfort 1950: 103

18 Van De Mieroop 1997: 158-161
19 Oates and Oates 1997: 287-289
20 Boese 1987/88: 169
21 小泉　二〇〇一、二〇〇五、二〇一〇b
22 Petrie 2013: 92
23 小泉　二〇〇八、一二頁
24 パロ　一九五九、一一一―一一二頁
25 ビエンコウスキ&ミラード　二〇〇四、三三五頁／日本オリエント学会　二〇〇四、六〇五頁
26 小泉　二〇一四c
27 *ePSD* 2006: Kaš [BEER], ĝeštin [VINE]
28 McGovern 2003: 160
29 Hansen 1992: 209; Maisels 1999: 166
30 Halloran 2006: 136
31 McGovern 2003: 24; 小泉　二〇〇六b、二頁／同　二〇一四c、四四頁
32 Volk 1999: 56 (L 210)
33 *ePSD* 2006: KAŠSILA [VAT]
34 Halloran 2006: 98, 102, 277
35 Black and Green 1992: 117
36 月本　二〇一〇、二二二頁
37 コロン　一九九六、No. 702、Heinrich 1931: Pl. 65c
38 コロン　一九九六、No. 703
39 ビエンコウスキ&ミラード　二〇〇四、三〇二頁
40 Black and Green 1992: 115, No. 91
41 小泉　二〇〇四
42 二〇一五年二月二八日、ＢＢＣ放送
43 Frankfort 1943: 15, Pl. 62A, B
44 ©Erich Lessing/Art Resource, NY
45 Frankfort 1943: Pl. 54
46 Black and Green 1992: 187

［第四章］

1 Oates and Oates 1976: 117
2 小泉　一九九八、一六九頁
3 Wolkstein and Kramer 1983: 27, 85, 106
4 Frangipane 1997
5 Peltenburg et al. 1995: 7; Hole 1983: 320
6 Hole 1983: 320
7 Hole 1983: 320 ほか
8 Moorey 1994: 255-256
9 常木　二〇〇九、二七―二八頁

10 Schoop 1999: 34
11 小泉　二〇一四a
12 三宅　二〇〇一、一三―一六頁
13 Majidzadeh 1989: 160-164
14 Muhly 1995: 1506
15 Pigott 1996: 158-160
16 Badler 1996: Fig. 4.2.; Mecquenem 1934: Fig. 24-10
17 小泉　二〇〇六b、二〇一四c
18 小泉　二〇〇一、一二三―一四一頁／同二〇〇五、一四二―一四四頁／同二〇一〇b、七五―七七頁
19 ローフ　一九九四、七二、一二三頁、Moorey 1994: 12
20 Payne 1988: 99-100; Von den Driesch 1993: 53, Fig.2
21 Kaplan 1969: 31
22 Woolley 1955: 28, Pl. 24
23 Algaze 1993, 2005
24 小泉　二〇〇二a、b
25 Rothman (ed.) 2001; Stein 1999
26 Moorey 1994: 12
27 Crawford 1978
28 表採資料にもとづくセトルメントパターン復元の手続きには問題点も内包されているため、その成果は慎重に吟味しなければならない（小泉　二〇一三、九二―九七頁）。
29 Adams 1981: 252
30 Pollock 2001: 219-221
31 Gibson 1973: 454; Algaze 2008: 106
32 Algaze 2008: 106
33 Pfeiffer 1977: 191
34 岡田ほか　二〇〇二、一六頁
35 Khazanov 2009: 124
36 Lyonnet 2009: 190-192
37 シュマント＝ベッセラ　二〇〇八
38 Oates 1993b: 152; Schmandt-Besserat 1992: 194, シュマント＝ベッセラ　二〇〇八、一二七頁
39 Michalowski 2004: 19
40 Green 1989: 54-56
41 Green 1989: 53
42 ボテロ　一九九八、一〇四―一三三頁

［第五章］

1 Matthews 2003: 93
2 小泉　二〇一三、一〇五頁、Earle 1991
3 Renfrew 1986
4 Pollock 2001: 218-219
5 Pollock 1999: 194
6 神殿経済論をめぐる議論の推移については前川が端的に整理している（前川　二〇一〇、三頁）。
7 Van De Mieroop 1997: 27-28
8 前川　二〇一〇、四頁
9 Nissen et al. 1993: 107-108
10 Foster 2005: 88
11 Strommenger 1980: 41-44
12 Kohlmeyer 1997: 447
13 Nissen 1988: 2002
14 二〇〇六年ダーラム大学で開かれたウバイド研究部会にて Uwe Sievertsen 氏よりご教示いただいた。
15 ビエンコウスキ＆ミラード　二〇〇四、一三九頁
16 Volk 1999: 61 (L 331), 109
17 Black and Green 1992: 184; Volk 1999: 65 (L 381), 108
18 Halloran 2006: 299
19 Stone 1997: 391
20 ビエンコウスキ＆ミラード　二〇〇四、二四五―二四六頁
21 Ascalone 2007: 283-328; Foster 2005: 86; Pollock 1997: 288-289
22 Frankfort 1950: 103
23 Yoffee 2005: 57, Table 3.1
24 Kyle 2007: 28
25 Boserup 1965
26 Carneiro 1970: 736-738
27 Garstang 1953: 131-135
28 Mazar 1995: 1524
29 Herzog 1997: 322
30 Strommenger 1980: 45-48
31 Özbal et al. 2000: 64-65
32 Amiet 1993: 25, Fig.12
33 Schmandt-Besserat 1992: 180
34 前川　二〇〇五、一六八頁

［終章］

1　イラン中部、アリスマン遺跡B地区で、約五五〇〇年前とされるリサージ塊が出土している。ただし、ハブーバ・カビーラ南の出土例とは異なり、アリスマンのリサージは工房に関連しておらず、後世の鉱滓（スラグ）に混じった二次堆積の中から見つかっているため、今後の検証が必要である（Stöllner 2005: 193-194)。

2　例外として、初期王朝時代のギルガメシュ王や、アッカド王朝時代のナラム・シン王以下数名の王たちによる神格化がある。

3　Uphill 1998: 19

4　高宮　二〇〇六、二四九―二五四頁

5　トリッガー　二〇〇一／高宮　二〇〇六、一八二頁

6　Renfrew 1972: 11

7　稀に、三内丸山遺跡（青森県）で土器や炭化物などが堆積した「盛土遺構」（縄文時代中期）が見られ、寺野東遺跡（栃木県）でドーナツ状の「環状盛土遺構」（縄文時代後～晩期）も認められる。いずれも高さ二メートル前後で、約一〇〇〇年の堆積期間が想定されているが、西アジアのテル（テペ）とは性格が異なると推測される。

参考文献

●総論

大貫良夫・前川和也・渡辺和子・屋形禎亮　一九九八『世界の歴史1　人類の起原と古代オリエント』中央公論社

トリッガー、B・G（川西宏幸訳）二〇〇一『初期文明の比較考古学』同成社

日本オリエント学会編　二〇〇四『古代オリエント事典』岩波書店

ビエンコウスキ、P、A・ミラード編著（池田裕・山田重郎翻訳監修）二〇〇四『大英博物館版　図説　古代オリエント事典』東洋書林

フェイガン、B・M（小泉龍人訳）二〇一〇『考古学のあゆみ――古典期から未来に向けて』朝倉書店

ローフ、M（松谷敏雄監訳）一九九四『古代のメソポタミア』朝倉書店

Ascalone, E. (translated by R.M.G. Frongia) 2007 *Mesopotamia: Assyrians, Sumerians, Babylonians*. Dictionaries of Civilization. Berkeley and Los Angeles, University of California Press.

Charvát, P. 2002 *Mesopotamia before History, Revised edition*. London and New York, Routledge.

Crawford, H. 1991 *Sumer and the Sumerians*. Cambridge, Cambridge Unversity Press.

Maisels, C.K. 1999 *Early Civilizations of the Old World: The Formative Histories of Egypt, the Levant, Mesopotamia, India and China*. London and New York, Routledge.

Matthews, R. 2003 *The Archaeology of Mesopotamia: Theories and Approaches*. London and New York, Routledge.

Nissen, H.J. 1988 *The Early History of the Ancient Near East, 9000-2000B.C.*. Chicago, University of Chicago Press.

Oates, D. and J. Oates 1976 *The Rise of Civilization*. Oxford, Elsevier-Phaidon.

Redman, C.L. 1978 *The Rise of Civilization: From Early Farmers to Urban Society in the Ancient Near East*. San Francisco, W.H. Freeman and Company.

Trigger, B.G. 2003 *Understanding Early Civilizations: A Comparative Study*. Cambridge, Cambridge University Press.

●都市論

岡田保良・小泉龍人・藤井純夫・伊藤重剛　二〇〇二「都市の生成――ウルク・ディアスポラ」『建築雑誌』二〇〇二年五月号　一二―一八頁
小泉龍人　二〇〇一『都市誕生の考古学』世界の考古学17　同成社
小泉龍人　二〇〇五「古代西アジアの社会変化――集落構成から読む都市化」岡内三眞・菊池徹夫編『社会考古学の試み』同成社　一三一―一五〇頁
小泉龍人　二〇一〇b「都市の起源と西アジア――より快適な暮らしを求めて」後藤明・木村喜博・安田喜憲編『朝倉世界地理講座――大地と人間の物語第6巻　西アジア』朝倉書店　五〇―八二頁
小泉龍人　二〇一三「都市論再考――古代西アジアの都市化議論を検証する」『ラーフィダーン』34巻　八三―一一六頁
小泉龍人　二〇一四b「都市とは何か、それはいつ誕生したか」考古学研究会編『考古学研究会60周年記念誌　考古学研究60の論点』考古学研究会　五九―六〇頁
陣内秀信・新井勇治編　二〇〇二『イスラーム世界の都市空間』法政大学出版局
西アジア考古学勉強会　一九九四「G・チャイルドの方法論を探る」『溯航』12号　一―四五頁　早稲田大学大学院文学研究科考古談話会
藤田弘夫　一九九三『都市の論理――権力はなぜ都市を必要とするか』中公新書
前川和也　二〇〇五「シュメールにおける都市国家と領域国家――耕地と水路の管理をめぐって」前川和也・岡村秀典編『国家形成の比較研究』学生社　一六〇―一七八頁
前田徹　二〇〇三『メソポタミアの王・神・世界観――シュメール人の王権観』山川出版社
Adams, R.McC. 1981 *Heartland of Cities: Surveys of Ancient Settlement and Land Use on the Central Floodplain of the*

Euphrates. Chicago, University of Chicago Press.

Algaze, G. 2008 *Ancient Mesopotamia at the Dawn of Civilization: The Evolution of an Urban Landscape*. Chicago and London, The University of Chicago Press.

Childe, V.G. 1950 The Urban Revolution. *The Town Planning Review* 21/1: 3-17.

Cooper, L. 2006 *Early Urbanism on the Syrian Euphrates*. New York and London, Routledge.

Frankfort, H. 1950 Town planning in Ancient Mesopotamia. *The Town Planning Review* 21/2: 9-115.

Gibson, M. 1973 Population Shift and the Rise of Mesopotamian Civilization. In C. Renfrew (ed.), *The Explanation of Culture Change: Models in Prehistory*, 447-463. London, Duckworth.

Mazar, A. 1995 The Fortification of Cities in the Ancient Near East. In J.M. Sasson, J. Baines, G. Beckman and K.S. Rubinson (eds.), *Civilizations of the Ancient Near East*, Vol. III, 1523-1537. New York, Charles Scribner's Sons.

Oppenheim, A.L. 1964 *Ancient Mesopotamia: Portrait of a Dead Civilization*. Chicago and London, The University of Chicago Press.

Postgate, J.N. 1992 *Early Mesopotamia: Society and Economy at the Dawn of History*. London and New York, Routledge.

Renfrew, C. 1972 *The Emergence of Civilization: The Cyclades and the Aegean in the Third Millennium BC*. London, Methuen.

Stone, E.C. 1995 The Development of Cities in Ancient Mesopotamia. In J.M. Sasson (ed.), *Civilizations of the Ancient Near East*, 235-248. New York, Charles Scribner's Sons.

Van De Mieroop, M. 1997 *The Ancient Mesopotamian City*. Oxford, Clarendon Press.

Yoffee, N. 2005 *Myths of the Archaic State: Evolution of the Earliest Cities, States, and Civilizations*. Cambridge, Cambridge University Press.

●自然環境・生業

糸賀昌昭　一九七七「古代メソポタミアの灌漑」松崎寿和先生退官記念事業会編『考古論集――慶祝松崎寿和先生六十三歳論文集』松崎寿和先生退官記念事業会

Burroughs, W.J. 2005 *Climate Change in Prehistory: The End of the Reign of Chaos.* Cambridge, Cambridge University Press.

Butzer, K.W. 1995 Environmental Change in the Near East and Human Impact on the Land. In J.M. Sasson, J. Baines, G. Beckman and K.S. Rubinson (eds.), *Civilizations of the Ancient Near East,* Vol. I, 123-151. New York, Charles Scribner's Sons.

Hours, F., O. Aurenche, J. Cauvin, M.-C. Cauvin, L. Copeland and P. Sanlaville 1994 *Atlas des Sites du Proche Orient(14000-5700BP).* Travaux de la Maison de l'Orient Méditerranéen 24. Lyon, Maison de l'Orient méditerranéen.

Khazanov, A.M. 2009 Specific Characteristics of Chalcolithic and Bronze Age Pastoralism in the Near East. In J. Szuchman (ed.), *Nomads, Tribes, and the State in the Ancient Near East: Cross-Disciplinary Perspectives,* 119-127. Chicago, The Oriental Institute of the University of Chicago.

Lambeck, K. 1996 Shoreline Reconstructions for the Persian Gulf since the Last Glacial Maximum. *Earth and Planetary Science Letters* 142: 43-57.

Payne, S. 1988 Animal Bones from Tell Rubeidheh. In R.G. Killick (ed.), *Tell Rubeidheh: An Uruk Village in the Jebel Hamrin.* Iraq Archaeological Reports 2, 98-135. Baghdad, British School of Archaeology in Iraq, Directorate of Antiquities.

Sanlaville, P. 1989 Considérations sur l'évolution de la basse Mésopotamie au cours des Derniers millénaires. *Paléorient* 15/2: 5-27.

Thompson, L.G., M.E. Davis, E. Mosley-Thompson, T.A. Sowers, K.A. Henderson, V.S. Zagorodnov, P.-N. Lin, V.N.

Mikhalenko, R.K. Campen, J.F. Bolzan, J. Cole-Dai, and B. Francou 1998 A 25,000-Year Tropical Climate Histroy from Bolivian Ice Cores. *Science* 282: 1858-1864.

Von den Driesch, A. 1993 Faunal Remains from Habuba Kabira in Syria. In *Archaeozoology of the Near East: Proceedings of the First International Symposium on the Archaeozoology of Southwestern Asia and Adjacent Areas*, 52-59.

●都市遺跡

小泉龍人・山藤正敏編　二〇一〇「付編　西アジア・エジプトの主要都市」『西アジア・エジプトにおける古代都市の成立と発展――都市景観の背後にあるもの』日本西アジア考古学会　公開シンポジウム実行委員会　五一―九九頁

パロ、A（波木居斉二訳）一九五九『ニネヴェとバビロン――続聖書の考古学』みすず書房

ヘロドトス（松平千秋訳）一九七一『歴史』上　岩波文庫

Aruz J. (ed.) 2003 *Art of the First Cities: The Third Millennium B.C. from the Mediterranean to the Indus*. New York, The Metropolitan Museum of Art.

Curt-Engelhorn-Stiftung et al. 2013 *Uruk: 5000 Jahre Megacity*. Petersberg, Michael Imhof Verlag.

Delougaz, P. 1940 *The Temple Oval at Khafājah*. Oriental Institute Publications Vol. 53. Chicago, The University of Chicago Press.

Foster, B.R. 2005 Shuruppak and the Sumerian City State. In L. Kogan and S. Loesov (eds.), *Memoriae Igor M. Diakonoff*. Babel und Bibel 2, 71-88. Winona Lake, Eisenbrauns.

Frankfort, H. 1943 *More Sculpture from the Diyala Region*. Oriental Institute Publications Vol. 60. Chicago, The University of Chicago Press.

Heinrich, E. 1931 *Fara: ergebnisse der ausgrabungen der deutschen orient-gesellschaft in Fara und Abu Hatab 1902/03*. Berlin, Staatlichen Museen zu Berlin.

Herzog, Z. 1997 Fortifications of the Bronze and Iron Ages. In E.M. Meyers, et al. (eds.), *The Oxford Encyclopedia of*

Archaeology in the Near East, vol.2, 322-326. Oxford, Oxford University Press.

Kohlmeyer, K. 1997 Habuba Kabira. In E.M. Meyers, et al. (eds.), *The Oxford Encyclopedia of Archaeology in the Near East*, vol.2, 446-448. Oxford, Oxford University Press.

Kriwaczek, P. 2010 *Babylon: Mesopotamia and The Birth of Civilization*. London, Atlantic Books.

Lyonnet, B. 2009 Who Lived in the Third-Millennium "Round Cities" of Northern Syria? In J. Szuchman (ed.), *Nomads, Tribes, and the State in the Ancient Near East: Cross-Disciplinary Perspectives*, 179-200. Chicago, The Oriental Institute of the University of Chicago.

Pollock, S. 1997 Ur. In E.M. Meyers (ed.), *The Oxford Encyclopedia of Archaeology in the Near East*, vol. 5, 288-291. Oxford, Oxford University Press.

Postgate, J.N. 1990 Excavations at Abu Salabikh, 1988-89. *Iraq* 52: 95-106.

Strommenger, E. 1980 *Habuba Kabira: eine Stadt vor 5000 Jahren*. Mainz am Rhein, Verlag Philipp von Zabern.

Sürenhagen, D. 1974/75 Untersuchungen zur Keramikproduktion innerhalb der Spät-Urukzeitlichen Siedlung Habuba Kabira-Südin Nordsyrien. *Acta Praehistorica et Archaeologica* 5/6: 43-164.

Sürenhagen, D. 1986 The Dry-farming Belt: The Uruk Period and Subsequent Developments. In H. Weiss (ed.), *The Origins of Cities in Dry-Farming Syria and Mesopotamia in the Third Millennium B.C.*, 7-43. Guilford, Four Quarters Publishing.

UVB XV 1959, XVIII 1962, XXI 1965, XXIII 1967 *Vorläufiger Bericht über die von dem Deutschen Archäologischen Institut und der Deutschen Orient-Gesellschaft aus Mitteln der Deutschen Forschungsgemeinschaft unternommenen Ausgrabungen in Uruk-Warka*. Berlin, Verlag Gebr. Mann.

UVB XXXI-XXXII 1983 *Vorläufiger Bericht über die von dem Deutschen Archäologischen Institut aus Mitteln der Deutschen Forschungsgemeinschaft unternommenen Ausgrabungen in Uruk-Warka*. Berlin, Verlag Gebr. Mann.

Woolley, S.L. and M.E.L. Mallowan 1976 *Ur Excavations Vol. VII: The Old Babylonian Period*. London, British Museum.

●遺跡全般

小泉龍人　二〇〇四「イラク戦争と文化遺産問題——被害状況と今後の対応」『明日への文化財』52号　文化財保存全国協議会　三一一五頁

藤井純夫　二〇〇〇「新石器時代の『町』イェリコの周壁」『考古学雑誌』85巻3号　一—三六頁

Alizadeh, A. (ed.) 1996 *Chogha Mish Vol. I: the First Five Seasons of Excavations 1961-1971*. Oriental Institute Publications, vol. 101. Chicago, The Oriental Institute of The University of Chicago.

Bar-Yosef, O. 1986 The Walls of Jericho: An Alternative Interpretation. *Current Anthropology* 27/2: 157-162.

Boese, J. 1987/88 Excavations at Tell Sheikh Hassan. *Annales Archéologique Arabes Syriennes* 38/39: 158-189.

Boese, J. 1995 *Ausgrabungen in Tell Sheikh Hassan I*. Vorläufige Berichte über die Ausgrabungskampagnen 1984-1990 und 1992-1994. Saarbrücken, Saarbrücker Druckerei und Verlag.

Curtis, J. 1989 *Ancient Persia*. London, British Museum Publications.

Frangipane, M. 1997 A 4th-Millennium Temple/Palace Complex at Arslantepe-Malatya: North-South Relations and the Formation of Early State Societies in the Northern Regions of Greater Mesopotamia. *Paléorient* 23/1: 45-73.

Fukai, S., K. Horiuchi and T. Matsutani 1970 *Telul eth-Thalathat: The Excavation of Tell II, The Third Season*, Vol.II. Tokyo University Iraq-Iran Archaeological Expedition, Report 11. Institute of Oriental Culture, University of Tokyo.

Garstang, J. 1953 *Prehistoric Mersin: Yümük Tepe in Southern Turkey*. Oxford, Clarendon Press.

Hammade, H. and Y. Koike 1992 Syrian Archaeological Expedition in the Tishreen Dam Basin Excavations at Tell al-'Abr 1990 and 1991. *Damaszener Mitteilungen* 6: 109-175.

Jasim, S.A. 1985 *The Ubaid Period in Iraq: Recent Excavations in the Hamrin Region*, 2vols. BAR International Series 267. Oxford, BAR.

Kamada, H. and T. Ohtsu 1991 Second Report on the Excavations at Songor A: Ubaid Graves. *Al-Râfidân* 12: 221-248.

Kaplan, J. 1969 Ein el Jarba: Chalcolithic Remains in the Plain of Esdraelon. *Bulletin of the American Schools of*

Oriental Research 194: 2-39.

Koizumi, T. 1991 Constructions of Layer 2. In T. Matsutani (ed.), *Tell Kashkashok: the Excavations at Tell No.II*, 59-65. Institute of Oriental Culture, University of Tokyo.

Koizumi, T. and H. Sudo 2001 The Stratigraphy and Architectures of Sector B of Tell Kosak Shamali. In Nishiaki and Matsutani (eds.), 115-152.

Mallowan, M.E.L. and J.C. Rose 1935 Excavations at Tall Arpachiyah, 1933. *Iraq* 2: 1-178.

Matsumoto, K. and S. Yokoyama 1995 The Report of the Excavations at Tell Songor B. *Al-Râfidân* 16: 1-273.

Mecquenem, R. de 1934 Fouilles de Suse (1929-1933). *dans Mémoires de la Mission Archéologique de Perse* 25: 177-237.

Merpert, N.Y. and R.M. Munchaev 1993 Burial Practices of the Halaf Culture. In N. Yoffee and J.J. Clark (eds.), *Early Stages in the Evolution of Mesopotamian Civilization: Soviet Excavations in Northern Iraq*, 207-224. Tucson and London, University of Arizona Press.

Nishiaki, Y. and T. Matsutani (eds.) 2001 *Tell Kosak Shamali, Vol. I.* UMUT Monograph 1. Tokyo, The University Museum, The University of Tokyo.

Oates, D. 1985 Excavations at Tell Brak 1983-84. *Iraq* 47: 159-173.

Oates, D. and J. Oates 1997 An Open Gate: Cities of the Fourth Millennium BC (Tell Brak 1997). *Cambridge Archaeological Journal* 7/2: 287-307.

Oates, J. 1987 A Note on 'Ubaid and Mitanni Pottery from Tell Brak. *Iraq* 49: 193-198.

Peltenburg, E., S. Campbell, P. Croft, D. Lunt, M.A. Murray, and M.E.Watt 1995 Jerablus-Tahtani, Syria, 1992-4: Preliminary Report. *Levant* 27: 1-28.

Rothman M.S. 2002 *Tepe Gawra: The Evolution of a Small, Prehistoric Center in Northern Iraq*. Philadelphia, University of Pennsylvania Press.

Safar, F., M.A. Mustafa and S. Lloyd 1981 *Eridu*. Baghdad, State Organization of Antiquities and Heritage.

Schwartz, G.M. 1988 *A Ceramic Chronology from Tell Leilan: Operation 1*. Yale Tell Leilan Research I. New Haven, Yale University Press.
Speiser, E.A. 1935 *Excavations at Tepe Gawra, Vol. 1: Levels I-VIII*. Philadelphia, University of Pennsylvania Press.
Thissen, L. 1988 The Burials. In M. van Loon (ed.), *Hammam et-Turkman I*, 143-179. Istanbul, Nederlands Historisch-Archeologisch Instituut te Istanbul.
Thuesen, I. 2000 Ubaid Expansion in the Khabur: New Evidence from Tell Mashnaqa. *Subartu* VII: 71-79.
Tobler, A.J. 1950 *Excavations at Tepe Gawra, Vol. 2: Levels IX-XX*. Philadelphia, University of Pennsylvania Press.
Vanden Berghe, L. 1987 Luristãn, Pusht-i Kuh au Chalcolithique Moyen (Les Nécropoles de Parchinah et de Hakalãn). In J.-L. Huot (ed.), *Préhistoire de la Mésopotamie*, 91-126. Paris, CNRS.
Weiss, H. and T.C.Jr. Young 1975 The Merchants of Susa: Godin V and Plateau-Lowland Relations in the Late Fourth Millennium B.C. *Iran* 13: 1-18.
Woolley, S.L. 1955 *Ur Excavations, Vol. IV: The Early Periods*. Philadelphia, Museum of University of Pennsylvania; London, British Museum.

●建築

岡田保良　二〇〇〇「古代メソポタミアの宗教建築」『世界美術大全集東洋編16巻　西アジア』小学館　一三三―一四八頁
高田学　二〇〇一「青銅器時代のメソポタミアにおける宮殿の平面構成と機能」『史学』70巻2号　八七―一三七頁
松本健　一九八八「メソポタミアにおけるウバイド期の建築――特に十字形広間建物についての一考察」『考古学雑誌』73号3巻　五四―七六頁
ロイド、S、H・W・ミュラー（堀内清治訳）一九九七『エジプト・メソポタミア建築』図説世界建築史2　本の友社
ダメルジ、M・S・B（高世富夫・岡田保良訳）一九八七『メソポタミア建築序説――門と扉の建築術』国士舘大学イ

ラク古代文化研究所
Leick, G. 1988 *A Dictionary of Ancient Near Eastern Architecture.* London and New York, Routledge.
Roaf, M. 1989 Social Organization and Social Activities at Tell Madhhur. In Henrickson and Thuesen (eds.), 91-146.
Roaf, M. 1995 Palaces and Temples in Ancient Mesopotamia. In J.M. Sasson (ed.), *Civilizations of the Ancient Near East*, 423-441. New York, Charles Scribner's Sons.
Stone, E.C. 1997 Ziggurat. In E.M. Meyers (ed.), *The Oxford Encyclopedia of Archaeology in the Near East*, vol. 5, 390-391. Oxford, Oxford University Press.

●工芸技術

小泉龍人　二〇〇〇b「古代メソポタミアの土器生産――製作技術と工房立地から見た専業化」『西アジア考古学』1号　一一―三一頁
小泉龍人　二〇〇八「北シリア踏査紀行――ウバイド土器の分布と拡散」『オリエンテ』37号　八―一二頁
小泉龍人　二〇一〇a「西アジアの火――土器焼成窯と温度」菊池徹夫編『比較考古学の新地平』同成社　九九三―一〇〇二頁
小泉龍人　二〇一四a「西アジア都市形成期の土器焼成技術――分析方法の提案と焼成温度・彩文顔料の考察」『西アジア考古学』15号　一―二一頁
コロン、D（久我行子訳）一九九六『円筒印章――古代西アジアの生活と文明』東京美術
佐々木稔　二〇〇四「古代西アジアにおける初期の金属製錬法」『西アジア考古学』5号　一―一〇頁
常木晃　二〇〇九「西アジア」石田恵子・津本英利編　二〇〇九『世界の土器の始まりと造形――ドキドキ！土器って面白い！』古代オリエント博物館　二六―二八頁
三宅裕　二〇〇一「銅をめぐる開発と交流――新石器時代から銅石器時代まで」『西アジア考古学』2号　七―二〇頁
Fortin, M. 1999 Syria, Land of Civilizations. Québec, Musée de la civilisation.

Hole, F. 1984 Analysis of Structure and Design in Prehistoric Ceramics. *World Archaeology* 15/3: 326-347.

Majidzadeh, Y. 1989 An Early Industrial Proto-Urban Center on the Central Plateau of Iran: Tepe Ghabristan. In A.Jr. Leonard and B.B. Williams (eds.), *Essays in Ancient Civilization presented to Helene J. Kantor*. Studies in Ancient Oriental Civilization 47, 157-173. Chicago, The Oriental Institute.

Moorey, P.R.S. 1994 *Ancient Mesopotamian Materials and Industries: The Archaeological Evidence*. Oxford, Clarendon Press.

Muhly, J.D. 1995 Mining and Metalwork in Ancient Western Asia. In J.M. Sasson (ed.), *Civilizations of the Ancient Near East*, 1501-1521. New York, Charles Scribner's Sons.

Muhly, J.D. 1997 Metals: Artifacts of the Neolithic, bronze, and Iron Ages. In E.M. Meyers (ed.), *The Oxford Encyclopedia of Archaeology in the Near East*, vol. 4, 5-15. Oxford, Oxford University Press.

Özbal, H., A. Adriaens and B. Earl 2000 Hacınebi Metal Production and Exchange. *Paléorient* 25/1: 57-65.

Pernicka, E., T. Rehren and S. Schmitt-Strecker 1998 Late Uruk Silver Production by Cupellation at Habuba Kabira, Syria. In T. Rehren, A. Hauptmann and J.D. Muhly (eds.) 1998 *Metallurgica Antiqua: In Honour of Hans-Gert Bachmann and Robert Maddin*. Der Anschnitt Beiheft 8, 123-134. Bochum, Deutschen Bergbau-Museum.

Pigott V.C. 1996 Near Eastern Archaeometallurgy: Modern Research and Future Directions. In J.S. Cooper and G.M. Schwartz (eds.), *The Study of the Ancient Near East in the Twenty-First Century: The William Foxwell Albright Centennial Conference*, 139-176. Winona Lake, Eisenbrauns.

Pigott, V.C. 1999 A Heartland of Metallurgy: Neolithic/ Chalcolithic Metallurgical Origins on the Iranian Plateau. In A. Hauptmann, E. Pernicka, T. Rehren and Ü. Yalçin (eds.) 1999 *The Beginnings of Metallurgy: Proceedings of the International Conference "The Beginnings of Metallurgy", Bochum 1995*. Der Anschnitt Beiheft 9, 107-120. Bochum, Deutschen Bergbau-Museum.

Potts, D. 1997 *Mesopotamian Civilization: The Material Foundations*. London, The Athlone Press.

Schoop, U.-D. 1999 Aspects of Early Metal Use in Neolithic Mesooptamia. In A. Hauptmann, E. Pernicka, T. Rehren and Ü. Yalçin (eds.) 1999 *The Beginnings of Metallurgy: Proceedings of the International Conference "The Beginnings of Metallurgy", Bochum 1995*. Der Anschnitt Beiheft 9, 31-36. Bochum, Deutschen Bergbau-Museum.

Stöllner, T. 2005 Early Mining and Metallurgy on the Iranian Plateau. In Ü. Yalçin (ed.) 2005 *Anatolian Metal III*. Der Anschnitt Beiheft 18, 191-207. Bochum, Deutschen Bergbau-Museum.

Tsuneki, A., J. Hydar, T. Odaka and A. Hasegawa 2007 *A Decade of Excavations at Tell el-Kerkh, 1997-2006*. Department of Archaeology, University of Tsukuba.

Vatandoust, A. 1999 A View on Prehistoric Iranian Metalworking: Elemental Analyses and Metallographic Examinations. In A. Hauptmann, E. Pernicka, T. Rehren and Ü. Yalçin (eds.) 1999 *The Beginnings of Metallurgy: Proceedings of the International Conference "The Beginnings of Metallurgy", Bochum 1995*. Der Anschnitt Beiheft 9, 121-140. Bochum, Deutschen Bergbau-Museum.

●社会の複雑化

小泉龍人　一九九八『ウバイド文化における墓制の地域的研究――土器と墓から見た社会』早稲田大学博士学位論文

小泉龍人　二〇〇二a「ウルク・ワールド・システムとは何か」小泉龍人編「大会報告「ウルク・ワールド・システム」」『西アジア考古学』3号　四七―四九頁

小泉龍人　二〇〇二b「ウルク・ワールド・システムの彼方」小泉龍人編「大会報告「ウルク・ワールド・システム」」『西アジア考古学』3号　六七―七三頁

小泉龍人　二〇〇三「西アジアにおける先史時代文化の重層性――ウバイド期の墓制形成」松原正毅・後藤明編『西アジア社会の重層的構造』ＪＣＡＳ連携研究成果報告5、国立民族学博物館地域研究企画交流センター　一三―五六頁

Akkermans, P.M.M.G. 1989 Tradition and Social Change in Northern Mesopotamia During the Later Fifth and Fourth

Millennium B.C. In Henrickson and Thuesen (eds.), 339-367.

Algaze, G. 1993 *The Uruk World System: The Dynamics of Expansion of Early Mesopotamian Civilization,* 1st ed. Chicago and London, Universtiy of Chicago Press.

Algaze, G. 2001a Initial Social Complexity in Southwestern Asia. *Current Anthropology* 42/2: 199-233.

Algaze, G. 2001b The Prehistory of Imperialism: The Case of Uruk Period Mesopotamia. In Rothman (ed.), 27-83.

Algaze, G. 2005 *The Uruk World System: The Dynamics of Expansion of Early Mesopotamian Civilization,* 2nd ed. Chicago and London, Universtiy of Chicago Press.

Alizadeh, A. 1994 Social and Economic Complexity and Administrative Technology in a Late Prehistoric Context. In Ferioli et al. (eds.), 35-57.

Boserup, E. 1965 *The Conditions of Agricultural Growth: The Economics of Agrarian Change under Population Pressure.* Chicago, Aldine.

Carneiro, R.L. 1970 A Theory of the Origin of the State. *Science* 169: 733-738.

Crawford, H. 1978 The Mechanics of the Obsidian Trade: A Suggestion. *Antiquity* 52: 129-132.

Earle, T.K. 1991 The Evolution of Chiefdoms. In T.K. Earle (ed.), *Chiefdoms, Power, Economy, and Ideology,* 1-15. Cambridge, Cambridge University Press.

Ferioli, P., E. Fiandra, G. Fissore and M. Frangipane (eds.) 1994 *Archives Before Writing.* Rome, Scriptorium.

Frangipane M. 1994 The Record Function of Clay Sealings in Early Administrative Systems as Seen from Arslantepe-Malatya. In Ferioli et al. (eds.), 125-147.

Henrickson, E.F. and I. Thuesen (eds.) 1989 *Upon This Foundation: The 'Ubaid Reconsidered.* Proceedings from the 'Ubaid Symposium. The Carsten Niebuhr Institute of Ancient Near Eastern Studies, Publications 10. Copenhagen, University of Copenhagen.

Hole, F. 1994 Environmental Instabilities and Urban Origins. In G. Stein and M.S. Rothman (eds.), Chiefdoms and Early

States in the Near East: The Organizational Dynamics of Complexity. *Monographs in World Archaeology* 18, 121-151. Wisconsin, Prehistory Press.

Nissen, H.J. 2001 Cultural and Political Networks in the Ancient Near East during the Fourth and Third Millennia B.C. In Rothman (ed.), 149-179.

Oates, J. 1993a Trade and Power in the Fifth and Fourth Millennia BC: New Evidence from Northern Mesopotamia. *World Archaeology* 24/3: 403-422.

Pfeiffer, J.E. 1977 *The Emergence of Society: A Prehistory of the Establishment.* New York, McGraw-Hill.

Pollock, S. 1989 Power Politics in the Susa A Period. In Henrickson and Thuesen (eds.), 281-292.

Pollock, S. 1999 *Ancient Mesopotamia: The Eden that Never Was.* Cambridge, Cambridge University Press.

Pollock, S. 2001 The Uruk Period in Southern Mesopotamia. In Rothman (ed.), 181-231.

Renfrew, C. 1986 Introduction: Peer Polity Interaction and Socio-political Change. In C. Renfrew and J.F. Cherry (eds.), *Peer Polity Interaction and Socio-political Change,* 1-18. Cambridge, Cambridge University Press.

Rothman, M.S. 1994 Seal and Sealing Findspot, Design, Audience, and Function: Monitoring Changes in Administrative Oversight and structure at Tepe Gawra during the Fourth Millennium B.C.. In Ferioli et al. (eds.), 97-124.

Rothman, M.S. 2001 The Local and the Regional: An Introduction. In Rothman (ed.), 3-26.

Rothman, M.S. (ed.) 2001 *Uruk Mesopotamia & Its Neighbors: Cross-Cultural Interactions in the Era of State Formation.* Santa Fe, New Mexico, School of American Research Press; Oxford, James Currey Ltd.

Rothman, M.S. and B. Peasnall 2000 Societal Evolution of Small, Pre-state Centers and Polities: The Example of Tepe Gawra in Northern Mesopotamia. *Paléorient* 25/1: 101-114.

Stein, G. 1999 *Rethinking World-Systems: Diasporas, Colonies, and Interaction in Uruk Mesopotamia.* Tucson, University of Arizona Press.

Wright, H.T. and S. Pollock 1987 Regional Socio-Economic Organization in Southern Mesopotamia: The Middle and

Later Fifth Millenium. In J.-L. Hout (ed.), *Préhistoire de la Mésopotamie*, 317-329. Paris, CNRS.

●文字

シュマント＝ベッセラ、D（小口好昭・中田一郎訳）二〇〇八『文字はこうして生まれた』岩波書店

ボテロ、J（松島英子訳）一九九八『メソポタミア――文字・理性・神々』法政大学出版局

前川和也　二〇一〇「初期メソポタミア王権をめぐる文献学、考古学、図像学」『日本西アジア考古学会第15回総会・大会要旨集』三―八頁

Amiet, P. 1993 The Period of Irano-Mesopotamian Contacts 3500-1600BC. In Curtis (ed.), 23-30.

Curtis, J. (ed.) 1993 *Early Mesopotamia and Iran: Contact and Conflict e. 3500-1600BC*. London, British Museum Press.

Englund, R.K. 1998 Texts from the Late Uruk Period. In P. Attinger and M. Wäfler (eds.), *Mesopotamien: Spät-Uruk Zeit und Frühdynastische Zeit*. Orbis Bilicus et Orientalis 160/1, 15-233. Freiburug Schweiz, Universitätsverlag; Göttingen, Vandenhoeck and Ruprecht.

ePSD (The Electronic Pennsylvania Sumerian Dictionary) 2006 The University of Pennsylvania Museum of Archaeology and Anthropology. (http://psd.museum.upenn.edu/epsd/)

Esin, U. 1994 The Functional Evidence of Seals and Sealings of Degirmentepe. In Feriori et al. (eds.), 59-86.

Green, M.W. 1989 Early Cuneiform. In W.M. Senner (ed.), *The Origins of Writing*, 43-57. Lincoln and London, University of Nebraska Press.

Halloran, J.A. (ed.) 2006 *Sumerian Lexicon: A Dictionary Guide to the Ancient Sumerian Language*. Los Angeles, Logogram Publishing.

Matthews, R.J. 1993 *Cities, Seals and Writing: Archaic Seal Impressions from Jemdet Nasr and Ur*. Berlin, Gebr. Mann Verlag.

Michalowski, P. 2004 Sumerian. In R.D. Woodard (ed.), *The Cambridge Encyclopedia of the World's Ancient Languages*,

19-59. Cambridge, Cambridge University Press.

Nissen, H.J. 1993 The Context of the Emergence of Writing in Mesopotamia and Iran. In Curtis (ed.), 54-71.

Nissen, H.J., P. Damerow and R. Englund (translated by P. Larsen) 1993 *Archaic Bookkeeping: Early Writing and Techniques of Economic Administration in the Ancient Near East.* Chicago, University of Chicago Press.

Oates, J. 1993b Early Writing in Sumer: A Review. *Cambridge Archaeological Journal* 3/1: 149-153.

Schmandt-Besserat, D. 1992 *Before Writing.* Austin, University of Texas Press.

Thomsen, M.-L. 2001 *The Sumerian Language: An Introduction to its Histroy and Grammatical Structure,* 3rd ed. Mesopotamia, Copenhagen Studies in Assyriology 10. Copenhagen, Academisk Forlag.

Volk, K. 1999 *A Sumerian Reader,* 2nd revised ed. Roma, Editrice Pontificio Istituto Biblico.

Walker, C.B.F. 1987 *Cuneiform.* London, the British Museum.

●祭祀儀礼・神話

クレイマー、S・N（小川英雄・森雅子訳）一九八九『聖婚――古代シュメールの信仰・神話・儀礼』新地書房

小泉龍人　二〇〇六a「西アジアにおける祭祀施設の形成――都市化と神殿」『古代西アジアの宗教』日本西アジア考古学会　定例研究会発表資料集　第7集　一四―二七頁

月本昭男　二〇一〇『古代メソポタミアの神話と儀礼』岩波書店

松島英子　二〇〇一『メソポタミアの神像――偶像と神殿祭儀』角川書店

Black, J. and A. Green 1992 *Gods, Demons and Symbols of Ancient Mesopotamia: An Illustrated Dictionary.* London, British Museum Press.

Hole, F. 1983 Symbols of Religion and Social Organization at Susa. In Young, T.C.Jr., P. Smith and P. Mortensen (eds.), *The Hilly Flanks and Beyond: Essays on the Prehistory of Southwestern Asia,* 315-333. Chicago, Oriental Institute of University of Chicago.

Wolkstein, Diane and Samuel Noah Kramer 1983 *Inanna, Queen of Heaven and Earth: Her Stories and Hymns from Sumer*. New York, Harper & Row, Publishers.

●ビール・ワイン

小泉龍人　二〇〇〇a「前4千年紀の西アジアにおけるワイン交易――ゴディン・テペからの一考察」『東洋文化研究所紀要』一三九冊　二〇七―二三八頁
小泉龍人　二〇〇六b「古代西アジアのワインづくり――起源と広がり」『日本西アジア考古学会第8回公開セミナー要旨集　馬とワイン――その起源と広がりを探る』日本西アジア考古学会　一―四頁
小泉龍人　二〇一四c「ワインとビールの起源と展開」『古代西アジアの食文化――ワインとビールの物語』日本西アジア考古学会　四四―四七頁
Badler, V.R. 1996 The Archaeological Evidence for Winemaking, Distribution and Consumption at Proto-Historic Godin Tepe, Iran. In McGovern et al. (eds.), 45-56.
Hansen, D.P. 1992 Royal Building Activity at Sumerian Lagash in the Early Dynastic Period. *Biblical Archaeologist* 55/4: 206-211.
McGovern, P.E. 2003 *Ancient Wine: The Search for the Origins of Viniculture*. Princeton and Oxford, Princeton University Press.
McGovern, P. E., S. J. Fleming, and S. H. Katz (eds.) 1996 *The Origins and Ancient History of Wine*, Food and Nutrition in History and Anthropology Series Volume 11. Philadelphia, The University of Pennsylvania Museum of Archaeology and Anthropology.
Powell, M.A. 1996 Wine and the Vine in Ancient Mesopotamia: The Cuneiform Evidence. In McGovern et al. (eds.), 97-122.

●隣接地域・分野

近藤英夫　二〇一一『インダスの考古学』世界の考古学18　同成社

高宮いづみ　二〇〇六『古代エジプト文明社会の形成』京都大学学術出版会

谷口康浩　二〇〇九「縄文時代の生活空間――「集落論」から「景観の考古学」へ」小杉康・谷口康浩・西田泰民・水ノ江和同・矢野健一編　二〇〇九『縄文時代の考古学8　生活空間――集落と遺跡群』同成社　三―二四頁

Kramer, C. 1980 Estimating Prehistoric Populations: an Ethnoarchaeological Approach. In M.-T. Barrelet (ed.), *L'archéologie de l'Iraq du début de l'époque néolithique à 333 avant notre ère: Perspectives et limites de l'interprétation anthropologique des documents*, 316-334, Colloques Internationaux du Centre National de la Recherche Scientifique, no.580, CNRS, Paris.

Kyle, D.G. 2007 *Sports and Spectacle in the Ancient World*. Oxford, Brackwell Publishing.

Marshall, J.H. 1931 *Mohenjo-daro and the Indus civilization*. London, A. Probsthain.

Petrie, C.A. 2013 South Asia. P. Clark (ed.), *The Oxford Handbook of Cities in World History*, 83-104. Oxford, Oxford University Press.

Possehl, G.L. 2002 *The Indus Civilization: A Contemporary Perspective*. New Delhi, Vistaar Publications.

Uphill, E.P. 1998 *Egyptian Towns and Cities*. Shire Egyptology 8. Aylesbury, Shire Publications.

Wright, R.P. 2010 *The Ancient Indus: Urbanism, Economoy, and Society*. Cambridge, Cambridge University Press.

［マ］

［ヤ・ラ・ワ］

［タ］

［ナ］

［ハ］

［カ］

［サ］

索引

[ア]

都市《とし》の起源《きげん》

古代《こだい》の先進地域《せんしんちいき》＝西《にし》アジアを掘《ほ》る

二〇一六年三月一〇日第一刷発行

著者　小泉龍人《こいずみたつんど》

発行者　鈴木　哲

発行所　株式会社講談社
東京都文京区音羽二丁目一二―二一　〒一一二―八〇〇一
電話（編集）〇三―三九四五―四九六三
（販売）〇三―五三九五―四四一五
（業務）〇三―五三九五―三六一五

装幀者　奥定泰之

本文データ制作　講談社デジタル製作部

本文印刷　慶昌堂印刷株式会社

カバー・表紙印刷　半七写真印刷工業株式会社

製本所　大口製本印刷株式会社

ISBN978-4-06-258623-8　Printed in Japan
N.D.C.227　254p　19cm